신카이 마코토를 말하다

新海誠論

일러두기

- 지명, 인물명 등은 기본적으로 국립국어원 외래어 표기법을 따랐으나, 독자의 편의를 위해 작품의 등장인물명 등 일부는 사회에서 통용되는 표기를 우선으로 했습니다.
- 저자 주는 숫자와 미주, 옮긴이 주는 기호(◆)와 각주로 표기했습니다.

신카이 마코토를 말하다

후지타 나오야 지음 | 선정우 옮김

〈별의 목소리〉부터 〈스즈메의 문단속〉까지
여덟 편의 작품 속 표현과 의미

요다

잃어버린 '연결'을 찾아서

당신과 만나고 싶어.

당신과 함께 있고 싶어.

당신에게서 문자가 오지 않는 것만으로도 안절부절못하겠어.

당신을 잃은 상실감을 견딜 수 없어.

언제나 당신을 찾고 있어.

당신과 연결되어 있고 싶어.

이처럼 누구나 가져본 적 있는 감정의 움직임을 드높이 노래하는 영상 시인. 그것이 신카이 마코토다. 누군가를 만나고 싶은 마음, 가질 수 없다는 초조감, 잃어버린 상실감, 문자를 보내는 순간의 불안감 등 그 깊은 느낌이야말로 신카이 마코토가 누구보다 잘 묘사하는 감정의 본질이다. 그리고 신카이는 그것을 잃어버린 과거나 고향 등의 주제와 연결 지어 진화시켜왔다.

이 책에서는 영화를 중심으로 신카이 마코토의 작품을 논하고, 거기에 담긴 사상이나 표현의 의미를 찾고자 한다. 그 과정에서 중시하고자 하는 바는 신카이의 사상, 즉 내재적 측면과 컴퓨터나 인터넷, 소셜 미디어의 발전 등과 같은 외재적 측면이다.

게임업계 출신인 신카이 마코토는 뉴미디어 시대를 대표하는 작가로 여겨지는 경우가 많았다. 이 책에서는 그러한 신카이의 출발점을 중시하면서도, 언젠가부터 문학과 고전 애니메이션을 학습하고 과거 및 전통과의 '연결'을 꾀한 것에 대한 의미를 탐구하고자 한다.

그리고 애니미즘과 조몬縄文 문화를 포함한 일본의 원초적 신앙과 감각을 뉴미디어와 연결하고자 '습합習合'◆을 시도해온 신카이 마코토의 일본론을 제시하고 그에 대한 평가를 구하고자 한다.

◆ 철학이나 종교 등에서 별도의 교리나 설이 섞이고 조화되는 것을 뜻한다.

차례

들어가는 글 잃어버린 '연결'을 찾아서   04

서장 · 뉴미디어 시대의 문화 영웅

신카이 마코토의 경력: 뉴미디어 출신 영상 작가 10 | 전후 일본 애니메이션사史
에서 어떤 위치에 놓이는가 12 | 잃어버린 '연결'을 찾아서 15 | 뉴미디어와 전
통문화의 '습합' 18 | 신카이 마코토의 일본론 19 | 세카이, 고전, 그리고 세계로:
필모그래피 20

1부 · 세카이이기

1장 〈별의 목소리〉: '세카이'의 시작   25

컴퓨터와 인터넷 시대의 기수 25 | 문자의 송수신을 드라마의 중심에 놓은 획
기적 감각 29 | 컴퓨터를 통한 세계의 확대와 그 속에서의 고독 31 | 로봇='과
학 기술을 통한 힘의 증가'의 메타포로서 33 | 신체와 얼굴이 빠진 '연결'에서 비
롯된 갈망 34 | 모에: 실체에 도달할 수 없음에 따른 초조감 36 | 미디어와 고독:
무라카미 하루키의 영향 38 | 오타쿠에게 갈등의 상징이 된 '세계': 〈에반게리
온〉의 영향 41 | 행동할 것인가, 틀어박힐 것인가 44 | 닫힌 '세계'끼리 연결될
가능성 47 | 미소녀 게임의 스탠드 얼론stand-alone성을 넘어서기 위해 50

2장 〈구름의 저편, 약속의 장소〉: ‘세카이’의 바깥으로　　　　53

커뮤니케이션의 비유인 구름과 비상체 56 ┃ ‘세카이’ 바깥으로 나가기 위한 메시지 60 ┃ ‘구름의 저편’과 ‘약속의 장소’란 무엇인가 63 ┃ 애니미즘과 ‘카미ヵミ’라는 감각 65 ┃ 영원과 유동 69 ┃ 균질한 탈脫장소와 지역의 고유성 71 ┃ 신카이 마코토는 포스트 미야자키 하야오인가 75

3장 〈초속 5센티미터〉: 잃어버린 ‘미래’와의 결별　　　　78

잃어버린 ‘미래’에 대한 장례식 78 ┃ 인공적인 빛의 아름다움 81 ┃ 동경의 대상, 가능했던 미래에 대한 단념 85 ┃ 풍경의 미화: 가라타니 고진 『일본 근대문학의 기원』의 영향 89 ┃ ‘아름다운 풍경’과 대응하는 ‘새로운 내면’ 93 ┃ 미야자키 하야오와의 대결: 새로운 공동체의 옹호 94

2부 · 고선기

4장 〈별을 쫓는 아이〉: 상실에서 성숙으로　　　　99

높은 곳을 목표로 하는 것이 아니라, 발밑을 그리다 99 ┃ 수작업 애니메이션을 통해 신체성을 도입하다 101 ┃ ‘죽음의 비밀’을 탐구하는 이야기 104 ┃ 과거에 있었다고 몽상하게 되는 이상적 과거를 단념하다 109

5장 〈언어의 정원〉: 발 디딜 곳 없는 불안정한 시대를 긍정하다   115

일본 문화가 '혼합체'라는 점을 긍정하다 115 | 풍경과 국가 정체성 121 | 언어와 언어가 되지 못한 것 123 | 性성과 신체를 긍정: 타카오와 유키노 사이에 무슨 일이 벌어졌나 129 | 언어 없이도 통하던 때로 돌아가고 싶은 마음 133

6장 〈너의 이름은.〉: '美미'라는 이름의 파르마콘   137

타키와 미츠하는 언제 사랑에 빠졌는가: 신체를 통해 선행되는 커뮤니케이션 137 | 인터넷과 네트워크의 시대에 '무스히産霊'를 재해석하다 140 | 카타스트로프 그 자체의 '美미' 145 | 타자의 증가: 많은 스태프의 참여와 신주쿠를 무대로 삼은 것 146 | 어긋남과 연결의 감각을 만들어내는 '편집' 147 | 스마트폰 세대의 '연결'이라는 감각을 세계, 사회와 연결하다 148 | 캐릭터에 대한 애착을 현실 속 재난과 연결하다 150 | 고립된 사람들을 연결하기 위하여 154 | 해질 녘: 두 가지 서로 다른 세계가 겹쳐진다 157 | 뉴미디어와 전통문화의 습합 161 | '카미'와 오타쿠 문화의 습합: 파괴성과 다산성 163 | 새로운 유형의 일본 낭만파 164 | '미화'라는 문제: 2차 세계 대전을 참조하여 168 | '美미'라는 이름의 파르마콘 170 | 죽음과 신체와 성: 전후 일본 서브컬처의 주제로서 172

3부 · 세계기

7장 〈날씨의 아이〉: 위기의 시대를 건강하게 살기 위해   177

'마치 재해가 일어나지 않은 것처럼 그린 영화다'라는 비판에 대해 177 | 기후변화에 관한 내용이란 점이 어째서 일본에선 의식되기 어려운가 179 | '제3의

패전'을 막기 위해: 애니미즘과 '신토'의 결점을 극복하다 181 | 왜 빈곤층에 관한 내용이란 점이 일본에선 의식되지 않는가 185 | '심리적 필터링'에 저항하며 189 | 반역자들의 이야기: 오히려 '어린이'에게 더 희망이 있다? 193 | 소셜 미디어 시대 속 정치적 행동의 비유 196 | '세카이'계적인 존재가 세계를 구한다: 〈날씨의 아이〉와 SDGs 198 | Weathering With You: 모두가 힘을 합쳐 위기를 극복한다 200 | '세카이'와 '세계'를 뫼비우스의 띠처럼 잇는다 201 | '괜찮아'는 어째서 괜찮은 것인가 202 | '조몬' 영화로서의 〈날씨의 아이〉 205 | '새로운 유형의 일본 낭만파'를 사회를 개량하는 방향으로 비튼다 209 | 위기의 시대를 건강하게 살기 위해: 과거와 미래의 혼합체라는 희망 212

종장·〈스즈메의 문단속〉: 세계를 이어주는 실이 되기를

아베 신조 전 총리 암살 사건을 보며 214 | 신카이 작품의 임계점을 돌아보다 216 | 지방 쇠퇴에 대한 장례식: 〈스즈메의 문단속〉 219 | 희생당하는 이들: 덴노와 후쿠시마 223 | 신에 대한 반역: 동일본대지진에 대한 체념을 넘어서 226 | 회색에 옅고 평온하지만, 생명이 존재하는 세계를 향해 229 | '세계'와의 관계를 다시 맺기 위하여 230 | 다시 연결하고, 새롭게 연결한다는 것 232

끝으로   235
주요 참고 문헌·인용 문헌   240
저자 주   252

서장

뉴미디어 시대의 문화 영웅

신카이 마코토의 경력: 뉴미디어 출신 영상 작가

신카이 마코토는 1973년생 영상 작가다. 일본 나가노현 미나미사쿠군 고우미마치에서 태어났고, 어려서부터 SF를 좋아하는 소년이었다. 일찍부터 집에 '마이컴'(요즘 명칭으로는 'PC')이 있어서 어린 시절 그림책을 컴퓨터로 옮기거나 게임을 만들곤 했다. 신카이의 집안은 나가노 현립 미술관 등을 건설한 종합건설사 니이쓰구미다. 주오대학교 문학부에서 국문학을 전공했고, 니혼팔콤[1]이라는 게임 회사에서 아르바이트를 했다. 아버지의 뜻을 거슬러 졸업 후 바로 게임 회사에 취직했고, 〈이스 2 이터널〉과 같은 게임의 영상을 담당하는 등 여러 업무를 맡았다. 거기에서 배운 기술을 활용해 〈먼 세계〉(1998),

〈그녀와 그녀의 고양이〉(2000)를 혼자서 제작했고, 제12회 CG애니메이션 콘테스트에서 그랑프리를 수상한다.

니혼팔콤을 퇴사하고 나서는 코믹스웨이브에 소속되어 애니메이션 영화 〈별의 목소리〉(2002)를 제작해 극장에서 개봉했고, 이 작품을 통해 영화감독으로 데뷔했다. 사실상 혼자서 애니메이션을 컴퓨터로 만들어냈다는 사실이 널리 알려지면서 새로운 시대의 작가로 주목받았고, 〈별의 목소리〉는 '세카이계セカイ系'의 대표 작품으로 비평적 평가를 받았다.

신카이 마코토는 게임과 애니메이션, 그리고 나중에 다시 다루겠으나 인터넷 등을 통해 등장했다는 점에 주목해야 한다. 즉, 기존 애니메이션 작가 및 영화감독과는 이질적인 존재이고 '문화 영웅'이었다. 본인도 "저는 살면서 영화감독을 목표로 한다거나 영화감독이 되고 싶다고 생각해본 적은 없습니다"[2]라고 말했다. 이처럼 기존 영화감독들과는 차이가 있다는 점을 염두에 두어야만 뉴미디어의 성질 및 인터넷·소셜 미디어 등과 같은 네트워크의 본질, 그리고 표현 기법과 작품 내용이 상호 작용을 하는 그의 필모그래피를 이해할 수 있다.

2004년에는 〈구름의 저편, 약속의 장소〉가 개봉했고 미야자키 하야오의 〈하울의 움직이는 성〉, 오시이 마모루의 〈이노센스〉, 오토모 가쓰히로의 〈스팀 보이〉 등 거장들이 혼신의 힘을 다한 작품들이 후보에 올랐던 마이니치 영화 콩쿠르에서 애니메이션영화상을 수상했다. 이후 2007년 〈초속 5센티미터〉, 2011년 〈별을 쫓는 아이〉, 2013년 〈언어의 정원〉 등을 만들며 착실하게 경력을 쌓았다.

그리고 2016년 〈너의 이름은.〉으로 영화 흥행 수입이 250억 엔 (약 2,250억 원)을 넘는 대히트를 기록했고, 그 당시에는 미야자키 하야오의 〈센과 치히로의 행방불명〉에 이어 역대 일본 영화 흥행 수입 2위에 올랐다(그 후 〈귀멸의 칼날: 무한열차 편〉이 1위로 올라서는 바람에 지금은 3위가 되었다). 즉, 좋건 싫건 간에 소위 '국민 작가'로 등극했다.

그 뒤를 이어 2019년 〈날씨의 아이〉도 흥행 수입 140억 엔(약 1,260억 원)을 넘으며 크게 히트했고, 세계 각국에서 상영되었다. 〈너의 이름은.〉은 할리우드 감독 J. J. 에이브럼스의 제작 회사가 판권을 사들여 실사 영화로 리메이크할 예정이라고 보도되기도 했다.[3] 그는 국민적 작가이면서 동시에 일본의 대외적인 이미지까지도 떠맡은 국제적 존재가 된 셈이다.

이 책에서는 그런 국민 작가이자 국제적인 작가가 된 신카이 마코토 작품을 몇 가지 관점에서 독해하고자 한다.

전후 일본 애니메이션사史에서 어떤 위치에 놓이는가

영상 작가로서 신카이 마코토는 컴퓨터 게임 시대 속 뉴미디어의 기수다. 그런 그를 수많은 일본의 애니메이션 감독들 사이에서 어떤 위치에 두어야 할까. 이에 대해 그들과의 '단절'을 강조하는 의견도 있다. 예를 들어 영화연구가 와타나베 다이스케는 미야자키 하야오, 다카하타 이사오, 오시이 마모루, 안노 히데아키, 호소다 마모루 등 전후-戰後 일본 애니메이션의 거장 감독들과 신카이 마코토는 다르며, 독특하다고 주장한다.

"그는 '제로년대'◆라는 고유의 시대, 그리고 애니메이션 이외의 오타쿠◆◆ 계열 콘텐츠라는 고유의 영역이 교차하는 지점에서 출현한 변칙적 재능을 갖고 있다. 그렇기에 예를 들어 스튜디오 지브리(미야자키 하야오, 다카하타 이사오)에서 오시이 마모루와 안노 히데아키를 거쳐 호소다 마모루로 이어진다는 식의 전후 일본 애니메이션사의 정통 문맥과 유산을 사실상 거의 공유하고 있지 않다. 말하자면 애니메이션계의 외톨이 같은 존재라는 사실."**4**

실제로 신카이 마코토의 근원은 (미소녀) 게임 및 인터넷과 깊은 관련이 있고, 그것이야말로 커다란 차이점이라고 할 수 있다. 하지만 "전후 일본 애니메이션사의 정통 문맥과 유산을 사실상 거의 공유하고 있지 않다"는 말은 사실이 아니다. 나중에 인터뷰 내용으로 논거를 들겠으나, 신카이는 젊은 시절 미야자키 하야오 영화를 반복해서

◆   2000년부터 2009년까지를 가리키는 '00년대'를 일본에서는 '제로년대'로 부르는 일이 많다.

◆◆ 1980년대 이후 일본에서 유행한 용어로서 만화, 애니메이션, 게임 등과 같은 일본의 특정 대중문화 분야를 즐기는 이들을 통칭하는 말. '팬', '마니아'와는 또 다른 뉘앙스를 갖고 있다.

보았고, 만화판 『바람계곡의 나우시카』를 따라 그린 적도 있다.

그리고 〈별의 목소리〉와 그 이전에 만든 단편 〈먼 세계〉, 〈그녀와 그녀의 고양이〉에는 안노 히데아키의 〈신세기 에반게리온〉이 큰 영향을 미쳤다. 초창기에 신카이는 사회적 주제보다 안노 작품에 담긴 개인적이고 섬세한 내용에 더 공감했다고도 말했다. 실사 영화를 주로 만드는 감독이긴 하지만, 감정적인 측면이나 화면 구성에 관해서는 이와이 슌지로부터 받은 영향도 크다.[5]

오히려 나는 와타나베 다이스케의 의견과 달리, 신카이 마코토는 데뷔 당시의 문맥은 뉴미디어에 속했지만 미야자키 하야오, 안노 히데아키로 이어지는 계보를 정통으로(정통인지 아닌지를 누가 어떻게 판단할지는 단언할 수 없으므로 바꿔 말하자면 '농후하게') 계승했다고 생각한다. 신카이는 미야자키 하야오 작품에서 구름 등의 풍경 묘사를, 안노 히데아키에게서는 풍경 묘사 및 내면과 커뮤니케이션을 다루는 섬세한 드라마 작법을 배웠고 그것들을 전개해왔다.

예를 들어 신카이의 트레이드마크인 풍경과 렌즈 플레어 등과 같은 시각 효과는 안노 히데아키의 영향을 강하게 받았다. 안노 히데아키의 〈신비한 바다의 나디아〉 오프닝에 관해 신카이는 이렇게 말한 바 있다. "가사에 맞춰 화면 가득한 하얀 갈매기의 활공. 그걸 뒤쫓아가면 태양이 나오고, 손으로 그린 렌즈 플레어가 번쩍. 고등학교 시절에 그걸 정말로 넋을 잃고서 여러 번 반복해서 VHS를 돌려 보았습니다. (……) 나도 저런 걸 만들고 싶다는 마음이 강했죠."[6]

인터뷰를 읽어보면 초기('세카이'기. 뒤에서 설명하겠다)에는 오시이 마모루 등을 포함한 앞선 세대와 자신의 차이점을 강조하는 의견이 많았다. 그러나 〈별을 쫓는 아이〉 이후(고전기. 역시 뒤에서 설명하겠다)로는 그런 경향이 적어졌고, 작가성이 강하고 틈새시장을 노리는 애니메이션을 만들 수 있게 된 것은 앞선 세대 덕분이라며 감사를 전하는 내용이 많아졌다. 도에이동화나 지브리를 떠올리게 하는 요소를 작품에 도입하고자 한 〈별을 쫓는 아이〉 이후로 신카이는 『고사기』와 같은 일본 고전문학뿐만 아니라 애니메이션의 고전에서도 배우기 시작했다. 주제 및 기법 등의 계승을 의식하고, 때로는 대결(〈언어의 정원〉에서 미야자키 하야오의 '공동체에 관한 관점'에 대해 반론을 시도한 것)하는 등 변화를 보였다는 점에서 '단절'만을 강조하는 것은 필모그래피의 변천에 들어맞지 않는 견해다.

특히 신카이 마코토는 미야자키 하야오, 다카하타 이사오, 오시이 마모루 등에게서 보이는 미국화하고, 과학 기술 입국화하여 고도성장을 거친 전후 일본에 대한 질문, 그리고 그 이전 사회로의 회귀 열망에 관한 문제를 정면으로 다루고 계승한다. 말하자면 전후 일본 애니메이션이 짊어졌던 심리적 기능의 중추 부분을 계승하면서도 업데이트한 작가인 것만은 분명하다.

잃어버린 '연결'을 찾아서

이 책에서 이야기하는 신카이 마코토론의 관점과 방향을 몇 가지 소개해보겠다. 우선 첫 번째로, 앞서 언급했듯이 그가 뉴미디어 시대의 새로운 작가라는 점이다. 두 번째는 그가 영화와 뉴미디어를 어떻게 하면 연결할 수 있을지를 모색해온 작가라는 점이다.

〈별의 목소리〉에선 인터넷으로 홍보함으로써 네트워크를 통한 연결에 의해 집객이 가능하다는 것을 경험했다. 〈언어의 정원〉은 애플 스마트폰과 태블릿 피시 등을 통해 VOD 형태로 상영했고, 〈너의 이름은.〉 등 큰 스크린으로 보는 대중 영화를 만들게 되면서부터는 집단적 경험의 기능을 신경 쓰게 되었다. 그는 매우 예민하게 미디어를 의식해왔는데, 이 책에선 그 방식을 중시하여 작품 제작 수법, 미디어, 상영 환경, 내용이 서로 영향을 주고받는 그의 작풍을 검토하고자 한다. 말하자면 미디어의 적극적인 변용과 변화가 일어난 시대를 살아온 신카이 작품을, 마찬가지로 동시대를 살아온 내가 생생하게 말하는 방법론인 셈이다.

벌라주 벨러는 『시각적 인간 Der sichtbare Mensch』이라는 책에서 활판 인쇄와 서적이 보급되면서 사람들이 '개념'의 세계를 중시하고 타인의 얼굴을 보지 않게 되었지만, 영화가 보급됨에 따라 그 잃어버린 것들을 회복할 수 있지 않겠느냐고 말했다. 사토 다다오는 『보는 것과 보이는 것』에서 이 논의를 소개하며 "물론 그 옛날 촌락 공동체를 대신하여 산업 사회가 출현한 지금, 서로 얼굴만 마주 보고 있으면 된다는 말은 아니지만, 그런 것들이 사라져버렸다는 의식은 가져야 한다. 그리고 그것을 부흥하는 것이 영화라고 그는 말하는 것이다"[7, 8]라고 썼다.

신카이 마코토는 공동체를 대신해 영화가 맡아온 이런 역할을 의식하고 있는 듯하다. 하지만 그것은 영화뿐만 아니라 인터넷과 스마트폰, 소셜 미디어 등도 마찬가지다. 그러니 영화와 그것들을 연동시킴으로써 새로운 연결 방식이나 공동체 등을 재창출하기 위한 시도를 한다고 표현해도 되지 않을까.[9] 근대화→도시화→개인주의화→포스트모던화를 거쳐 신자유주의와 글로벌리즘◆으로 인해 지역 공동체와 회사 공동체, 가족 공동체마저 해체 위기를 겪는 현재, 개인과 집단은 어떠한 관계에 놓여야 하는지를 사색하고 미디어와 작품을 통해 제안한다는 측면이 있다. 신카이 작품은 말하자면 잃어버린 공동체의 대체품이 되고자 한다고 해석할 수 있다.

이 책에서는 '너와 나'◆◆밖에 없고, 속마음이나 연애 감정이 세계와 직접 연결된다고 하는 세카이계의 기수로서 출발한 그가 어떻게 연결을, 더 나아가 공동체의 대체품을 재귀적으로 창출하고자 시도했는지를 중요하게 다루고자 한다.

◆ 개별 국가 단위를 넘어선 세계와 국제 정치의 방향성을 뜻하는 말. '내셔널리즘'과 대비되어 '세계화' 등의 용어와 함께 사용되곤 한다.

◆◆ '세카이계'를 대표하는 단어. 세카이(세계)계란, '너와 나(키미토 보쿠)'라고 하는 하나의 작은 관계가 곧바로 '세계의 운명' 등과 같은 추상적이고 거대한 문제로 이어지는 유형의 작품을 뜻하는데, 그렇기에 '너와 나'라는 관계성이 중요하게 다루어진다. 〈별의 목소리〉는 바로 그런 '세카이계'를 대표하는 초기 작품 중 하나로서, 이 작품에서도 등장인물이 사실상 '너와 나'밖에 없다는 점이 중요하다.

뉴미디어와 전통문화의 '습합'

또 한 가지 관점도 이와 비슷한데, 이 책에선 촌락 공동체·농경 생활 시절의 생활 감정 및 신앙 등의 상실을 재귀적으로 부흥하는 수단으로서의 애니메이션이란 점을 강조하고자 한다.

앞에서 이야기했듯 〈별을 쫓는 아이〉에선 『고사기』를 도입했고, 〈언어의 정원〉과 〈너의 이름은.〉에선 『만엽집』을 다뤘으며, 〈너의 이름은.〉과 〈날씨의 아이〉에선 신토를 모티프로 삼았다. 그뿐만 아니라 원초적인 애니미즘의 감각, 조몬적인 자연과의 관계성, '카미'◆라는 감각 등을 신카이는 반복해서 그려냈다. 그것은 도시와 지방, 문명과 자연의 대비에서도 나타난다.

벌라주 벨러는 『시각적 인간』에서 "영화는 도시 주민의 판타지와 감정생활 안에서 이전에 신화나 전설, 민화가 맡고 있던 역할을 이어받았"[10]기 때문에, 지금은 영화를 무시하고는 '민족 심리학'을 그릴 수 없다고 말했다. 신카이의 작품 역시 그와 같은 작품으로 볼 수 있다. 이것이 이 책에서 중요하게 다루는 세 번째 논점이다.

여기에서 '습합'이라는 개념을 제시하고 싶다. 그전까지 있었던 신토 등의 문화와 외부에서 전래한 불교 등을 절충하여 새로운 것으로

◆ '신神'의 일본어 발음인데, 이 책에선 이것을 '카미ゕ゙ミ'라는 가타카나로 표기함으로써 특정한 '신'이나 범용적인 '신'이 아니라 일본 '신토'라는 종교의 애니미즘적인 '신적 존재' 등을 뭉뚱그려 표현했다고 볼 수 있다.

만들어내는 일을 '습합'이라고 하는데, 신카이 마코토는 외래의 미디어였던 애니메이션, 새로운 기술인 컴퓨터와 인터넷, 그리고 오타쿠 시대의 감성과 그 옛날 일본의 전통적인 감각을 습합하고자 한 작가라는 것이 이 책의 견해다.[11]

이처럼 전통과 미래의 절충, 일본과 세계의 절충, 과학과 종교의 절충 등에서 벌어지는 갈등과 모순까지 작품 내용과 구조에 반영되어 있다고 볼 수 있다. 그 악전고투, 혼합체(하이브리드)로서 갈등과 수용의 드라마야말로 눈에는 잘 띄지 않지만 신카이 마코토 작품에서 찾아볼 수 있는 미적인 성질이다.[12]

신카이 마코토의 일본론

그것은 결과적으로 신카이 마코토의 일본론이라고 할 만한 것으로까지 이어진다. 수렵과 농경을 하며 살아가던 시절에 자연과 한 몸이었던 '카미'와의 연결점과 애니미즘은 물론, 공동체까지 잃어버린 현대의 우리(컴퓨터를 쓰고, 스마트폰으로 남들과 교류하는 우리)가 살아가는 이 일본은 대체 어떤 존재이고 어떻게 되어야 할까. 이 책에서는 또 한 가지 주제로서 신카이 마코토의 작품과 발언을 분석하다 보면 떠오르는 '신카이 마코토의 일본론'을 뽑아내어 제시하고자 한다.

현대 일본을 어떤 존재로 이해하는지는 다양한 정치사상 등에도 영향을 주는 현실적인 문제다. 논쟁적으로 받아들여주길 바란다.

세카이, 고전, 그리고 세계로: 필모그래피

신카이 마코토가 영화감독으로 데뷔한 것이 2002년 〈별의 목소리〉라고 한다면, 지금까지 약 20년의 경력을 쌓은 셈이다. 그러나 작품 수는 여덟 편으로 그리 많지는 않다. 이 책에서는 필모그래피를 세 시기로 구분한다.

제1기 세카이기

2002년 〈별의 목소리〉

2004년 〈구름의 저편, 약속의 장소〉

2007년 〈초속 5센티미터〉

제2기 고전기

2011년 〈별을 쫓는 아이〉

2013년 〈언어의 정원〉

2016년 〈너의 이름은.〉

제3기 세계기

2019년 〈날씨의 아이〉

2022년 〈스즈메의 문단속〉

제1기는 닫힌 세계 속 섬세한 감정을 그린 시기로서 '세카이기'라

부르기로 한다. 여기서는 멀리 떨어져 있는 사랑하는 사람의 문자 답장이 늦어진다, 만나지 못해 괴롭다, 만나고 싶다, 헤어진 옛사랑을 찾아 헤맨다는 식의 연애 감정이 중심적으로 그려진다. 〈별의 목소리〉는 세카이계의 대표작으로 일컬어진다. 세카이계란, '너와 나'라는 양자 관계로 닫혀 있고, 두 사람의 감정과 자의식이 세계의 운명과 직결되며, 사회에 대한 묘사가 부족한 형태의 작품을 부르는 명칭이다. '세카이セカイ'라는 가타카나 표기는 본래 진짜 '세계世界'와는 다른 서브컬처적이고 버추얼virtual적인 특성을 야유의 의미를 담아 지적하기 위해 사용된 것이다.

〈초속 5센티미터〉 이후 신카이는 창작에 대해 막막함을 느꼈고, 런던에서 생활했다. 그 경험을 통해 '일본', '생활'이란 주제에 도전한 것이 2011년 개봉한 〈별을 쫓는 아이〉였다. 그 이후 신카이는 『고사기』, 『만엽집』 등 일본 고전을 다시 읽는 작업을 계속했고, 그 결실이 〈너의 이름은.〉이다. 이것을 '고전기'(또는 서브컬처적으로 다시 읽혔다는 점을 강조하기 위해 '고텐コテン◆기')라 부르겠다. 이 고전기에는 세카이기에 사람을 상대로 그렸던 '상실', '찾아 헤맨다'는 감정을 역사, 과거, 문화를 대상으로 그리게 된다.

〈너의 이름은.〉은 그 전까지의 신카이 작품 중에서 고른 베스트 앨범 같은 내용이면서도 도시와 지방, 재해의 현실과 애니메이션 등

◆ '고전古典'의 발음을 일본어 글자(가타카나)로 표기함으로써 강조하고, 고유명사화하는 뉘앙스를 내포한다.

을 연결하려는 사회적 사명이 느껴지는 작품이었다. 그리고 빈곤이나 기후 변화 등과 같은 문제에 맞서 '세카이'에 갇히는 것이 아니라 '세계'와 연결되는 방향으로 관객을 이끌고자 했던 사회파 영화 〈날씨의 아이〉 이후를 새로운 시기로 볼 수 있다. 만나고 싶은 마음을 미지의 세계나 사회와의 '연결', '만남'과 겹쳐 내보이는 고전기보다 미래 지향적인 시기라고 할 수 있다. 이것을 '세계기'라 부르겠다. '세카이기'와의 차이점은 현실 세계에 더 깊숙이 관여한다는 것이다. 그 메시지를 단적으로 말하자면 이와 같다. "세카이에 틀어박히는 것은 그만두고, 이 세계와 연결되어 문제를 해결하자."

1부

세카이기

1

〈별의 목소리〉
'세카이'의 시작

컴퓨터와 인터넷 시대의 기수

2002년은 새로운 밀레니엄(천 년의 기간)이 시작된 시점이다. 노스트라다무스의 예언[1]대로 '공포의 대왕'이 내려와 세계가 멸망할지도 모른다고 떠들던 1999년이 아무 일 없이 지나가고, 새로운 시대가 열렸다는 기대가 세상에 넘쳐흐르던 때다.

새로운 시대의 상징은 인터넷과 컴퓨터였다. 1995년에 윈도95가 발매되고 퍼스널 컴퓨터(개인용 컴퓨터)가 일반 가정에 보급되어 '인터넷 원년'이라 불리는 상황이 도래했다. 컴퓨터와 인터넷은 개인의 힘을 비약적으로 확대하는 장치처럼 느껴졌고, 사회는 새 시대를 상징하는 새로운 문화의 발전을 바라는 열광으로 뒤덮였다.

2월 2일. 시모키타자와에 위치한 미니 시어터(독립영화관) 톨리우드²에서 한 단편 영화가 개봉했다. 제목은 〈별의 목소리〉. 감독은 그 당시 무명이었던 신카이 마코토라는 인물이었다. 대중매체를 통한 대대적인 홍보도 없었는데 이 무명 감독의 작품을 보기 위해 많은 관객이 몰려들었다. 그 수는 약 3,500명 정도였다.³ 마지막 상영일에는 표가 금방 매진되는 바람에 추가 상영을 무려 5회나 했다고 한다.⁴

어째서 무명이고 대중매체 등을 통한 대대적인 홍보도 하지 못한 감독의 작품에 이만큼이나 사람이 몰렸을까? 단적으로 말해 인터넷에서 홍보를 한 덕분이다. 지금은 인터넷의 영향력이 크니까 당연한 소리처럼 들리겠지만, 당시엔 매우 새로운 현상이었다. 〈별의 목소리〉는 인터넷을 통해 팬들에게 도달하여 많은 지지를 얻었고, TV에서 상영된 애니메이션보다 DVD를 많이 판매한 선구적 작품 중 하나라는, 특기할 만한 애니메이션이다.

지지층은 요즘 말하는 소위 '최애'를 응원하는 팬 커뮤니티 비슷한 것이었다. "니찬네루나 〈별의 목소리〉를 다루는 개인 홈페이지 게시판 등 톨리우드에서 개봉한 뒤 약 2주 동안 인터넷 상황이 엄청났잖아요"라는 인터뷰어의 발언에 대해 그 당시 톨리우드 대표였던 오쓰키 다카히로는 "엄청났지요", "그런 사람들이 정말 엄청난 힘을 갖고 있구나 하고 이번에 깨달았습니다. 그들이 상황을 움직였으니까요"⁵라고 답했다. 이렇게까지 놀란 모습만 봐도 일반적인 현상은 아니었다는 사실을 알 수 있다. 팬들은 '내가 응원하고 밀어줘야만 해'라는 사명감을 가졌다고 한다.

즉 〈별의 목소리〉는 인터넷이라는 새로운 미디어를 이용해 홍보·유통의 새로운 경로를 개척한 인상적이고 획기적인 애니메이션이라고 할 수 있다. 일본 애니메이션의 계보와 역사에서 신카이 마코토와 〈별의 목소리〉가 차지하는 위치를 정하고자 할 때는 인터넷 이전과 이후라는 단층이 존재한다는 사실을 알아야 한다.

2002년에 간행된 서적 『〈별의 목소리〉를 들어라』에서는 신카이 마코토의 재능에 관해 '셀프 프로듀싱' 능력이 자주 언급된다. 셀프 프로듀싱이란, 다른 프로듀서에게 대중매체 등에 노출하는 일을 맡기지 않고, 신카이가 직접 홈페이지를 만들어 다양한 홍보 활동을 하고 팬들과 교류했던 행위를 가리킨다.

인터넷에서 신카이를 응원하던 팬들은 〈별의 목소리〉의 성공 요인 중 하나로 당시로선 획기적이었던 홈페이지에서 공개한 예고편을 꼽았다. 지금은 인터넷에서 예고편을 보는 것이 당연하게 여겨진다. 하지만 그 당시의 인터넷은 회선 속도가 지금으로선 상상하기 어려울 정도로 느렸고(물론 무선도 아니고 와이파이도 아니었다), 1995년을 전후한 시기에는 그림 한 장 보는 데에도 수십 초 이상이 걸리곤 했다. 따라서 인터넷에서는 텍스트 중심의 커뮤니케이션이 주류였다(내 기억으로는 그때쯤 어느 게임의 예고편을 보려고 했는데, 겨우 몇 분 정도 되는 동영상을 내려받는 데 한 시간 가까이 걸렸다).

그러다가 (당시에는) 대용량 통신이 가능한 '브로드밴드'라 불리는 회선이 보급되기 시작했다. 스트레스를 받지 않고 인터넷으로 동영상을 볼 수 있는 환경이 드디어 정비되기 시작했고, 그런 상황에 맞는 홍보 활동을 한 셈이다. 대중매체가 아니라 본인의 개인 홈페이지에서 홍보했고, 실제로 집객에 성공했다는 사실에 놀라는 반응이 이 책에 언급되어 있다.

그리고 '개인 제작'이라는 점에서 신카이 마코토라는 작가와 〈별의 목소리〉라는 작품에 대해 놀라움을 표하는 목소리도 컸다. 그것은 애니메이션 회사나 대형 자본이 대중매체의 협력을 얻어야만 만들 수 있다고 여겨졌던 애니메이션 작품을, 개인이 만들었다는 사실에 대한 놀라움이었다. 그렇게까지 스펙이 좋지는 않은 퍼스널 컴퓨터와 구하기 쉬운 민간용 소프트웨어를 이용해 대부분의 공정을 혼자서 해냈다는 사실에 관객들은 충격을 받았다.

그와 비교해서 들 수 있는 사례가 오시이 마모루의 〈가름워즈〉, 오토모 가쓰히로의 〈스팀 보이〉, 사카구치 히로노부의 〈파이널 판타지〉다. 그 당시엔 애니메이션이나 게임을 만드는 메이저 기업이 몇백, 몇천억 원을 들여 CG를 사용한 애니메이션 영화를 개발하고 있었다. 그런 상황 속에서 신카이는 오로지 홀로, 본인의 개인용 컴퓨터를 사용해 많은 이들이 높은 수준에 도달했다고 평가하는 극장용 애니메이션을 만들어버린 것이다. 이것은 사람들의 인식을 뒤흔들었고, 개인이 컴퓨터나 인터넷을 이용해서 활약할 수 있는 새로운 시대에 대한 기대를 단숨에 높이는 결과를 낳았다.

즉 신카이 마코토는 그저 새로운 애니메이션 작가로서 등장한 것이 아니다. 그는 컴퓨터를 통해 확장된 개인의 힘을 가지고 대기업에 필적하거나 그것을 능가하는 성과를 만들어낼 '문화 영웅'으로서 기대를 한 몸에 받은 인물이었다. 문화 영웅의 전형적인 사례라면 신으로부터 불을 훔쳐 민중들에게 전달한 프로메테우스가 있다. 그와 비슷하게 그전까지는 대기업 등이 독차지했던 기술과 기능이 인터넷과 컴퓨터의 힘으로 일반인들에게까지 전해진 것처럼 느껴졌다는 말이다.

신카이가 한 일은 그저 작품의 작법, 광고와 유통 방식의 쇄신만을 의미하지 않았다. 컴퓨터와 인터넷에서 비롯된 새로운 작가의 탄생은 수많은 사람이 눈앞에 펼쳐져 있다고 여겼던 새로운 삶의 방식을 상징하기도 했다. 〈별의 목소리〉의 등장은 하나의 사건이었던 셈이다.

문자의 송수신을 드라마의 중심에 놓은 획기적 감각

〈별의 목소리〉 내용은 그 당시의 미디어 상황과도 맞물리는 것으로서 이해해야 한다. 스토리는 중학교 3학년인 나가미네 미카코와 테라오 노보루, 서로 좋아하지만 그것을 아직 직접적으로 확인하진 못한 두 사람이 휴대전화 문자로 소통할 '뿐인' 작품이다.

그렇지만 거기에는 작품적 장치가 있다. 미카코는 징집되어 우주로 나가 로봇을 타고 전쟁에 참가하게 된다. 두 사람 사이에는 우라시마 효과◆가 발생하여 지구에 남겨진 노보루는 나이가 들지만 미카코는 나이가 들지 않는다. 점점 문자 오는 속도가 느려지고, 결국 몇 년 이상이 걸리게 된다. 우리는 과거에 휴대전화 문자를 통해, 지금은 메신저와 소셜 미디어를 통해 답장을 기다리는 동안의 답답함, 불안감이란 감정을 경험해왔다. 상대방의 말을 기다리는 심정을 SF적 설정을 통해 확장시켜 경험할 수 있다는 것은 이 작품에 내포된 정취의 핵심이다.

신카이는 이 스토리의 핵심이 휴대전화 문자를 주고받는 행위임을 인정하는 발언을 하고선 이렇게도 말했다. "휴대전화는 항상 연결해주지만, 결과적으로 디스커뮤니케이션◆◆을 초래하기도 한다."**6** 또한 〈별의 목소리〉를 만들기 전 휴대전화를 샀는데 그 당시에 사귀던 여성과 문자를 주고받은 경험에서 착상을 얻었다는 사실도 밝혔다.

드라마성은 약한 편이다. 여기에서 말하는 드라마성이란, 많은 인물이 등장하고 인물 간의 관계성이 변화하며, 사회·정치적인 상황에 극적인 변화가 일어나는 것을 가리킨다. 외계인(?)과의 전쟁이 크게 다루어지고 있음에도 그 배경에 있을 정치나 권력, 혹은 사회 상황에

◆　일본의 전래 동화 「우리사마 타로 이야기」는 주인공이 바닷속 용궁에 가서 며칠 동안 즐거운 시간을 보내고 고향에 돌아왔더니 엄청난 시간이 지났다는 내용이다. 그 영향으로 상대성이론과 관련된 소위 '쌍둥이 역설'을 설명하기 위해 사용되는 현상을 '우라시마 효과'라 부르는 경우가 있다.

◆◆　일본의 비평계나 서브컬처에서 자주 사용되는 일본식 영어 단어로서, '커뮤니케이션이 제대로 이루어지지 않는 상태', 즉 의사소통의 불발, 오해 등을 뜻한다.

관해서는 거의 그려지지 않았다. 관계성의 변화도 두 사람 사이에서 일어나는 지극히 작은 변화뿐이다. 예를 들어 상대와의 거리가 멀어 져서 외롭다거나, 좋아한다고 고백한다거나, 만나러 갈 결심을 한다 는 식이라서 기본적으로 두 사람 이외에 다른 인물과의 관계성은 그 려져 있지 않다. 미니멀리즘적인 드라마라 해도 좋을 정도다.

작품의 중심, 관객이 느끼는 감흥의 중심은 어디까지나 문자를 기 다리는 두 사람의 심정이다. 좋아하는 사람에게 문자를 보낼 때의 망 설임, 기대와 동시에 일어나는 불안감, 그리고 답장을 기다릴 때의 애타는 느낌, 도착한 문자를 확인할 때의 기대감과 두려움 등을 극의 중심에 두고서 거의 그 내용만 가지고 드라마를 구성한 점이야말로 이 작품의 혁신적 요소 중 하나다. 이런 내용은 그 당시의 컴퓨터와 인터넷 보급이란 상황을 떼어 놓고는 설명할 수가 없다.

컴퓨터를 통한 세계의 확대와 그 속에서의 고독

직업 작가인 이이다 이치시는 「세카이계와 실리콘밸리 정신」이라는 글에서 세카이계와 실리콘밸리 정신은 말하자면 따로 떨어져 자란 두 형제와 같다고 말한다.

세카이계란, 〈별의 목소리〉를 포함하여 이 시기에 유행한 픽션 유 형을 가리키는 용어다. 세카이계 작품군에서는 '너와 나'만이 중심이 고, '순수한 사랑'를 그린다. 또한 사회에 대해서는 그려져 있지 않고,

개인의 자의식과 세계의 운명이 직결된다거나, 싸우는 여주인공과 무력한 남자아이, 캐릭터 뒤쪽 멀리 원경으로 미려하게 그려진 배경 등이 특징으로 논해지곤 했다. 전형적인 작품이라면, 〈별의 목소리〉 외에도 다카하시 신의 만화 『최종병기 그녀』(2000~2001), 아키야마 미즈히토의 라이트노벨 『이리야의 하늘, UFO의 여름』(2001~2003) 을 들 수 있다.

 '실리콘밸리 정신'이란 미국 실리콘밸리에서 널리 공유되는 정신을 말하는데, '개척자 정신', '기술을 신뢰하는 낙관주의'라는 특징이 있다.[7] 일본에서 퍼스널 컴퓨터를 초기에 도입하고 인터넷을 사용하던 사람들에겐 이 정신이 큰 영향을 미쳤다. 조금 전에 언급한 컴퓨터를 사용해서 작품을 만들고 인터넷으로 유통하는 새로운 작가에 대한 기대가 부풀었다는 이야기의 배경에서도 기술이 인간을 확장한다는 실리콘밸리 정신이 엿보인다. 그리고 실리콘밸리 정신에는 정부나 대기업의 지배 등으로부터 해방되길 바라는 자유지상주의libertarianism도 섞여 있었다. 그래서 대기업이 막대한 예산을 들여 만든 작품에 필적하는 작품을 단 한 명이 만들어냈다는 이야기를 듣고 의적 네즈미코조나 빌헬름 텔처럼 약한 이가 권력자에게 맞서 약한 서민에게 재물이나 힘을 부여하는 문화 영웅을 본 것 같은 쾌감을 느끼고 갈채를 보낸 경우도 있었으리라.

 그렇지만 〈별의 목소리〉가 컴퓨터나 인터넷과 같은 기술이 인간의 의식이나 힘을 확대한다는 실리콘밸리 정신을 주제로 그려진 것은 아니다. 〈별의 목소리〉의 뒤틀림, 바꿔 말하자면 비평성은 바로 그 지점에 있다.

로봇='과학 기술을 통한 힘의 증가'의 메타포로서

일본의 애니메이션·만화·소설에서는 의식 확대나 힘의 증대 등의 비유로서 '초능력자가 된다'거나 '괴인이 된다', '로봇을 조종한다'와 같은 메타포를 사용하곤 했다. 특히 로봇은 과학 기술 입국을 진행해 온 전후 일본에서 과학 기술에 의한 힘의 증대라는 국가 정체성의 변용과 연결되는 함의를 지니고 있었다.

〈별의 목소리〉에도 로봇이 등장한다. 하지만 큰 힘을 얻어 활약한다고 하는, 성장이나 힘의 증대에 대한 기쁨이 동반되진 않는다. 오히려 기계의 힘을 얻은 결과로 여주인공은 머나먼 전장에 싸우러 나가게 되고, 두 사람을 떼어 놓는 쪽으로 귀결한다는 부정적인 측면이 있다. 기계(컴퓨터, 인터넷)는 무언가를 확장할 수 있지만, 그것이 바람직하고 기쁜 쪽으로 힘을 증대하는 것이 아니라 고독을 증가시키는 방향으로만 그려져 있다는 점에서 〈기동전사 건담〉, 〈신세기 에반게리온〉 등의 로봇 애니메이션 계보를 잇는 듯하지만 단절된 부분도 있다.

로봇에 탑승한다는 것은 사춘기 전후 소년에게 일어나는 신체적 성장이나, 사회적 역할을 짊어져야 하는 것에 대한 당황스러움을 표현하기 위한 메타포이기도 하다. 그러나 이 작품에선 로봇에 탑승하여 싸우는 인물이 여성이고, 주인공인 테라오 노보루는 지상에 남은 매우 무력한 남성으로 그려진다는 점에 주목해야 한다. 〈별의 목소리〉를 둘러싼 문맥에 실리콘밸리 정신이 영향을 미친 것은 분명해 보이지만, 〈별의 목소리〉는 그와 같은 의식의 확대나 기계를 통한 힘의 증대를 그저 상찬하지만은 않는다는 말이다.

신체와 얼굴이 빠진 '연결'에서 비롯된 갈망

컴퓨터와 인터넷으로 상징되는 과학 기술로 인해 많은 것들이 확장되었다. 그것은 여주인공 나가미네 미카코가 우주로 뛰쳐나가는 모습으로 상징된다. 미지, 미개척, 무한한 영역이 눈앞에 펼쳐져 있고, 그 프런티어로 뛰쳐나갈 수 있다. 하지만 그것은 "우리는 아마도, 우주와 지상으로 갈라진 연인의, 첫 번째 세대다"라는 캐치프레이즈에서 알 수 있듯이 두 사람을 갈라놓고 고독과 절망을 고조시키는 것으로 귀결한다.

신카이 작품은 미려한 풍경 묘사가 트레이드마크처럼 여겨진다. 통상적인 영화에서는 좀 더 카메라 초점을 인물에 맞추고 배경을 흐리게 처리하는 등 인물을 돋보이게 한다. 하지만 신카이 작품에선 캐릭터와 배경에 동일하게 초점을 맞추거나(특히 초기 작품에선 더욱 그렇다), 오히려 배경의 존재감이 더 강한 레이아웃과 연출을 자주 볼 수 있다. 그럼으로써 관객은 광대한 세계 속 고독감에 대해 더 강한 인상을 받는다.

세카이계 작품의 '배경'은 컴퓨터 데스크톱의 화면과도 닮아 있다. 둘 다 컴퓨터그래픽이라는 비슷한 느낌을 갖고 있어서 그런지는 몰라도, 관객에게는 컴퓨터 공간을 비유하는 메타포처럼 느껴졌다. 세카이계에 커다란 영향을 미쳤고 신카이도 몸담았던 미소녀 게임 분야에서는 배경 화면이 실제로 컴퓨터 데스크톱과 똑같은 평면으로서 중첩되어 있었다. 그것은 시각적인 비유와도 같은 것이었지만, 감각적으로 그것들을 겹쳐 보는 감성이 존재했다.[8]

이것을 전제로 말하자면, 〈별의 목소리〉는 실리콘밸리 정신에 대한 비평이라고 볼 수 있다. 기술은 의식의 확대를 가져온 것이 아니라 인간과 인간 사이의 거리(우주, 세카이, 사이버 스페이스)를 넓히고, 연결을 약하게 만들며(휴대전화 문자를 주고받는 빈도가 줄어든다), 고독과 외로움을 증대하지 않았냐는 말이다.

물론 두 사람을 연결해주는 휴대전화나 문자 자체도 기술의 산물이긴 하다. 인터넷이 연결성을 높여주는 측면이 있다는 것도 분명하다. 하지만 애당초 로봇을 타고 우주로 나가지 않았더라면 두 사람은 직접 만나서 대화를 나누고, 데이트를 하고, 어쩌면 섹스 등과 같은 신체적 친밀함을 확인하는 행위를 했을 가능성이 크다. 함께 TV를 보며 웃고, 식사도 했을 것이다. 전쟁과 로봇으로 인해 두 사람 사이에 '공간'이 만들어졌고, 거리가 멀어졌기 때문에 문자만이 두 사람을 이어주는 회선이 되어버렸다. 그렇게 신체적 친밀감 없이 '연결'에 의존해야 하는 상태로 갈라진 것이다.

실제로 이때쯤의 인터넷은 세계와 연결된다고 일컬어지면서도 그 화면은 색이 다채롭지 않고, 디자인도 보잘것없으며, 음성이나 동영상을 볼 기회도 거의 없는 텍스트뿐인 세계였다. 그렇다 보니 사람에 대한 그리움이 심한 편이었다.

사람을 찾는 마음이 인터넷상에서의 연결을 더욱 바라게 했지만 깊숙한 곳에서 솟아나는 목마름은 충족되지 못했다. 나 역시 그것을 여러 번 경험한 바 있다.

지금 와서 돌이켜보면, 인간이 느끼는 외로움 내부에는 직접 신체적으로 공간을 공유하지 않으면 충족되지 못하는 부분이 있다고 생각한다. 기나긴 진화를 거치면서 무리 속에서 지내는 일에 적응해온 인간의 뇌는 신체적으로 접촉할 수 있는 범위 안에서 다른 인간과 지내면서 만족감을 느끼도록 만들어진 것이다. 이 작품을 보다 보면 인터넷을 통해 타자와 연결됨으로써 그 목마름을 충족시키고자 하는 것에 따른 초조감과 그럼에도 충족되지 않는 마음의 악순환 등을 떠올리게 된다.

모에: 실체에 도달할 수 없음에 따른 초조감

'모에萌え'라고 하는, 가공의 캐릭터에 대해 성적인 요소까지 포함해 애착과 동경을 나타내는 단어가 2005년 유캔 유행어 대상 상위 10위 안에 뽑혔다. '모에'는 미소녀 게임 등의 캐릭터에 대해 품는 욕

망인데, 인터넷에서 사람을 희구하는 것과 같은 배경에서 태어난 감정이라고 할 수 있다. 또 이 시대의 미디어 환경이 만들어낸 특유의 감정이라고도 말할 수 있지 않을까.

영화평론가 요모타 이누히코는 "'모에'란 항상 충족되지 않음을 동반한다. 본래 실재하지 않는 것에 접근하는 행위이므로, 영상으로 소유하는 것은 가능하지만 결코 그 실체에 도달할 수는 없다"[9]라고 말했다. 인터넷 환경에 대해서도 이와 똑같이 말할 수 있다. 과도한 표현이긴 하지만 굳이 말하자면, '모에'라는 감정은 인터넷이 보급됨으로써 생겨났다고 할 수 있지 않을까.

그렇기에 그 감정 속에는 항상 안타까움 또는 충족되지 않는 느낌이 있고, 그래서 각 주인공은 종종 무력감을 느끼는 것 아닐까. 아무리 원해도 손에 쥘 수 없는 그 무언가, 즉 가공의 존재인 캐릭터라든지 인터넷 너머의 타자를 찾아 고독감과 외로움을 달래고자 한 이들이 자주 품을 수밖에 없는 감정일지도 모른다.[10]

그런 감정을 적지 않은 사람이 경험했기에 〈별의 목소리〉를 많은 이들이 지지하고 응원하고 극장을 찾아 눈물을 흘리지 않았나 싶다. 그때 극장은 고독을 품고 목마름을 느끼던 이들이 모여 살아 있는 신체를 가지고 공간을 공유함으로써 목마름의 일부를 충족하는 기능까지도 맡았던 셈이다. 〈별의 목소리〉라는 작품은 새로운 미디어 환경을 통해 만들어진 새로운 감정의 드라마로서 작품 전체를 구성했다는 점이 획기적이었다. 그리고 그 안에는 새로운 미디어 기술 속에서 '인간은 어떻게 이어지고 어떠한 공동체를 만들어 살아가야 할까'라는, 나중에 신카이 마코토가 주제로 삼게 되는 그 편린이 분명히 존재했다. 신카이가 선구적으로 그려낸 경험은 이 시점에는 아직 소수파의 경험일 뿐이었다. 하지만 나중에는 대다수가 당연히 이해하는 것이 되었다. 그 선견지명과 그것을 작품화하는 창조적 노력은 경악할 만한 것이었고, 새로운 작가들이 배워야 할 지점이다.

미디어와 고독: 무라카미 하루키의 영향

미디어를 통한 통신과 고독이라는 모티프는 신카이 마코토가 막대한 영향을 받았다고 공언하는[11] 작가 무라카미 하루키의 『노르웨이의 숲』을 연상시킨다. 『노르웨이의 숲』에서는 정신 질환을 앓다가 결국 자살하는 여성과의 러브스토리가 그려져 있다. 결말에서 주인공은 공중전화 부스에서 통화를 하는데, 이 넓은 우주에서 좌표축을 잃은 듯 자기가 어디에 있는지 알 수 없게 되어 '어느 곳도 아닌 장소'에서 상대방을 계속 부른다.

　무라카미 하루키 작품 중에서도 특히 『바람의 노래를 들어라』와 같은 초기작은 포스트모던화하고 기호적·정보적인 현실이 되어버린 세계 속 고독과 상실을 그린 작품이라는 해석이 많다. 그 배경에는 1960년대 일본의 학생 운동과 1970년대에 겪은 운동에 대한 좌절 경험이 있다. 사람들이 정치적 열광보다 '쿨'한 소비 생활을 선택

한 시대이고, 그 세대를 '시라케シラケ 세대'◆라 불렀다.

혁명과 투쟁의 열광이 끝난 뒤에 나타난 포스트모던 사회는 토착적인 역사의 퇴적이나 생활 세계 속 애착 등이 벗겨진 기계적이고 기호적인 평평한 세계('어느 곳도 아닌 장소')다. 또한 단편적이고 소외감이 들며, 세계와 자기의 전체성을 획득하지 못한 채 사람들은 삶의 의미를 찾지 못하고 고독하게 방황한다. 등장인물 간의 커뮤니케이션은 언어를 주고받긴 하지만 깊은 소통은 이루어지지 않는다. 주인공은 숫자나 정보에만 집착하며 세계나 타자와 뜨겁게 연결되지 못한다.

1960년대, 1970년대 이후에 나타난 새로운 세계(포스트모던의 고도 정보화 사회, 소비 사회)를 전제로 거기에서 발생하는 소외감과 공허감, 고독 등의 감정을 그린 이가 무라카미 하루키였다. 그의 작품은 1980년대, 1990년대에 나오는 책마다 수백만 부가 팔리는 등 열광적인 지지를 얻었다.

신카이는 그런 무라카미 하루키의 영향을 강하게 받았다. 신카이 마코토는 이전과는 달라진 세계와 대인 관계 속에서 이제까지 없었던 감정을 그리고자 한 무라카미 하루키의 손놀림을 계승하고자 했는지도 모른다. 무라카미는 포스트모던 사회를, 신카이는 인터넷 사

◆　　정치나 사회에 대해 무관심하고 방관적인 세대를 뜻한다. 1960년대 학생 운동이 끝나고 1980년대에 본격적으로 등장했다. 1950년대, 특히 그 후반에 태어난 이들을 가리킨다.

회를 작품의 배경으로 삼았다. 양쪽 모두 '어느 곳도 아닌 장소'이고 그곳에 고독함과 생생한 느낌이 없다는 점이야말로 문제인 셈이다.

무라카미 하루키와 신카이 마코토 작품의 또 한 가지 공통점은 주인공의 '나약함'이다. 무라카미 하루키는 '내향의 세대', '제3의 신인'이라 불리는 전후 문학의 영향을 받은 작가인데, 그런 작품군은 주인공이 '남자답지 못하다'는 특징을 띤다.

1960년대는 정치의 시대였다. 전공투 운동 등의 영상을 보면 알겠지만, 헬멧을 뒤집어쓰고 각목을 휘두르며 마치 전쟁을 하는 듯 보인다. 그 시대의 '남자다움'이란, 정치와 폭력이었다고 말해도 좋다. 지금과 달리 다양성이 중시되지도 않았기에 규범의 압력은 상당히 강했다. 1970년대의 일본 영화를 봐도 거기에 등장하는 스타는 다카쿠라 겐, 스가와라 분타 등 야쿠자 같은 '남자다운' 캐릭터뿐이다. 1971년 연합적군 사건 당시 린치가 일어난 계기 중 하나가 '여성스러움'에 대한 기피 때문이었다는 말도 있다.

그 시대가 지난 후 무라카미는 약하고 내향적이며 우물쭈물하며 행동하지 않는 주인공을 그렸다. 『노르웨이의 숲』의 배경은 학생 운동이 정점을 맞이하던 1968년이고, 경찰 기동대가 바리케이드를 부수고 주인공이 다니는 캠퍼스(와세다대학교가 모델이다)로 돌입한다. 주인공은 거기에 참여하지 않고, 책을 읽고 놀면서 연애나 마음 문제에만 관심을 기울인다. 그 모습의 대비는 의도한 것이리라. 그 이전 시대의 가치관으로 말하자면 분명 '남자답지' 못한 작품이다.

신카이 마코토의, 특히 초기 작품 주인공들도 '남자답지' 못하다.

예를 들어 그들은 솔선해서 싸움에 나서거나 누군가를 지키려고 하지 않는다. 내향적이고, 문자를 보내고는 마음 졸이며, 만나고 싶다고 생각만 하면서 거리를 헤맬 뿐, 무력감에 의욕을 잃고 상황을 개선하려는 행동은 하지 않는다. 소년만화 등의 소위 '열혈' 계열 주인공과 비교하면 그런 특징이 두드러진다.

오타쿠에게 갈등의 상징이 된 '세계': 〈에반게리온〉의 영향

열혈 계열이 아닌 주인공 유형은 신카이도 큰 영향을 받았다고 말한 〈신세기 에반게리온〉의 로봇에 탑승하고 싶어 하지 않는 내향적 주인공을 의식한 것으로 여겨진다(〈신세기 에반게리온〉 역시 무라카미 하루키의 영향을 받았다).

내향적이고 섬세하며 싸우거나 행동하기를 거부하는 주인공은 당시 오타쿠라 불리던 새로운 젊은이들의 사고방식을 상징하기도 했다.[12] 〈별의 목소리〉에서는 그런 문제를 계승하고 전개하고자 하는 의지가 느껴진다. 신카이 본인도 '포스트 에반게리온'[13]을 의식했다고 말한 바 있다.

평론가 마에지마 사토시는 『세카이계란 무엇인가』라는 책에서 "세카이계란, 1990년대 후반에 역사적인 흥행을 기록한 애니메이션 〈신세기 에반게리온〉이 오타쿠 문화에 일으킨 거대한 변화로부터 만들어졌다. 그리고 동시에 '그 변화란 무엇이었는가?'라는 오타쿠들이

스스로에게 던진 질문의 궤적이었다고 할 수 있다"라고 말했다.

이 발언을 실마리 삼아 〈별의 목소리〉로 대표되는 '세카이계'에 대해 '세카이'란 무엇인지를 확인해보도록 하자. 단적으로 말하자면, 그 것은 오타쿠 문화에 탐닉하고 있는 순간의 유토피아적 상황을 가리킨다.

〈신세기 에반게리온〉은 로봇 조종석을 어머니의 태내로 간주하고, 공격해오는 적을 '타자'의 상징으로 삼은 작품이었다. 이 작품에서 로봇에 올라타 싸우는 행위는 어른이 되고 사회로 나가는 것을 의미한다. 주인공 신지는 그것을 거부하고 불쾌한 무언가가 존재하지 않는 어머니의 태내 세계에 머무르고자 한다. 그때 신지는 "내가 좋아하는 일을 찾았는데", "좋아하는 일만 하는 게 뭐가 문제야"라고 외치기까지 한다.

오타쿠 문화가 대중화하여 하이컬처로서 받아들여지는 작품이 나오게 된 지금에 와서는 현실성 없는 이야기처럼 들릴지 모르겠으나, 오타쿠 문화는 어린아이의 문화, 어른이 되면 졸업하는 것으로 여겨졌다. 예를 들어 나의 부모는 명백히 그렇게 생각했다. 그와 같은 애들 장난에 계속 집착하며 사회화되지 않은 오타쿠들은 '일본적 미성숙'**14**이라는 평가도 받았다. 인터넷에서 비방 의도로 사용되는 '어린이 방 아저씨', '어린이 방 아줌마'◆도 그와 비슷한 특성을 야유하는

◆　일본의 인터넷 은어. 부모님 집에 얹혀사는 채로 나이가 들어버린 자식(아들, 딸)을 뜻한다.

표현일 것이다.

분명히 오타쿠 문화에는 미성숙을 지향하는 측면이 있다. 오타쿠 문화도 하늘과 땅만큼이나 각각 차이가 커서 예술성이나 사회적 사명감이 강한 문화도 있지만 그렇지 않은 문화도 있다. 그렇지만 '서브컬처', '카운터컬처'◆로서 융성해온 오타쿠 문화에 어른으로서 성숙해야만 한다는 규범에 대한 반항, 혹은 대안 문화를 그려내고자 하는 부분이 있는 것도 당연하다. 그 부분이 수많은 성숙하고 교양 있는 어른들의 눈살을 찌푸리게 하는 지점인 동시에 이 장르의 매력이기도 하다. 또한 사람을 구할 수도 있는 파르마콘pharmakon(독이기도 하고 약이기도 한 것) 같은 부분이다.

〈신세기 에반게리온〉에서는 타자나 사회를 거부하고 자신에게 마음 편한 것만으로 구성된 공간을 '세계'라고 부른다. 그것은 무엇이든 소원을 들어주는 어머니의 태내라는 메타포로 그려진다. TV 시리즈 25화의 소제목은 「끝나는 세계」, 최종화 제목은 「세계의 중심에서 '아이'를 외친 짐승」◆◆이었다. 여기에서 말하는 '세계'란, 타자와 현실을 완벽히 차단한 혼자만의 공간이고, 소망을 충족하고자 하는

◆ 대항문화. 기존의 주류 문화(메인컬처)에 저항하는 반체제적인 문화.

◆◆ 원서에서 '아이'는 가타카나ｱｲ로 표기되어 있다. 어떤 의미로 그렇게 했는지 정확히 알 수는 없으나, 일본어로 '아이'로 발음되는 '사랑愛'이나 영어 'I'로 해석하는 경우가 많다. 참고로 「세상의 중심에서 사랑을 외친 짐승」은 미국 소설가 할란 엘리슨을 대표하는 유명한 단편소설 제목이기도 하다.

형식의 애니메이션 등에 대한 메타포이자 오타쿠적 욕망의 유토피아를 뜻한다.

〈에반게리온〉은 TV판, 구극장판 모두 닫힌 세계를 깨부수고 바깥의 현실을 마주해야 한다는 메시지를 전한다. 나 역시 그 메시지를 너무나도 강하게 받았고 트라우마를 얻었다. 〈신세기 에반게리온〉은 그만큼 충격적인 작품이었고 신카이 마코토는 그 문제를 이어받아 전개한 작가다.

행동할 것인가, 틀어박힐 것인가

그 증거로서 〈별의 목소리〉 이전에 발표한 두 작품 〈먼 세계〉와 〈둘러싸인 세계〉를 살펴보자. 전자는 〈에반게리온〉 구극장판 〈진심을, 너에게〉 중반에 나오는 '현실과 허구'의 갈등 장면이 연상되는 시적인 작품이다.[15] 본인도 이 작품에 관해 말한 바 있는데, 화면 구성이나 독백 사용법 등에서도 영향이 명백하게 느껴진다. 문예평론가 에노모토 마사키는 "'세계'는 자신을 소외시키는 외부다. 그는 '타자'를 받아들일 줄 모른다"[16]라며 〈먼 세계〉의 내용을 정리했다. 〈에반게리온〉과 같은 주제를 계승했다는 점, '세계'라는 메타포를 사용했다는 점을 확인할 수 있다.

〈둘러싸인 세계〉는 아름다운 것으로 가득한 '벽 안'에 남는 그녀와, '바깥'으로 나가는 그를 그린 30초짜리 작품이다. 이 '벽 안'과 '바

끝'의 분열은 〈별의 목소리〉에서도 답습한 것으로 보인다. 에노모토에 따르면 이 작품은 "무라카미 하루키의 『세계의 끝과 하드보일드 원더랜드』의 영향을 받아 제작되었다"[17]고 한다.

무라카미 하루키의 『세계의 끝과 하드보일드 원더랜드』는 〈에반게리온〉에도 영향을 미친 작품인데, 여기에서도 작품 세계가 둘로 나뉜다. 벽으로 둘러싸인 '세계의 끝'과 하드보일드적인 활약을 그리는 '하드보일드 원더랜드' 장章이 교차하여 나타난다.

하드보일드 소설의 특징은 '행동'이다. 현실 세계에서 행동하는 쪽과 내면 혹은 안쪽 세계에 틀어박히는 쪽의 갈등이 이 작품의 구조에서 표현된다.

〈에반게리온〉 속 '세계'도, 신카이 마코토의 이 두 개 초기 단편 속 '세계'도, 기본적으로는 무라카미 하루키의 '세계'를 답습했다고 볼 수 있다. 특히 신카이는 『세계의 끝과 하드보일드 원더랜드』의 결말과 마찬가지로 틀어박히는 쪽과 행동하는 쪽의 분열을 미카코와 노보루라는 두 캐릭터의 이별(과 재회의 가능성)로 나타내는 등 좀 더 강한 영향을 받았다.

'행동할 것인가, 틀어박힐 것인가'라는 주제는 사회적 승인을 얻지 못했던 오타쿠 문화 애호가들에게는 절실한 것이었다. 물론 나도 예외는 아니었다. 나는 오히려 〈에반게리온〉의 메시지를 진심으로 받아들여 어떻게든 현실로 돌아가야 한다는 입장을 취했지만, 사회에서는 〈에반게리온〉이 나온 이후 '제로년대'에 아키하바라 열풍이 일어나고 『전차남』(2004)이 히트하는 등 오타쿠가 시민권을 얻게 되었다. 하지만 그렇더라도 '유치하다는 말을 듣는 문화를 탐닉하고, 타자와 사회, 현실에서 등을 돌려도 될까'라는 불안감과 갈등은 오타쿠 문화 속에서 잠재적으로 이어지고 있었다.

신카이 본인이 "사회성이 없다고 한다면 완전히 없는 세계입니다. 나에게도 그런 경향이 있고, 사회성이 부족한 것 같아 스스로도 조금 걱정이 됩니다만"[18], "10대 시절에는 많은 일을 제대로 하지 못했습니다. 공부도 그랬고, 남들과의 커뮤니케이션도 그랬고요"[19], "사회에서 나의 위치, 타인과의 거리를 어떻게 설정하고 살아가면 좋을지, 그것은 나에게 절실한 문제이기도 하다"[20]라고 말했듯이 '세카이계'에 어울리는 기질을 가진 작가였다.

〈별의 목소리〉를 포함하여 '세계'라는 문제를 다룬 세카이계라는 장르는 오타쿠에게 정체성에 대한 물음, 자신들은 어떻게 해야 하는가와 같은 '메타'◆적인 물음을 받아들이고 전개하기 위한 그릇으로서 제로년대 초반에 유행했던 장르였다. 바로 그 부분이 마에지마 사토시가 말한 "오타쿠들이 스스로에게 던진 질문의 궤적"인 셈이다.

◆　'meta'는 '더 높은', '초월한'이란 뜻을 가진 접두사로, 여기서 뜻이 변화하여 어떤 시점에 대해 바깥(고차원)에서 바라본다는 의미를 가진다.

닫힌 '세계'끼리 연결될 가능성

그럼 〈별의 목소리〉에서 '세계(세카이)'는 어떤 식으로 나타날까? 우선 서두에서 여주인공의 대사로 제시된다. "세계라는 단어가 있다. 나는 중학교 때까지 세계란 휴대전화 전파가 닿는 장소라고 막연하게 생각했다." "하지만, 왜일까. 내 휴대전화는 아무에게도 닿지 않는다. 여보세요, 저기, 누구 없어요? 난 어디까지 가면 돼요? 나 외로워요. 노보루 군? 집에 갈래. 저기, 나는 어디에 있는 거지? 아, 그렇구나. 난 더 이상, 그 세계엔 없는 거야." 그리고 로봇을 타고 싸우는 우주 공간이 보인다.

여기에선 '세계'라는 단어가 여러 의미로 사용된다. 하나는 휴대전화 전파가 닿는 범위, 또 하나는 자신의 고향, 버리고 온 생활 공간이다. 이와 같은 '세계(세카이)'의 분열과 겹쳐 휴대전화나 인터넷에 의해 재귀적으로 발견되는 '연결'과 잃어버린 고향, 이 두 가지가 '세계'라는 단어에 함축되어 있다. 이것은 신카이 마코토의 필모그래피를 이해할 때 중요하므로 기억해두자.

로봇을 타고 우주 공간에 나가는 행위는 '바깥으로 나가는 것', '사회화되는 것', '어른이 되는 것'의 비유다. 하지만 작품 속에선 '그 세계'에 두고 온 노보루가 점점 더 어른이 되고, 우주로 나간 미카코는 계속 15세 전후의 나이 그대로다. "스물네 살이 된 노보루 군, 안녕! 나는 열다섯 살의 미카코야. / 저기, 나는 지금도 노보루 군을 무척무척 좋아해"라는 문자가 엇갈림의 안타까움을 그야말로 가슴에 와

닿도록 표현하고 있다.

'어른', '성숙'이라는 문제를 다루면서 시간의 어긋남을 이용해 의식화하고자 한 것은 분명하다. 하지만 로봇을 타고 우주로 나가는 행동이 어른이 되고 사회화되는 것을 의미한다면, '그 세계'에 남겨진 사람이 계속 젊은 상태로 남아 있더라도 이상하지 않을 것이다. 하지만 그렇게 되진 않았다. 상대성이론을 활용해 시간이 어긋난다는 설정인 우라시마 효과를 도입했으니 당연하다면 당연한 일이겠으나, 메타포를 해석할 때 정합성이란 측면에서는 이 부분이 조금 신경 쓰이기는 한다.

작품 후반에 우주로 나간 미카코는 어린아이와 어른 모습의 우주인을 만나고, 다음과 같은 말을 듣는다. "드디어 여기까지 왔구나! 어른이 되려면 아픔도 필요하지만, 그래도 당신들이라면 분명 훨씬 더 멀리까지 갈 수 있어. 다른 은하로도, 다른 우주까지도." "응? 그러니 따라와줘. 맡기고 싶어, 당신들한테." 우주 멀리까지 온 쪽에게 어른이 된다는 것이 어떤 일인지를 말한다. 그리고 어른이 되고 나면 무언가를 맡고 계승하는 듯하다.

여기에서 알 수 있는 것은 "드디어 여기까지 왔구나"라는 말을 듣는 미카코가 그 순간까지도 어린아이라는 점이다. 작중 나이도 15세로 어린 나이 그대로였으니 이상한 것도 아니긴 하다. 하지만 로봇을 타고 자신이 속한 공동체를 위해 임무를 다했음에도 그녀가 어린아이인 채로 남아 있다는 것은 통상적인 로봇물에서 볼 수 있는 메타포 사용법과는 정반대 방식이다. 노보루가 미카코를 뒤쫓기 위해 군에

지원한다는 결말을 보면 '성장', '사회로 나가자', '어른이 되자' 등의 메시지를 읽어낼 수 있으며, 그것은 충분히 납득이 간다. 특이한 쪽은 미카코다.

어째서 미카코는 나이를 먹지 않는가. 로봇을 타고 우주로 나간다는 것이 컴퓨터를 통해 미지의 프런티어인 인터넷 세계로 나간다는 메타포가 아닐까, 또 과학 기술을 통한 의식 확대의 비유가 아니겠냐고 앞서 언급했다. 하지만 그 방향으로 나아가는 쪽이야말로 오히려 '어린아이'로 머물게 된다는 역설적 표현일까? 나의 경험에 비추어 말하자면, 현실에서 사이버 아나키스트나 사이버 리버테리언◆ 등으로 활동하는 사람들은 어린아이 같은 무책임한 주체로 계속 남아 있을지도 모른다. 하지만 그렇다고 하여 이 작품이 그런 부분까지 내다보았으리라고는 생각하지 않는다.

이 작품이 소위 미성숙한 채 틀어박히는 것의 비유로 쓰이는 일반적인 '세계'의 사용법을 비튼 또 하나의 커다란 지점이 있다. 그것은 바로 세계를 '전파가 닿는 범위'로 삼은 점이다. 그러나 전파가 닿는 범위가 '세계'라고 한다면, 미카코가 있는 장소도 노보루가 있는 장소도 모두 문자가 도달하고 있으니 '세계'인 셈이다. 그러니 '틀어박히는 것'에 대한 메타포가 되지 못하는 것 아닐까?

◆ 자유 지상주의자. 경제적 자유는 물론이고 개인의 자유를 '최대한' 용인하는 태도를 취한다. 특히 인터넷에서는 통상적인 것보다도 더욱더 자유를 강조하는 사람들이 눈에 띈다.

그러므로 '행동함'과 '틀어박힘'으로 나누어 갈등하는 모습을 그리거나, 틀어박히는 것을 단순히 '세계'의 비유라고 여기는 독해 방식은 이 작품에서는 적절치 못하다는 말이다. 오히려 휴대전화라는 매개체를 통해 고립된 '세계'끼리 연결되는 모습을 그렸다는 점이야말로 〈별의 목소리〉가 〈먼 세계〉, 〈둘러싸인 세계〉를 뛰어넘은 지점이다. 그리고 동시에 '세계'라는 비유의 확장이고, '세카이계' 특성을 지닌 주제에 대한 답변이었던 것이다.

전파를 사용해 통화하고, 인터넷에 접속하며, 문자를 주고받을 수 있는 휴대전화는 인터넷의 메타포였을지도 모른다. 미카코가 있는 '세계' 역시 아무도 없는 닫힌 세계이지만, 그러면서도 타자와 통하는 매우 가느다란 회로가 열려 있다.

미소녀 게임의 스탠드 얼론stand-alone성을 넘어서기 위해

추가로 이해를 돕기 위해 세카이계와 관계가 깊은 그 당시의 미소녀 게임과 비교해보고자 한다. 신카이는 미소녀 게임의 영상 제작을 맡은 적이 있다. 신카이가 소속되었고, 〈별의 목소리〉 제작과 배급을 맡기도 한 코믹스웨이브의 소프트웨어 부문에서 회사 분할로 독립한 어덜트 게임 회사 미노리minori의 영상을 다섯 작품 정도 담당했다.

신카이 본인도 미소녀 게임(걸 게임)을 하고 있었다. "〈프린세스 메이커〉라든지 〈동급생〉 등 걸 게임이 최첨단에 있는 것처럼 느껴진

시대가 있었고", "친구들과 함께 플레이하며 노느라 밤을 새우기도 했죠."[21]

그 당시 미소녀 게임은 스탠드 얼론(온라인으로 연결되어 있지 않은 상태)이었고, 플레이하는 동안 컴퓨터 화면 너머로 이쪽을 바라보는 미소녀와 유사 커뮤니케이션을 하는 형태였다. 포르노 작품이 대부분 마찬가지겠지만 불쾌한 타자의 타자성이나 현실의 혹독함 등은 배제하고, 귀찮고 불쾌하며 상처받을 수 있는 측면이 제거된 연애와 커뮤니케이션을 경험할 수 있다. 타자나 현실과 마주하지 않은 채 자기 방 안에서 컴퓨터 모니터에 빠져들어 불쾌한 것이 존재하지 않는 세계를 간접적으로 체험할 수 있다. 닫힌 '세계(세카이)'인 셈이다.

그에 비해 〈별의 목소리〉는 타자나 외부에 열려 있다. 아무래도 인터넷이라는 환경의 영향을 받은 듯하다. 미소녀 게임과 달리 신카이 마코토의 홈페이지라든지 거기에서 공개한 단편 작품을 보면 타자와의 연결을 강조하는 측면이 강하다. 아주 약간일지라도, 신체적 친밀함에 대한 갈증이 충족되지 않을지라도, 거기에는 타자가 존재한다. 그리고 극장에 가서 만날 수도 있다.

엄밀하게 말해서 미소녀 게임에도 제작자라고 하는 타자가 있지만, 홈페이지나 게시판에는 그보다 상호성이 높은 타자와 만날 가능성이 존재한다. 그렇기에 신카이는 팬과 커뮤니케이션을 했고, 팬들은 게시판에 글을 남김으로써 서로 이어지지 않았을까.

그렇게 생각해보면 〈별의 목소리〉는 '세카이계'의 대표작이면서 동시에 이미 '세계(세카이)'가 가진 폐쇄성을 비판·돌파하고, 휴대전화나 인터넷 회선에서 가느다란 가능성을 발견했다고 할 수 있다. 한 사람 한 사람이 미성숙하고 취미에 탐닉하는 상태일지라도 고립하지 않고 연결됨으로써 열려 있고, 멀리 떠나거나 무언가를 계승하는 존재가 되어가기를 기대하는 작품이었다.

작품 결말 근처에서 미카코와 노보루의 대사 "여기 있어"가 겹치는 부분을 보면, 그런 연결에 대한 희망을 확인할 수 있다. 다만 이 부분은 독백을 동시에 겹치는 연출적 속임수를 통해 (마음이) 연결된 듯한 느낌을 냈을 뿐이다. 신카이는 이것을 두 사람이 '연결되었다', 그리고 그 뒤에 '만날 수 있다'라는 암시로 생각하지 않았다. 신카이는 이에 대해 "연출적으로 그렇게 보였을 뿐"이라고 단언했다. "나는 개인적으로 그렇게 생각하지 않았고, 오히려 이어지지 않을 것이라고 믿었다."[22]

현재는 소셜 미디어 등을 통해 사람들과 연결되고 작품을 소비하는 것이 당연해졌기에 그 충격과 기대가 얼마나 컸는지 상상하기 어려울지도 모르겠다. 그리고 실제로 오타쿠들이 소셜 미디어에서 서로 연결되고, 세계와 타자에 대해 닫힌 문을 연 결과가 어떻게 되었는지 현실의 궤적을 생각해보면, 그건 너무 순진한 기대였다고 비판하는 이도 있으리라. 확실히 그건 그렇다.[23] 그런 검토는 분명 필요하지만, 역사의 그 지점에서 그것이 새로운 희망이자 표현의 가능성처럼 보였으리란 점은 하나의 사실로서 이해해야 한다.

2

〈구름의 저편, 약속의 장소〉

'세카이'의 바깥으로

2004년은 '재패니메이션'을 대표하는 세계적 애니메이션 감독들이 혼신을 바친 신작을 내놓은 해였다. 미야자키 하야오의 〈하울의 움직이는 성〉, 오시이 마모루의 〈이노센스〉, 오토모 가쓰히로의 〈스팀보이〉 등이 차례차례 개봉했다. 미야자키 하야오의 전작 〈센과 치히로의 행방불명〉은 일본 애니메이션으로선 최초로 베를린국제영화제 금곰상(그랑프리)을 받았고, 〈이노센스〉 역시 일본 애니메이션 최초로 칸 국제 영화제 경쟁 부문에 초청받았다. 또 〈스팀 보이〉도 베네치아 국제 영화제 폐막작으로 상영되는 등 세계에 일본 애니메이션이 진출해 성과를 거둔 해였다.

　이해 11월 20일에 개봉한 신카이 마코토의 첫 장편 애니메이션 〈구름의 저편, 약속의 장소〉는 막강한 작품들을 누르고 마이니치 영화 콩쿠르 애니메이션영화상을 수상하는 쾌거를 이뤘다. 큰 실적이 없는 신인 감독과 그 팀이 국가와 회사의 운명을 걸고 나선 베테랑들의 작품을 이긴 셈이다. 〈별의 목소리〉와 달리 다자와 우시오 등 여러 스태프의 힘을 빌린 작품이지만, 그들도 애니메이션 업계에서 경험이 풍부한 인재는 아니었다.

미려한 하늘과 물, 빛의 묘사 등 시골 특유의 생활과 시간 감각을 그려낸 방식이 훌륭했으며, 이후 신카이 마코토의 대명사처럼 여겨지는 표현이 잔뜩 담긴 괄목할 만한 작품이다. 정교하게 그려진 구름과 빛, 바람 묘사가 관객의 다양한 마음의 움직임을 환기하고, 그것이 등장인물의 내면과도 겹친다고 하는 신카이의 재능이 유감없이 발휘되었다. 나는 이 작품의 무대 중 하나인 홋카이도 지역 출신인데, 차를 타고 홋카이도를 돌아다니면서 본 장대하고 숭고한 풍경과 비슷하다는 인상을 받았다. 그리고 문득 일본의 영상 콘텐츠 중 이런 체험을 하게 하는 작품은 드물지 않냐는 생각도 들었다.

작품 내용은 시적이라는 평가를 받기도 한다. 아마도 작품이 강력한 '시정poésie'의 감정을 불러일으키고, 내용이 단편적이고 은유로 가득 차 있기 때문이리라. 이 '은유'는 오타쿠 문화에 축적되어온 것으로, 독해가 하이콘텍스트◆로 이루어지기 때문에 뭐가 뭔지 알 수 없

◆ 콘텍스트context는 '맥락', 즉 의사소통을 위한 문화적 '상황'을 뜻한다. '하이콘텍스트'는 그보다 고차원적 맥락이 필요한, 언어 이외에 공유되는 문화를 바탕으로 하는 커뮤니케이션 방식을 가리킨다.

1부 세카이기

는 조각들이 차례차례 이어진다는 식이다. 말하자면 나쁜 의미로 '시적'이라는 평가를 받은 측면도 있을지 모르겠다. 그 은유에는 어느 정도 계보가 있는데, 그 계보를 따라가본다면 작품의 독해나 이해에 도움이 될 듯하다.

이 작품은 〈별의 목소리〉의 주제를 직접적으로 계승했다고 여겨진다. 서두 부분의 주요 등장인물은 중학교 3학년인 후지사와 히로키, 시라카와 타쿠야, 사와타리 사유리다. 〈별의 목소리〉에서는 둘로 나뉘었지만, 이 작품에선 셋으로 나뉜다.

작품의 무대는 현실과는 다른 일종의 평행 세계다. '일본이 만약 남북으로 분단 통치되었다면?'이라는 설정이다. 이것은 '갈라짐'을 상징하기 위한 설정이고 "그 당시엔 일본의 미래를 진지하게 생각한 것은 아니"[1]었다고 신카이 본인이 말한 바 있다.

조금 재미있는 부분이 홋카이도 출신에 히로사키대학교에서 학생 운동을 했던(그때의 동료가 연합적군 사건을 일으켰다) 애니메이션 감독 야스히코 요시카즈(〈기동전사 건담〉의 캐릭터 디자이너와 작화 감독으로 잘 알려져 있다)가 신카이 마코토를 만났을 때 신카이의 '사회사상'을 경계했다고 한다. 이후 야스히코는 "그런 것은 신카이 씨한테는 없었고, 역시 감각이 선행되는 분이었습니다. 사회성이나 장난친다는 느낌도 전혀 없고, 그냥 감각이 깨끗한 사람입니다"[2]라고 증언했다.

'갈라짐'으로 다시 이야기를 돌려보자. 타쿠야는 이과 스타일이고 이지적인 인물인데, 군대에 협력하여 일을 하게 된다. 그는 사회화된 어른을 상징할 수도 있다. 사유리는 문학소녀로서 바깥 세계와의 접촉을 끊고 '꿈'의 세계에 틀어박힌다. 타자가 없는 닫힌 공간인 '세계'에 틀어박힌다는 주제를 계승한다고 볼 수 있다. 그리고 히로키는 그 두 사람의 중간 지점에 있는 인물이다. 고등학교에 진학하면서 도쿄로 가기는 했으나 거기에서 고독하고 울적한 생활을 하고 있고, '꿈'의 세계에서 사유리와 연결되어 있다고 생각한다. 그런 히로키에 대해서 타쿠야는 "꿈 이야기", "짜증 난다", "어린애 장난"이라고 내뱉는다. 확실히 '성숙', '어른'과 같은 주제도 계승하는 듯하다.

그렇다면 컴퓨터나 인터넷을 통해 탄생한 새로운 세계, 새로운 공간이라는 주제에 관해서는 어떨까. 그것이야말로 '하늘'이 비유하는 것 중 하나다.[3]

커뮤니케이션의 비유인 구름과 비상체

주인공 히로키는 서두에 나오는 전차 안이나 몇몇 장면에서 심심하다는 듯이 하늘을 쳐다본다. 하늘에는 꼭대기가 보이지 않을 만큼 거대한 탑이 서 있다. 탑은 하늘이란 공간에 대해 무한하게 먼 시점을 의식하도록 만드는 시각적 효과를 가진다. 히로키는 그 하늘 저편에 있는 탑을 동경하며, 그곳에 가고 싶어 한다. 일상에서 벗어난 여기가 아닌 어딘가, 한없이 펼쳐진 광대한 공간, 신천지의 메타포라고 해도 좋다. 또한 〈별의 목소리〉 속 우주와 마찬가지로 사이버 스페이스의 메타포라고도 할 수 있다.

가토 미키로는 「풍경의 실존」이란 글에서 이 작품의 구름 묘사에 주목하라고 말한다. "특히 신카이 마코토가 미야자키 하야오로부터 계승한 구름 풍경cloudscape 묘사는 영화 역사에서도 두드러진다. 신카이 마코토가 자신의 애니메이션 화면을 구름이란 주제와 그 변주 (예를 들어 로켓의 배기가스 기둥)로 채우는 것은 구름 자체가 운동하는 풍경이기 때문이다."**4**

이 '구름 풍경'이라는 개념에 이어 토머스 라마르Thomas Lamarre◆는 신카이 마코토 작품 속 구름과 비상체飛翔體◆◆를 인터넷에 존재하는 '클라우드'적인 것의 메타포로 해석했다. "커뮤니케이션 시스템과 미디어 네트워크 등이 지금이라도 당장 튀어나올 것처럼 보인다. 실제로 이것은 신카이 애니메이션의 두드러지는 특징 중 하나다." "마치 성간 공간에서 멀리 떨어져 있어도 관계를 맺는 전자처럼 멀리 떨어진 지점에서 어떤 방식으로든 연락을 자주 하여 항상 커뮤니케이션을 하는 것과도 같다."**5**

와타나베 다이스케나 나카타 겐타로도 똑같이 지적했다. 나카타는 다음과 같이 말했다. "하늘을 가로지르는 사물은 그들이 멀리 떠나게 될 것임을, 혹은 멀리 전달해야 할 메시지를 미리 보여주는 느낌이다." "(〈별의 목소리〉에서) 무리 지어 다니는 새들은 문자를 작성

◆　미국의 일본 문화 연구자. 시카고대 교수로 일본의 애니메이션 미디어를 다룬다. 주요 저서로 『아니메 머신』이 있다.

◆◆　날아가는 물체.

하는 나가시마의 모습과 맞물려 메시지를 전하는 것을 나타낸다."⁶

반복하지만 신카이 마코토는 본인이나 자신의 작품이 놓인 새로운 환경을 은유적으로 작품에 녹여낸다. 전작에서 문자의 문장과 음성으로 발화되어 마지막에 겹쳐진 독백에 담긴 '커뮤니케이션'이라는 주제가 〈구름의 저편, 약속의 장소〉에서는 소소하고 다양한 은유를 통해 표현되었다. 예를 들어 전차, 비상체, 하늘에서 내리쬐는 빛, 그 전차 안쪽 천장에 반사되는 빛, 물, 비, 구름 등 하늘과 지면을 이동하는 모든 것이 커뮤니케이션의 메타포다.

이 성질은 표현과 불가분의 관계에 있다. 신카이는 자신의 풍경·배경 묘사에 대해 실제 사진 등을 밑바탕 삼아 애니메이션에 맞게 미화하는 수법을 쓴다고 말한 바 있다. 그 수법에 대해 디지털 세대인 본인의 우위성을 의식하고 있는 것이다. 가느다란 빛과 같은 묘사를 디지털로 만들어내는, 신카이의 특기인 이펙트(효과)야말로 손으로 그린 셀화 애니메이션 작품과 대적할 만한 부분임을 자각한다는 말이다. 그것들은 디지털이라는 점에서 인터넷의 성질과 은유적으로 연결 지을 수 있다. 말하자면 신카이 마코토가 만들어내는 풍경은 현실과 디지털이 중첩된 공간인 셈이다.

등장인물들이 '꿈' 속에서 연결되어 있다고 하는 신비주의적이고 낭만주의적 스토리로 전개된다는 점도 커뮤니케이션이라는 주제와 따로 떼어 놓고 생각하기 어렵다. '꿈'이란, 언어를 통한 커뮤니케이션뿐만 아니라 비언어적 커뮤니케이션도 포함하는 우리의 '연결'까지 은유하는 것 아닐까. 세 명은 각자 떨어져서 고독을 느끼지만, 함께할 때는 '따스함'이 있었다고 표현되어 있다. 언어와 정보 이전의 비언어적인 것, 신체 감각, 때로는 후각까지도 포함하는 그런 친밀한 커뮤니케이션의 상실에 대해 등장인물들이 한탄한다는 점도 그런 독해의 근거가 된다.

3년 후 군대에 입대한 타쿠야가 실행하는 작전 내용에서도 '하늘'이 인터넷의 메타포라고 하는 독해의 근거를 찾을 수 있다. 그들은 컴퓨터의 키보드를 치는데 그 화면에는 CG로 만들어진 기하학적 도형이 나타난다. 'CONNECTED'라는 글자가 화면에 등장하고, 그곳이 일종의 '평행 세계'라는 점이 언급된다. 컴퓨터로 접속하는 '평행 세계'는 인터넷 세계(혹은 오타쿠 문화적인 허구 세계)로 해석할 수 있다. 이 작품 또한 컴퓨터와 인터넷이 펼쳐낸 새로운 프런티어를 만난 우리의 기대와 당혹스러움, 정신적 갈증을 그린 이야기였던 것이다.

중요한 점은 그것을 채워줄 '따스함'이 언급되었다는 사실이다. 그와 관련된 것이 전철 장면이다. 이 장면은 신카이 마코토의 체험과 연관되어 있다. 그는 나가노에서 중·고등학교를 다니던 시절, 편도로 40분 걸리는 전철에 함께 타던 여자아이를 짝사랑했는데, 이야기를 나눈 적도 있다고 한다.[7]

전철에 관해 신카이는 이런 말도 했다. "매일 아침 전철을 타고 회사에 갔다가 전철을 타고 돌아옵니다. 의외로 그런 시간이 저에게 용기를 주었다는 사실을, 회사를 그만둔 뒤에야 비로소 깨달았습니다. 양복을 입고 만원 전철을 타는 것만으로도 연대감을 느꼈던 것이죠. (……) 혼자가 되고 나니 그런 감각이 순식간에 사라져버려서 외롭다는 생각이 들었습니다."**8**

    신카이 작품에서 전철은 신체를 가진 인간이 같은 공간을 공유하고 비언어적 커뮤니케이션(따스함)이 발생하는 곳으로 그려진다고 추측할 수 있다. 영화관 역시 모르는 사람끼리 같은 공간과 시간을 공유한다는 성질을 지닌다. 그리고 이것은 영화관을 본격적인 작품 발표의 장으로 의식하게 되는 〈너의 이름은.〉 이후의 신카이 작품을 고찰할 때 중요한 의미를 지니게 된다.

'세카이' 바깥으로 나가기 위한 메시지

사유리는 점점 수면 시간이 길어지고, 마침내 바깥 세계로부터 동떨어져 '꿈'만 꾸게 된다. 이것은 '세계(세카이)'에 대한 메타포의 연장으로 보인다. 현실과 타자와 떨어져서 자신이 좋아하는 콘텐츠에 탐닉하는 상태를 나타낸다고도 볼 수 있다. 그 장소는 "아주 먼 우주에서 온 차갑고 깊은 바람이 불고 있고, 공기는 다른 우주의 냄새가 났다"라고 사유리는 말한다. "하늘과 구름과 무너진 마을. 아무리 걸어도 아무도 없다." 그곳은 춥다.

    한편 사유리의 꿈속 세계 묘사와 겹치듯 히로키가 도쿄에서 생활하면서 느끼는 고독이 그려진다. 좁은 빌라에 살면서 하늘도 보지 못하고 꽉 막힌 듯한 기분으로 컵라면을 후루룩 먹는 그의 심정과 사유리의 고독이 겹치는 듯하다. 이 묘사에는 신카이 본인의 경험이 담겨 있다. "나의 상경 체험담 그 자체입니다. 고독과 외로움을 만드는 탁한 도시의 풍경도 직접적으로 그렸습니다."**9**

두 사람은 물리적으로는 떨어져 있지만 〈별의 목소리〉와 마찬가지로 뛰어난 편집 덕분에 마치 마음이 연결된 듯 보인다. 히로키가 말한 "나만이"라는 대사를 뽑아내어 사유리의 "나만이 세계에 혼자 남겨진 듯한 느낌이다"라는 대사에 겹쳐 넣음으로써 관객에게 두 사람의 심정이 통한 인상을 준다. 영화나 드라마에서 누군가가 죽는 순간에 컷을 나눠 다른 인물이 무언가를 감지한 듯한 표정을 보여줌으로써 '불길한 예감', '육감'을 표현하는 기법과 같다. 일종의 초자연적 '연결'이라는 감각은 몽타주를 통해 만들어진다.

히로키는 중얼거린다. "잘못된 장소에 와버린 것 아닌가. 사유리의 꿈을 현실보다 더 현실처럼 느낀다." 도시에서 느끼는 소외감, 자연과 숭고한 풍경에 대한 갈증 등이 여기에 표현되어 있다.

사유리는 신체성을 강조한 표현을 한다. "아무도 없는 텅 빈 우주에 나 혼자만 있는 꿈. 그 꿈속에서는 내 전부, 손가락이나 뺨, 손톱, 발뒤꿈치, 머리카락 끝까지 외로움에 너무나도 아파하고 있어요." 그리고 "셋이서 지낸 따스함으로 가득 찬 세계"에서의 약속이 있다면 "아주 잠깐이라도, 현실에 연결될 수 있을지도 몰라"라고 말한다. 타쿠야는 "그날의 약속"이 "현실에 대한 굴레"라고 말한다.

작품 스토리는 히로키가 타쿠야의 도움을 얻어 비행기를 타고 탑으로 향하고, 사유리를 구한 뒤 탑을 무너뜨리고 평행 세계를 소멸시킨다는 전개가 이어진다. '세카이'에 갇힌 인간에게 비행기, 즉 메시지(〈별의 목소리〉에선 종이비행기와 문자를 중첩하는 장면이 나왔다)를 전해서 해방하려는 것이 이 작품의 스토리라고 할 수 있다. 그리고 말하자면 이 영화 자체가 비행기(편지)인 셈이다.

사유리가 있는 꿈속은 차갑고 색감이 다채롭지 않은 세계다. 사유리는 "세계는 정말 아름다운데 나만 거기에서 멀리 떨어져 있는 듯한 느낌이 들어"라고 말한다. 이것은 그 당시 컴퓨터나 애니메이션 세계의 색채나 표현의 부족함, 따분함을 빗댄 표현일지도 모른다. 그렇다고 한다면 이 작품은 '세카이=꿈=오타쿠 문화'의 세계에서 밖으로 끌고 나와 이 세계(혹은 커뮤니케이션이 존재하는 세계)의 아름다움을 보여주고자 한 작품일지 모른다. 그러기 위해 이만큼이나 미려하게 세계를 묘사한 것 아닐까. 혹은 그 '꿈', '세계'를 대표하는 애니메이션에 '따스함', '색채'를 도입하여 현실처럼 생생하게 만들고자 한 시도일 수도 있다. 아마도 양쪽 모두일 것이다.

신카이 본인은 이 작품에 관해 이렇게 말했다. "〈별의 목소리〉에선 닫힌 세계를 설정하여 두 사람만의 관계를 그렸습니다. 그다음엔 사회성을 얻는 정도까진 아니더라도, 조금 더 노이즈가 많은 작품으로 만들고 싶습니다."[10]

『구름의 저편, 약속의 장소: 신카이 마코토 2002-2004』(2005)라는 책에서는 무라카미 하루키의 『세계의 끝과 하드보일드 원더랜드』를 언급하며 "나로서는 『세계의 끝과 하드보일드 원더랜드』를 읽을 당시에 역시 조금은 '나'란 인물이 세계 바깥으로 나가면 좋겠다는 마음이 있었던 것이죠"[11]라고 말하기도 했다. 그리고 이것은 작품 내용에 그대로 담겨 있다.

'구름의 저편'과 '약속의 장소'란 무엇인가

그럼 제목에 나오는 '구름의 저편'과 '약속의 장소'는 무엇의 은유일까. '구름의 저편'은 무한한 저편, 사이버 공간의 상징이기도 했다. 지방에 사는 사람에게는 상경이라든지, 인생을 바깥으로 확대해나가는 방향성에 대한 메타포라 할 수 있다. 신카이도 이렇게 말했다. "멀리 있어서 본 적 없는 것에 대한 동경은 어린 시절부터 있었습니다. (……) 그래서 탑이든 뭐든 상관없었어요. 예를 들어 별이라도 상관없고, 그야말로 구름도 상관없었습니다."[12, 13]

그에 반해 '약속의 장소'는 알기 어렵다. '약속'이란 세 명이서 비행기를 타고 탑에 가기로 한 것을 가리킨다. 하지만 '약속의 장소'는 어디인가. 탑인지 아닌지가 명확하지가 않다. '따스함'이 있던 '그때'와 관계가 있는 듯하며, 잃어버린 고향에 가까운 무언가다.

서두에서 히로키는 동경의 대상으로서 사유리와 거대한 탑을 병치하여 표현했다. 그것이 어쩌면 해석에 도움이 될지도 모른다. 거대한 탑은 칸트적 미학으로 말해보자면 '숭고함'을 불러일으킨다. 그것은 너무나도 거대하여 무한을 떠올리게 하므로, 인간에게 자신의 작고 초라함을 느끼게 하고 떨게 만든다. 한편 사유리는 실러적 미학[14]에서 말하는 '미美'와 관계가 있을 것이다. 그것은 이성이나 의무와 관계되는 칸트적 이성과 대비되어 고상함, 평온함, 부드러움, 다정함 등과 관계가 있는 감성적인 것이다. 사유리가 바이올린을 연주하는 장면에서도 그것이 엿보인다. 히로키는 그런 칸트적 '숭고함'과 실러적 '미' 모두에 동경심을 품는 바람에 양쪽으로 갈라지는 소년이라 할 수 있다. 이 작품은 그것들이 겹치는 장소를 최종 목적지로 설정했다.

'숭고함'은 남성성, '미'는 여성성으로 해석할 수 있다(현대의 젠더관과는 맞지 않겠으나, 19세기에는 그렇게 생각했다는 뜻이니 양해해주길 바란다). 그 연장으로 보자면 이것은 사회화되었고 군대라는 마초이즘 조직에서 전쟁과 테러에 관여하는 타쿠야와 사유리 사이에 위치한 히로키가 남성성과 여성성 사이에서 붕 뜬 상태로 정체성을 찾아 헤매는 이야기로 생각된다. 그는 양쪽 성질을 모두 가진(비행기를 타고 모험에 나설 행동력이 있지만, 꿈으로 서로 연결된다고 믿는 시적인 상상력을 가진) 퀴어적 존재다.

작품 후반에는 홋카이도가 속한 공산국가군群 '유니온'과의 전쟁이 시작된다. 사유리를 구하기 위해 탑으로 향하는 수단인 비행기는 병기이기도 하다. 전쟁 수단을 메시지를 전하는 도구로 갖다 쓴 것은 핵병기의 탄도 계산이나 암호 해독을 위해 개발된 컴퓨터와, 핵 공격을 상정하고 정보를 분산하기 위해 개발된 인터넷을 활용해 문화·예술 활동을 하는 신카이 마코토의 모습처럼 보이기도 한다. 이것은 분단되고 전쟁 상태에 빠진 두 세계(냉전의 비유)를 연결할 문화의 힘에 대한 기대를 담고 있을지도 모른다.

탑과 사유리의 대비로 다시 돌아가면, 탑은 무한한 상공, 우주로 연결된 회선처럼 보이기도 한다. 그에 대비해 사유리가 있는 꿈속에는 조몬 시대풍 문양이 그려진 탑 같은 것들이 지면에서 여기저기 튀어나와 있다. 지면과 흙이라는 인상이 강하다.

그렇다면 이 탑을 파괴하고 사유리를 꿈에서 구해낸다는 스토리는 무한한 저편을 목표로 하는 마초이즘적 프런티어에 대한 지향을 부정하고, 토속적·토착적이고 낡아빠진 인간의 따스함을 되찾고자 하는 것을 의미할까? 어쩌면 그렇게 읽을 수도 있으리라. 하지만 탑 내부에도 조몬 시대풍 문양이 존재하기에 단순히 그렇게 볼 수만은 없다. 오히려 확인해야 할 부분은 결론이 아니라, 그렇게 분열된 것이야말로 신카이 마코토가 즐겨 쓰는 주제이고 작품의 구조라는 점이다.

애니미즘과 '카미カミ'라는 감각

에노모토 마사키에 따르면 사유리는 무녀와 같은 존재로 설정되어 있다. 실제로 사유리는 미래의 카타스트로프catastrophe를 예지한다. 그 예지 장면에선 빛이 내리쬠과 동시에 바람이 불어 주위 사물과 그녀의 머리카락을 흔든다. 사유리는 명백하게 주위의 자연과 환경에 감응한다는 성질을 띤다. 세계의 아름다움을 말하는 장면에서도 사유리의 머리카락이 바람에 흔들리고 태양빛이 반사하여 반짝이는 모습이 의도적으로 묘사되어 있다.

그리고 아름다운 세계 안에서 사유리가 "세계의 중심으로 보였다" 라고 히로키는 말한다. "무언가 중요한 것을 안 듯한 기분이 들었다" 면서.

'무언가 중요한 것'이란 무엇일까. 사유리는 세계의 아름다움을 구성하는 일부다. 이과이고 군사에 관여하는, 즉 '과학'적 인물이라 할 수 있는 타쿠야와 비교하면 사유리는 문학과 시, 감각적인 미美나 신앙, 영적인 부분과 관련되어 있다. 그것은 어린 시절부터 SF를 즐긴 신카이 마코토가 "제가 흥미를 느끼는 것에는 SF나 판타지, 오컬트적 요소가 다양하게 섞여 있었고, 거기에 구별은 없었습니다"[15]라고 말한 독서 체험과 깊은 관련이 있으리라.

'무언가 중요한 것', '세계의 중심'이란 단어를 이해하기 위한 보조선으로서 신카이가 쓴 래드윔프스RADWIMPS에 대한 평을 인용하겠다. 그는 래드윔프스에 대해 이렇게 평했다. "우리가 평소에는 알 수 없는 우주적인 비밀 같은 것을 아는 사람들, 자신들이 우주와 연결되어 있고 거기에서 흘러오는 특별한 정보를 노래로 만드는 사람들이라는 느낌이 있어서 무녀랄까요. 그런 이미지가 강했습니다."[16]

신카이 작품의 여주인공도 마찬가지로 대개 우주나 세계의 비밀과 연결되는 안테나 회로를 갖고 있다. 특히 초기 작품에서는 문학이나 음악을 사랑하는 내향적 소녀가 그 성질을 갖고 있었다.[17]

'바깥'에 있고 무한하게 멀리까지 나아갈 것을 요구하는 '탑'과는 달리(영원히 도달할 수 없을지도 모르는 욕망의 목표나 자본주의, 이상 등과 마찬가지로) 사유리는 그러한 불안을 멈추고 여기야말로 '세계의 중심'이라고 느끼게 해주는 존재다. 히로키는 이것을 도쿄로 떠나온 뒤 잠시 잊어버리지만, 그 뒤에 다시 떠올리면서 '중요한 것'이라고 가슴에 새긴다.

그것은 환경과 자기의 구별(애니메이션 표현론으로 말하자면 배경과 캐릭터)이 없어지고 상호 간에 다양한 커뮤니케이션이 이루어지는 하나로 연결된 상태라고 말해도 되지 않을까. 일종의 샤먼이나 무녀의 상태이기도 하고, '세계의 중심'이라는 느낌을 이 작품의 주인공은 소중히 여기고자 한다. 어딘가 멀리, 어느 곳도 아닌 장소, 출세나 성장 등을 바라는 것이 아니라 '지금 여기' 그 자체에 대한 절대적 긍정, 미美 그 자체인 세계와 압도적 도취의 순간이 도래하는 것. 그와 같은 상태를 '세계의 중심'이라 부르지 않았을까. 이 '세계의 중심'이란 감각은 앞 장에서 논한 닫힌 '세카이'와 다르다. 내부와 외부의 구별이 없는, 개체와 전 우주가 하나로 연결된 개방적인 상태이기 때문이다.

그것은 신카이 본인도 경험한 감각이다. "자전거를 타고 달릴 때 구름의 그림자를 쫓아가서 앞지를 수도 있었는데 당시에 뭐랄까, 세계와 일체가 된 듯한 느낌을 받았습니다. 그런 거대한 존재의 그림자에 제가 영향을 받는다는 것이 말이죠."[18]

문화인류학자 이와타 게이지는 자연에서 산책하며 우주와의 일체감을 느끼는 순간을 애니미즘에서 말하는 '카미ヵミ'와 결부시킨다. 그것은 전두엽 등의 발달이나 진보를 역전시키고, 원초적인 뇌를 활성

화하는 일과 관계가 있다고 언급한 뒤, "두뇌보다 신체, 언어보다 풍경이라는 말이다"[19]라고 기술했다.

전혀 다른 문맥에서 이루어진 이 발언이 '탑(높은 곳)'에 대한 추구를 단념한다고 하는 신카이 마코토 작품에 들어맞는 이 불가사의함을 어떻게 이해하면 좋을까. 아마도 신카이 작품 안에도 이 '카미'라는 감각이 존재하지 않을까.

기타무라 교헤이는 『24프레임의 영화학』이란 책에서 풍경의 아름다움을 강조하기 위해 정지된 영상처럼 그리는 신카이의 표현법에 관해 "인물의 움직임을 억제한 신카이 애니메이션은 '생명을 불어넣는다animate'는 애니메이션의 본질과 동떨어져 있다"[20]라고 말했다. 하지만 오히려 배경인 풍경(자연)에 애니미즘적 감각을 녹이는 것이야말로 신카이 마코토가 생명을 불어넣는 방식이다.

엔딩 크레디트 직전에 히로키는 "약속의 장소를 잃어버린 세계에서, 그렇더라도 이제부터 우리는 살아간다"라고 중얼거린다. 약속의 장소를 잃어버렸다는 말은 '꿈', 즉 '닫힌 콘텐츠 세계'가 종료되었다는 뜻이고, 무한한 미래를 상징하는 탑이라는 이상이 붕괴했음을 보여주는 것이기도 하다. 사유리와의 과거가 상징하는 오타쿠 콘텐츠에서 선호할 법한 미소녀와의 청춘, '모에'의 세계가 끝난 것이기도 하다. 그 말은 또한 무속적인 감성으로 자연이나 환경과 연결되어 신을 믿던 과거의 토속적 생활 속 절대적 행복의 경지를 버리고, 지금이 근대 이후의 문명사회에서 살아가겠다는 각오를 표명한 것이기도 하다. 오타쿠적 유토피아와 애니미즘적 '카미'의 감각이 존재하던 과거를 중첩시키는 것이야말로 신카이 마코토의 특이성이라 하겠다.

영원과 유동

그리고 탑이 붕괴하면서 무수한 평행 세계도 사라진다. '평행 세계'
는 선택이나 결단을 통해 '이쪽을 선택하면 이쪽 세계가 된다'는 가
능성의 상징이기도 했다.

이 시기에 모라토리엄◆에 처한 이들은 무언가를 선택하는 행위가
무언가의 가능성을 소멸시킨다는 사실에 고뇌하고, 결단하여 행동하
지 못하는 경향을 띠었다(그 당시 오타쿠 문화의 작품은 이 부분도 반영
하여 표현했다). '꿈'을 버리고 결단하고 행동하여 황량한(이 작품의 관
점에서는 그렇게 그려져 있는 듯하다) 사회에서 살아갈 수밖에 없다는
교육적 메시지가 이 작품 결말에서 엿보인다.[21]

신카이 마코토 작품에서는 잘 움직이는 애니메이션과 정지된 영
상 같은 표현이 짝을 이루는데, 그것 역시 모라토리엄 속 '시간' 감
각과 관계가 있는 듯하다. 신카이 본인도 〈별의 목소리〉 연출에 관

◆   독일 출신으로 미국에서 활동한 정신분석학자 에릭 에릭슨이 제창한 개념. 그는
    '아이덴티티'나 '모라토리엄' 등의 개념을 제창하여 자아 심리학을 발전시켰다.
    '모라토리엄 인간'이란, 사회적인 자기(아이덴티티)를 확립하기 위한 유예 기간(모
    라토리엄)에 계속 머무르면서 성인으로서의 의무와 책임을 '유예'하고 사회에 대한
    당사자 의식을 갖지 않는 사람을 뜻한다.

해 "내가 평소에 느끼는 시간의 흐름이나 그 이미지를 영상으로 옮길 때, 이런 연출을 할 수밖에 없었죠"[22]라고 말한다.

우리는 보통 고체를 중심으로 사고를 하니까 착각하는데, 현실 세계는 무한하게 유동하고 정지하는 순간은 존재하지 않는다. 하지만 어느 특별한 순간이나 아름다운 순간, 감동받은 순간에 사람은 그것을 '영원'이라고 느끼곤 한다.

이론적으로 우주가 생겨나기 전부터 우주가 사라진 이후보다도 긴 '영원'이란 시간은 존재할 수 없다. 그러나 우리는 분명히 정지된 영상처럼 잘라낸 순간이 시간의 흐름 바깥에 존재한다고 느끼며, 그것을 '영원'이라 표현한다.

신카이 마코토의 작품에서는 그와 같은 '영원(정지)'과 '유동(움직이는 영상)'이 군데군데 보인다. 우리는 영원을 동경한다. 하지만 '영원'의 세계에 머물러 있다가는 살아갈 수 없다. 이것이 소위 '세계'에 틀어박히는 오타쿠의 문제, 그리고 모든 것을 유예하고 미성숙한 상태로 머무르고자 하는 모라토리엄의 문제와 밀접하게 연결되어 있음은 말할 나위도 없다. 그 두 가지 시간 감각이 뒤섞인 표현 구조 자체가 주제와 깊이 연결되고 감흥을 더하는 것이 바로 신카이 마코토 작품이다.[23]

그렇다면 '꿈'은 무의미한 것일까. 그렇지는 않다. 사유리는 "전달해야 해", "꿈의 세계에서 마음이 연결되는 일이 얼마나 특별한지"라고 말한다. 픽션의 세계에서 받은 감동이나 공감은 아주 특별하고 의미가 있다고도 말한다. 그런 태도를 유지하면서 '어른'이 된다는 것은 신카이 본인의 발자취를 표현함과 동시에 이 작품이 애니메이션 (마치 '꿈'과도 비슷한 창작 표현)이라는 사실을 작중에서 자체적으로 언급한 부분이기도 하다.

균질한 탈脫장소와 지역의 고유성

조몬 시대풍 문양이 새겨진 탑에 대해 좀 더 살펴보자. 이 작품의 무대인 아오모리 지역은 야요이인과 조몬인 중 조몬인의 유전자가 강한 지역이라고 한다. 산나이마루야마 유적 등 조몬 시대 유적도 많다. 정이대장군이 싸웠다는 '에미시蝦夷'는 조몬인, 혹은 그 유전자나 문화가 강하게 남은 사람들이라는 설이 있다. 최근 유전학 연구에 따르면 홋카이도의 아이누는 조몬인의 후예로 볼 수 있다는데, 아오모리 등 북도호쿠도 조몬계 유전자가 강하다.

히로키와 타쿠야는 '에미시 제작소'라는 곳에서 아르바이트를 했는데, 나중에 이 에미시 제작소 멤버가 스파이와 연결된 테러리스트 집단 '월타 해방 전선'이라는 사실이 밝혀진다. '월타'는 사할린 지역의 소수 민족이다. 즉 '에미시'와 '월타' 등 소수 민족이나 그에 준하는 자들의 테러 행위와 히로키 등의 행위를 겹쳐서 표현한 셈이다.

그것은 사유리의 발밑에서 솟아난 여러 탑에 조몬풍 문양이 새겨져 있다는 것, 사유리를 원래 무녀로 구상했었다는 사실[24]과 관계가 없지 않으리라. 아오모리를 포함한 도호쿠 지역에서는 이타코 등 샤머니즘이 번성했고 지금도 존재한다. 하지만 일본 전국적으로는 이러한 애니미즘적 토속 신앙이 사라지는 추세다.

그것을 상징하는 곳이 도쿄 근교나 홋카이도 교외 등에 만연한, 토지의 고유성을 잃고 단조로워진 소위 '패스트 풍토'◆라고 불리는 지역이다. 거기에는 예를 들어 효고현 다카사고의 백사장이 노能의 무대가 됨으로써 현실 공간이면서 동시에 이야기적·신화적인 공간으로 보이는 것처럼 공간의 문화화라고도 할 수 있는 현상이 결여되어 있다. 하타케야마 무네아키[25]는 "제로년대의 갖가지 지정학적 조건 속에서 장소성을 동반하여 나타난 균질한 공간"이자 "어디에 있어도 상관없는" "임의의 공간"을 신카이 마코토가 그리는 장소와 연결 지었다.

세카이계와 이와 같은 '무의미·탈문맥적 풍경'(와타나베 다이스케)은 연결되어 생각되는 경우가 많다.[26] 신카이 마코토는 그와 같은 탈문맥적인 풍경과 컴퓨터 속 공간을 중첩해 표현한다.

이 공간은 신카이 마코토가 그린 '시정詩情'과 뗄 수 없는 관계에 있다. 가토 미키로는 신카이 작품이 "전통적인 멜로드라마적 주제"를 다룬다고 평하면서 멜로드라마를 다음과 같이 요약한다. "멜로드라

◆　일본의 평론가 미우라 아쓰시가 도입한 개념으로, 지방이 농촌에서 도시로 바뀌면서 각 지역의 독자성이 사라지고 '패스트푸드'처럼 일률적이고 균질화된 모습을 갖게 된다는 뜻이다.

마란 폐적廢嫡*된 근대 시민을 위한 주도적 이데올로기다. 신이 없는 시대가 되면서 모든 인간은 지고한 위치에 놓이게 되었다. 그런 시대에 멜로드라마란, 불면 날아갈 듯한 개별적 인간이 주인공이 되고, '독자적' 가치관을 환원 불가능한 최종 목표로 삼을 수 있는 새로운 이야기 세계다. 그곳은 잠재적으로 모든 사람이 지고지상한 생명 활동(연애 행위)에 몸을 바칠 수 있고, 평범한 개인의 생활과 의견과 정열이 가장 중요시되는 세계(본질적으로 보자면 전체주의적 세계를 부정하는 세계)다.[27]

신을 진심으로 믿던 시대에는 인생의 의미나 가치를 신이 보장해 주었다. 하지만 근대 이후로 신의 존재를 진심으로는 믿을 수 없는 시대가 찾아왔다. 그런 시대가 되었는데 몇십억 명의 인류 중 한 명일 뿐인 나에게 과연 고유한 의미가 있다고 생각할 수 있을까? 대체 가능하다는 것에 더욱 강한 허무함을 느끼게 되지 않을까? 하지만 멜로드라마 등과 같은 이야기가 개인의 마음과 정열을 드높이 노래하고, 개인을 가장 중요한 인생의 목표로 그림으로써 우리는 '무의미하고 대체 가능한 개별의 생'으로부터 일시적으로 벗어난 듯한 기분이 든다. 그것이 멜로드라마라는 이야기가 가진 기능이라고 할 수 있다. 그리고 이것은 신카이 마코토 작품, 그리고 세카이계 작품의 특징이다. 앞서 언급했듯 신카이 마코토는 무라카미 하루키 초기 작품

◆ 전근대의 가족 제도에서 집안을 상속하던 '적자'에 대해 그 권리나 적자로서의 신분을 폐지하는 것.

의 영향을 강하게 받았는데, 거기에는 정보·기호적인 인식의 세계관 안에서 삶의 의미를 잃고 헤매는 이들이 그려져 있다. 신카이는 그것을 이어받으면서도 그다음으로 향하고자 한다.

신이 없다면, 우리가 만들면 된다. 인생에 의미가 없다면, 거기에 의미를 부여하는 장치를 만들면 되는 것이다.

탑이 있는 유니온은 삿포로 교외에서 나고 자란 나에게는 마치 삿포로와 같이 단조롭고 균등하며 대체 가능하고 일정한 세계의 상징처럼 느껴진다(삿포로 교외에 가면 똑같이 생긴 사각형 집이 대량으로 늘어서 있다).

그에 반해 아오모리는 좀 더 역사적 문맥과 토지의 결속이 강한 지역이다. 이타코나 에미시도 그렇다. 무한한 저편까지 나아갈 수 있을 듯한 탑과 발밑에서 솟아난 조몬식 탑의 대비는 상승과 하강이라는 모티프와 함께 '균질한 탈脫장소'와 '지역의 고유성'의 대비로 이해되어야 한다.

신카이가 아오모리를 무대로 삼은 이유는 그가 태어난 나가노현 고우미마치와 비슷하게 느껴서라고 하는데, 고우미마치에는 마쓰바라스와 신사松原諏方神社가 있다. 그 근처에 있는 스와타이샤諏訪大社는 7년에 한 번 열리는 거대한 기둥을 비탈길에서 떨어뜨리는 축제로 유명하다. 이것은 그 옛날 태고의 신앙이 남긴 흔적이라고 한다. 그 주변은 조몬 계열 주민이 많았던 것 같은데 여러 유적에서 창조성이 돋보이는 출토품이 많이 나온다.

두 지역 모두 조몬 계열 문화를 갖고 있다는 공통점도 아오모리가 무대이고 '에미시'를 강조하며 주인공들을 테러리스트와 겹쳐 보는 것과 관계가 있지 않을까. 즉 세계를 균질화하고 사람들이 삶의 의미를 상실하는 경향(요즘이라면 세계화와 짝을 이루는 보편주의라고 할 수 있을지도 모르겠다)에 대항하여 토착 신앙을 지키려는 지향이 보인다.

신카이 마코토는 포스트 미야자키 하야오인가

이이다 이치시는 "앞으로 신카이 마코토를 '포스트 미야자키 하야오', '포스트 호소다 마모루'라 부르지 않았으면 한다"라고 말했지만, '주제의 계승'이라는 부분에서 신카이 마코토를 '포스트 미야자키 하야오'라고 부를 만한 지점이 존재한다.

신카이는 초등학교 5학년 때 부모님에게 『바람계곡의 나우시카』 만화책을 사달라고 하여 "열심히 모사"했고 구름의 표현 등을 배웠다고 한다.[28] 하지만 표현만이 아니라 주제에 대해서도 틀림없이 계승이 이루어졌다. 미야자키 하야오는 다카하타 이사오 감독의 〈태양의 왕자 호루스의 대모험〉에서 아이누를 다루었고, 〈모노노케 히메〉에서 도호쿠 '에미시 마을' 출신의 에미시를 주인공으로 삼았다. 〈이웃집 토토로〉, 〈센과 치히로의 행방불명〉을 보면 알 수 있듯이 애니미즘적 신앙의 회복을 바라는 작가다. 〈바람계곡의 나우시카〉 등에서는 과학이나 자본주의를 비판하는 모습을 보였다. 대략적으로 말하자면 과학과 자본주의가 큰 문제이고 토속적인 신앙이나 자연이 소중하다는 주장이지만, 영화의 드라마 미학적으로는 주장한 내용 자체보다 전후 일본의 복잡한 모순과 갈등을 영화에 정착시켰다는 점이 중요하다(각본을 쓴 〈귀를 기울이면〉 등에서는 숲을 개간하고 과학 기술로 만들어낸 뉴타운을 어떻게든 긍정하고자 하는 시도도 보인다).

신카이도 마찬가지로 신구의 대립과 모순이라는 구조를 그대로 작품화하는 유형이다. 다만 미야자키가 전후 일본의 과학 기술 입국과 고도성장을 염두에 두었다면, 신카이는 컴퓨터와 인터넷으로 쇄신된 새로운 세계를 무대로 그 문제점을 사색하고 작품화한다는 차이를 보인다.

또한 두 사람 모두 교육적인 의도를 작품에 담는다. 언뜻 보기에는 그렇지 않지만, 둘 다 애니메이션에 과도하게 탐닉하여 집에만 틀어박혀 있는 것을 비판하는 내용을 제시하는(자기가 종사하는 장르나 미디어를 비판하는) 작가이기도 하다.

하지만 신카이는 미야자키가 영화에 그리지 않은 것들도 존재한다며 그를 비판하기도 한다. "소년과 소녀의 상쾌한 거리감이나 공동체의 소중함, 노동의 중요성, 인간은 자연 안에서 있는 그대로 살아선 안 된다는 점이 그려져 있지만, 저는 좀 다른 이야기도 듣고 싶습니다."[29]

그 '다른 이야기'란 초기 무라카미 하루키 작품의 등장인물이 이유 없는 고독에 외로워하던 것과 같은 부분이고, 그것은 신카이에게도 존재한다고 한다. 그와 같은 고독이야말로 미야자키 하야오를 계승하고자 하면서도 그것을 뛰어넘어 신카이가 주제로 내세우고자 하는 것 중 하나다. 새로운 환경에서 새로운 감정을 언어화하는 것이라고 해도 좋다.

〈별의 목소리〉 직후에는 이런 말을 했다. "미야자키 씨나 도미노(요시유키) 씨, 오시이 마모루 씨가 만든 작품은 재미있기도 하고 영향을 받았다고 생각하지만, 동시에 세대 차이도 많이 느낍니다. 환경 문제에 대한 진지한 태도를 보더라도 솔직히 거기에는 흥미가 없고요. 전쟁에 대해서도 현실성을 느끼지 못하겠습니다. 하지만 안노 히데아키 씨가 만든 작품에는 공감하는 부분이 꽤 있습니다. 개인적 감정을 주제로 삼은 점이라든지, 전신주나 공중전화 등 작품에 등장하는 그런 세세한 부분에서 현실성을 느끼거든요."[30]

아직 젊어서 그런지 앞선 세대를 비판하고 본인과의 차이점을 논하면서 자신이 무엇을 만들어야 하는지 정체성을 찾는 듯한 발언이다. 환경 문제나 전쟁과 같은 사회적 문제보다 안노 히데아키처럼 개인적 감정에 공감한다는 점에 주목해야 한다. 신카이는 작품에 자신의 개인적 경험이나 감정을 상당히 집어넣고 등장인물에게 투영하는 식으로 만든다고 하는데, 여기에서 그의 작풍이 가진 특징을 찾아볼 수 있다.[31]

포스트 미야자키 하야오라는 점을 생각할 때, 내용적인 측면만 보자면 주제나 표현, 작품 구조 등에서 신카이 마코토는 미야자키 하야오의 문제의식에 영향을 받으면서도 그를 비판함으로써 뛰어넘으려고 시도하는 작가다. 그렇다면 신카이 마코토는 포스트 미야자키 하야오에 걸맞은 작가라고 말할 수 있지 않을까.

3

〈초속 5센티미터〉
잃어버린 '미래'와의 결별

잃어버린 '미래'에 대한 장례식

헤어진 것, 잃어버린 것, 이젠 만날 수 없는 것. 신카이 마코토는 상실에 대한 안타까움을 매우 능숙하게 드러낸다.

〈초속 5센티미터〉는 말 그대로 그런 작품이다. 이 작품에서 '헤어짐'이란 단순히 남녀의 헤어짐만을 의미하진 않는다. '인생의 결단으로 잃어버리는 것'을 의미하기도 한다.

이 작품은 모라토리엄 기간이 길었고, 아버지가 이어받으라고 한 건설 회사를 내팽개치고 게임 회사에 취직하여 영상 작가가 된 신카이 본인의 망설임, '만약 이랬더라면, 이렇게 되지 않았을까'와 같은 선택에 관한 회한 전반을 비유하는 내용이다. 신카이는 이런 식으로 방황하는 젊은이를 작품에 그린다고 말했다.

그리고 잃어버린 것이 나타내는 또 한 가지는 존재할 수 있었던 (가능했던) '미래'다. "초등학생 시절에는 21세기가 반짝이는 과학 만능의 시대가 되리라고 생각했죠. 그래서 그저 기대하고 있었습니다. 달로 신혼여행을 간다든지 말이죠. 하지만 1986년에 나사 NASA의 스페이스셔틀 챌린저호 폭발 사고가 일어났습니다. (……) 우리 앞에 밝은 미래만 있지는 않다는 사실을 깨달은 경험이었습니다. 어른이 된 후로 경기가 좋다는 이야기를 들은 적이 없고, 초등학생 시절에 꿈꾸던 미래와 현실의 간극이 느껴졌죠."[1]

신카이는 본인 작품을 그런 '간극'에 관한 내용이라고 총괄했다. 〈구름의 저편, 약속의 장소〉에서 보여준 간극은 '현실과 꿈'이었다고 한다. 좀 더 나중에 진행한 인터뷰지만, 〈언어의 정원〉 개봉 후 그는 "애니메이션 작품은 마음에 상처를 입은 사람이 상처를 치료하는 동안에 붙이는 밴드에이드(반창고)와 같은 역할을 하고, 그들이 앞으로 나아가도록 도와야 한다고 생각합니다"[2]라고 말했다. 이런 간극이나 반창고로 치료하는 상처는 '가능했던 미래'와 '현실' 사이에 존재한다.

신카이는 영향을 받은 작품과 작가로 〈바람계곡의 나우시카〉, 〈천공의 성 라퓨타〉, 〈신세기 에반게리온〉, 무라카미 하루키, 무라카미 류 등과 함께 아서 C. 클라크의 이름을 언급[3]했다. 클라크는 SF 소설가로서 작풍이 다양한데, 특히 신카이가 제목을 거론한 『유년기의 끝』 등은 문명과 인류가 무한한 저편으로까지 발전할 듯한 낙관성과 확대성이 특징적이었다(신카이가 큰 영향을 받은[4] 스탠리 큐브릭 감독과 함께 만든 영화 〈2001 스페이스 오디세이〉에는 실제로 인류가 '무한한 저편'으로 가는 장면이 나온다).

SF 소년이었던 신카이가 꿈꾸던 미래는 찾아오지 않았다. 실제로 찾아온 것은 1991년 버블 붕괴, 그 이후의 장기 불황, 저출생 고령화 등으로 쇠퇴하고 피폐해진 일본이었다. 신카이가 그리는 판타지는 이와 같은 허구와 현실의 간극을 일시적으로 치유하는 장치다. 그리고 어떤 선택지를 선택함으로써 동반되는 다른 선택지에 대한 상실과 이별을 그리는 일은 이와 같은 '존재할 수 있었던 미래'를 애도하는 작업과도 겹쳐 있지 않을까. 마침 신카이 마코토는 '로스트 제너레이션'에 해당하기도 하고(나 또한 마찬가지이므로 공감할 수 있다) 잃어버린 미래를 애도하는 것이야말로 신카이 작품, 특히 이 작품의 비유적 기능이라고 할 수 있다.

"〈초속 5센티미터〉는 어떻게 포기하는가를 그린 내용입니다. '포기한다'고 말하면 부정적으로 들리겠지만, 그래도 받아들이는 과정을 어떻게든 그린 작품이었습니다."[5] 또한 "우리가 어렸을 때는 종말이 한 번 찾아오고 그 뒤에 무언가 희망을 찾아내어 살아가야만 한다는 식의 모티프를 가진 애니메이션이 많았던 것 같습니다"[6]라고도 말했다. 무라카미 하루키는 열광적인 학생 운동 혹은 축제가 끝난 뒤 중요한 일은 전부 다 끝나버렸다고 하는 감각을 그렸다. 그 영향을 강하게 받은 신카이 역시 가능했던 미래를 어떻게든 추도하고, 현실 세계에서 희망을 찾아내고 격려하려는 마음으로 애니메이션 영화를 만들어왔을지도 모른다.[7]

인공적인 빛의 아름다움

〈초속 5센티미터〉는 내용이 연결되는 세 단편으로 구성된 장편 애니메이션 영화다. 2007년 극장 개봉에 앞서 포털 사이트 야후Yahoo!에서 스트리밍 서비스로 공개되었다. 1부 「벚꽃 이야기」에서는 도쿄에 있는 초등학교를 다니던 토노 타카키와 시노하라 아카리의 첫사랑이 그려진다. 둘 다 도서관을 좋아하고 공룡 이야기로 흥이 오르는 등 '문학 취향 소녀'의 계보를 잇는 캐릭터다. 그러다 아카리가 도치기현으로 전학 가게 되면서 두 사람은 헤어지게 된다. 그러나 타카키가 기차를 타고 아카리를 만나러 가고, 둘은 키스를 하고 하룻밤을 새운다. 일부는 신카이 본인의 경험을 바탕으로 한 내용이다.[8]

2부 「코스모나우트」는 고등학생이 되어 다네가시마로 이사한 타카키를 짝사랑하는 스미다 카나에의 이야기인데, 그 시선과 사랑하는 마음이 엇갈리는 내용이 작품의 주를 이룬다.

3부 「초속 5센티미터」는 어른이 된 타카키와 아카리의 이야기인데, 두 사람은 도쿄에서 엇갈리게 된다. 야마자키 마사요시의 노래 「One more time, One more chance」에 맞춰 여러 회상과 단편적인 내용을 뮤직비디오처럼 흘러가듯 보여주는 작법이 감흥을 더욱 불러일으킨다. 편집을 통해 두 사람의 독백이 서로 '연결되어 있다'는 느낌을 주는데, 사실 그 둘은 서로 연결되어 있지 않다는 결말을 던지는 충격적인 작품이다. 연출적인 면에서 보자면 이전 두 작품에서는 '연결되어 있다'는 감각을 몽타주 기법을 써서 만들어냈는데,

이 작품은 그 방식을 대담하게 역이용했다고 할 수 있다.

아카리를 계속 찾아다니던 타카키는 기차 건널목에서 그녀를 스쳐 지나가고 뒤돌아본다. 그때 기차가 앞을 지나간다. 건너편에 아카리는 없었다. 그리고 그녀가 타카키를 계속 찾고 있지 않았고, 타카키와 마주쳤다는 사실을 알지 못한 듯 보이며, 사랑에 애타는 마음도 품지 않았음을 깨닫게 된다.

이 처참함과 잔혹함에 많은 관객이 마음 아파했다. 하지만 신카이는 그러한 반응을 예상하지 못한 듯했다. "저는 타카키가 첫사랑을 두고 그다음으로 나아가는 성장의 모습을 그리려고 했습니다. 하지만 그런 의도가 충분히 전달되지 못했다는 것을 알고 반성했습니다. '그저 슬펐다', '충격을 받아 자리에서 일어나지 못했다'는 감상이 매우 많았죠."[9]

〈별의 목소리〉도 사실 서로 만나지 못하고, 전달하지 못하는 것에 관한 이야기라고 말한 신카이의 증언은 앞에서 소개했다. 이 작품은 그 이야기를 다시 한번 고쳐 쓴 것이라고 할 수 있다. 〈초속 5센티미터〉에 등장하는 벚꽃이나 별, 빛, 눈처럼 흩날려 떨어지는 것들은 직접적으로 언어화할 수 없고 제대로 전달이 된 것인지조차 확인하기 어려운 메시지나 마음(〈별의 목소리〉)을 상징한다. 〈초속 5센티미터〉에서도 편지 자체는 결국 건네지 못했다는 점에서 〈별의 목소리〉와 대비할 수 있고, 주인공 타카키가 나중에 "1000번이나 문자를 해도 마음은 1센티 정도밖에 가까워지지 못했습니다"라는 이별 메시지를 받는 모습도 나온다.

구성은 〈구름의 저편, 약속의 장소〉의 유소년기, 사춘기, 청년기(사회인)라는 삼층 구조를 답습했다. 이 작품이 앞의 두 작품과 다른 점은, 첫 번째로 SF와 판타지의 겉모양을 극단적으로 억제하여 스토리 자체는 리얼리즘의 범주 안에서 담아냈다는 점이다. 또 하나는 도쿄를 아름답게 그렸다는 점이다. 약간의 언덕길, 교차로, 신주쿠의 벚꽃 등 〈구름의 저편, 약속의 장소〉에서는 오로지 음습한 청색이나 회색으로 그려졌던 도쿄가 밝고 아름답게 묘사됐다. 어딘가 먼 곳을 동경하는 것이 아니라 '이 세계'를 긍정하고 수용하는 태도로 바뀐 것이다.

"지금 제가 사는 세계가 밝아진 것은 이때쯤인데, 거리낌 없이 도쿄를 좋아한다고 말할 수 있게 된 느낌입니다." "등장인물을 아름다운 풍경 속에 자리하게 함으로써 '당신도 아름다움의 일부입니다'라는 식으로 긍정하는 거죠. 그럼으로써 누군가가 위로받을 수도 있겠다고 생각했습니다."[10]

더 이상 자연의 아름다움과 인공적인 도회의 추악함을 대비하지 않게 되었다는 것을 확실하게 알 수 있다. 이것은 「벚꽃 이야기」의 미술과 효과에서 현저히 드러난다. 그 전까지 신카이 작품에서는 자연광(으로 그려져 있는 빛)과 그에 따른 렌즈 플레어와 고스트◆ 등이 결정적인 아름다움을 담당했다. 이 작품 서두에 나오는 첫사랑인 두 사

◆   카메라 렌즈나 본체 안에서 강한 빛(주로 태양빛)이 다중 반사되어 사진에 원형으로 상이 맺히는 현상. 플레어의 일종.

람의 따스함이 느껴지는 장면에서도 태양광과 나뭇잎 사이로 비치는 모습을 강조했다. 두 사람이 헤어지고 편지를 주고받다가 이후 기차를 타고 만나러 가게 되고 나서는 눈이나 밤 장면이 많아진다. 그만큼 태양광의 표현은 절제된다. 그 대신 인공적인 빛이 강조된다.

연습장 조명, 교차로의 자체 발광 도로 표시등, 역 플랫폼의 형광등, 자동판매기, 공중전화 부스, 가로등, 그리고 기차의 불빛……. 자연이 아니라 인공적인 빛의 아름다움이야말로 「벚꽃 이야기」에서 강조하는 것이다. 자연의 태양빛, 벚꽃, 그리고 그것과 똑같은 색깔의 옷을 입고 우산을 펼치는 아카리(≒조명[아카리])◆가 사라진 춥고 어두컴컴한 세계에서, 그럼에도 불구하고 인공적인 빛이 갖가지 렌즈 플레어를 일으키며 주인공을 감싼다. 그리고 인간은 그런 빛을 발생시키기 위해 전기를 흘려보내는 전선과 철탑을 추운 황야에서 계속해서 세우고 있다……. 시각적으로는 그런 모습을 그린 단편인 셈이다. 폭설은 자연의 무서움과 두렵고 친근해지기 어려운 측면을 상징하기도 한다. 거기에서 살아가기 위해 인간이 노력한 산물이 과학이고, 그 과학의 상징인 수많은 빛을 감사하게 여긴다.

기차를 타고 만나러 가고, 그렇게 만난 두 사람이 키스를 하고, 근처 헛간에서 밤을 새운 것은 신체를 동반하여 공간을 공유한다는 '따스함'이라는 주제의 연장으로 이해할 수 있다. 키스한 순간의 "영원

◆ 여기서 '아카리'는 주인공 시노하라 아카리의 이름이기도 하고, '불빛'을 뜻하는 일본어 '아카리灯り'이기도 하다.

이나 마음, 영혼이란 것들이 어디에 있는지 알 듯했다", "아카리의 그 따스함을, 그 영혼을 어떻게 다루면 될지, 어디로 갖고 가면 될지, 그 것을 나는 알 수가 없었기 때문이다"라는 대사도, 신카이 작품 속 '시 간'(영원[정지]과 유동[움직이는 영상])이라는 주제나, '따스함'이라는 문제를 확실히 드러내고 있다. 그리고 헤어질 때 "타카키 군은 앞으 로도 괜찮을 거야, 반드시"라고 아카리가 딱히 근거를 알 수 없는 격 려의 말을 하는 것도 주목해야 한다.

동경의 대상, 가능했던 미래에 대한 단념

「코스모나우트」에선 다네가시마에서 로켓을 쏘는 내용과 스미다 카 나에의 짝사랑이 그려진다. 도쿄에서 온 타카키를 좋아하는 카나에 는 다네가시마가 고향인 소녀로, 서핑을 잘한다. 이 작품에서 시각적 인 의미로 가장 축복받은 듯 보이는 인물은 카나에다. 하늘, 태양빛, 반짝이는 바다에서 서핑을 하고, 환경과 일체가 된 거의 무녀와 같은 소질을 가진 인물의 계보를 잇는 듯하다. 2부는 1부와 비교해보면 풍경 묘사가 황량하지 않고 미려하다.

하지만 카나에의 마음은 이루어지지 않는다. 타카키는 어딘가 먼 곳을 바라보고 있기 때문이다. 그것은 로켓 발사로 상징되는 한없이 먼 저편이고, 아카리와 함께 있는 판타지적 세계로 상징되는 또 다른 사람이나 세계에 대한 동경과도 같다. 〈구름의 저편, 약속의 장소〉에서의 탑과 동일한 역할이다.

"옛날부터 우주를 좋아했고, 밤하늘도 좋아했죠. 어린 시절부터 간직했던 소박한 꿈이라면 우선 다른 행성에 가고 싶었습니다. 그리고 다른 행성에서 밤하늘을 보고 싶다고 생각했죠"[11]라고 신카이는 말했다. 「코스모나우트」, 즉 러시아어[12]로 우주 비행사를 뜻하는 제목이 달린 이 단편도 동경을 단념하는 내용이라고 할 수 있다. 카나에의 마음도 통하지 않지만, 타카키의 동경도 통하지 않는다. 우주 비행사가 되겠다는 꿈은(실은 초등학생 시절 나도 그 꿈을 갖고 있었지만) 인류가 무한히 진보하고 확대되리라는 낙관성을 상징한다. 또한 과학에 대한 신뢰와 신앙의 표현이며, 최첨단에서 인류사를 개척하고 싶다는 마음을 나타낸 것이기도 하다. 〈별의 목소리〉에선 우주와 행성 아가르타를 그렸는데, 이 에피소드에서도 타카키가 몽상하는 다른 별이 그려진다. 그것은 과학과 판타지가 뒤섞인 SF적 상상력이 동경하는 대상이고, 인류의 위대한 진보의 연장선상에 '존재할 수 있었던 미래(의 자신)'야말로 우주 비행사가 상징하는 것이다.

신카이는 아이카와 잇세이의 학습만화 『우주의 비밀』을 읽고 SF에 빠졌다고 한다. 그 뒤로 과학이나 초현실적 현상 등 보지 못한 것에 대한 동경을 품어왔다. 초등학생 시절 컴퓨터를 접한 이후에는 과학 기술과 그림 그리기를 좋아하는 소년이 되었다. "과학 기술이 표현해서 보여주는 미래의 모습 등을 역시 무척 동경해서"[13]라고 한다. 다시 말하지만 신카이 마코토가 그리는 우주, 다른 세계, 그리고 구름이나 별은 '동경하는 대상'이란 의미에서 과학 기술이 만들어낸 새로운 공간인 사이버 공간과도 겹친다.

자연의 아름다움을 상징하는 이름처럼 보이는 카나에花苗◆의 마음이 통하지 않음을 상징하는 요소가 타카키가 항상 치는 휴대전화 문자다. 그 화면에서 보이는 인공적인 빛은 하늘에 반짝이는 은하수나 별과 대비된다. 타카키는 종이비행기를 던지는데, 그것은 거리의 인공적인 빛 쪽으로 날아가는 듯하다가 방향을 바꾸어 하늘의 은하수로 날아간다. 이것은 그 두 '빛' 중 어느 쪽을 선택할지 흔들리는 마음으로서 이 작품의 주제와 관련된 표현이다.

3부에서 도쿄로 나간 타카키는 어째서인지 높은 곳을 목표로 하면서 회사 일에 쫓겨 마음의 탄력을 점점 잃는다. 그는 과거의 추억에 매달리고 있다. 야마자키 마사요시의 노래 가사가 그의 심정을 대변한다고 한다면, 과거에 있었던 행복을 찾는 듯하다. "「벚꽃 이야기」의 클라이맥스는 타카키에게 무엇도 대체할 수 없는 너무도 거대한 행복의 정점이었기 때문에 그 뒤로 그 이상을 경험하지 못하고 괴로워합니다"**14**라고 신카이는 설명한다.

아카리와 엇갈린다. 뒤돌아본다. 전철이 달린다. 건너편에 그녀는 없다. 아카리는 타카키를 떠올리지 않고 있었다. 전철이란, 신체를 가진 인간이 같은 공간을 공유하고, 비언어적 커뮤니케이션인 '따스함'이 만들어지는 곳이었다. 그 전철이 두 사람을 갈라놓았다. 또한 비

◆　카나에花苗는 꽃花의 모종苗을 뜻한다.

언어적 커뮤니케이션을 통해 마음은 전해지지 않았으며, 그런 건 그저 혼자만의 착각에 불과하다는 사실을 깨닫는다.

이와 같은 엇갈림과 헤어짐 속에 여러 가지 은유가 담긴 구성이다. 거기에는 더욱 멀거나 높은 곳을 목표로 하는 일, 다른 세계나 우주, 존재할 수 있었던 미래, 사이버 스페이스, 이상적인 과거, 그리고 아름다운 자연 속에서 살던 나날 등이 겹쳐 있다. 그 '헤어짐'을 오히려 받아들이고, 새로운 행복을 찾아가자는 이야기라는 신카이의 말은 아마도 진심이리라.

이 작품은 꿈에 대한 추도, 가능할 수 있었던 것들에 대한 장례이자, 그것을 통해 지금의 자신을 수용하고 앞으로 나가기 위한 의식이다. 모라토리엄을 끝내고 어른이 될 각오를 굳히기 위한 상징적인 죽음의 의식(그 의식의 본편은 다음 작품인 〈별을 쫓는 아이〉에서 실행된다)이라고 할 수 있다.

도쿄가 아름답게 그려진 것도 자기의 수용과 연관되어 있다. '과거가 아름다웠다', '현재는 타락했다'고 미야자키 하야오처럼 한탄하거나, 자연은 아름답고 과학은 타락이라고 주장하는 것이 아니라, 그런 현재를 수용하고 과학의 아름다움을 느끼도록 '미화'를 시도한 것 아닐까. 앞서 인용했지만 신카이는 자기 작품이 그와 같은 '미美' 속에 있다는 인식을 통해 헤어짐과 상실 등 아픈 마음을 치유하는 반창고와 같은 역할을 하길 바란다고 말했다. 이 '미화'는 상실을 견디기 위한 방법론이다.

반창고를 붙이고 잠시만 견디면, 그 뒤에는 다른 좋은 일도 기다리는 법이다. 어른으로서 신카이는 그렇게 말하고자 하는 것일지도 모른다. 의외일지도 모르지만, 인터뷰에서 이 작품에 관해 오구로 유이치로가 "신카이 씨 본인이 '사춘기 연애는 반짝반짝했지만, 어른이 된 나는 시시하다'라고 생각하는 것은 아니죠?"라고 질문하자, 신카이는 "저는 어른이 된 이후가 더 즐겁습니다(웃음)"라고 아무렇지 않게 답하기도 했다.[15]

풍경의 미화: 가라타니 고진 『일본 근대문학의 기원』의 영향

'미화'라는 문제를 다루어보자. 신카이 마코토는 풍경을 미려하게 그리기로 정평이 나 있다. 그는 현실 세계의 사진 등을 바탕으로 손 그림과 이펙트 등을 활용해 다양하게 가공하는 방식으로 풍경을 만든다.

다쿠미, 와타나베 다스쿠, 마지마 아키코, 히로사와 아키라 등 〈구름의 저편, 약속의 장소〉 때부터 신카이 작품의 미술팀에서 활약해온 스태프들도 진짜가 아니라 가공하여 아름다운 것으로 만든다고 말한 바 있다. 신카이 본인도 그것을 명료하게 자각하고 있으며 자신의 작품은 관점을 제시한다고 말했다. 인간에게 괴로운 일이 일어나더라도 주변은 아름답고, 자신은 그 일부이며 세계와 연결되어 있다고 생각하면 위로가 될 수 있다고 제시한다는 것이다. 자신도 같은 방식으로 극복했다고도 말했다.

'세계와의 연결'에 관해 우리는 평소 의식하지 않지만, 세상만사가 이 우주의 모든 것과 연결되어 있음은 분명하다. 물론 정말로 미미한 연결일 뿐이지만, 어떤 행동을 하더라도 그 결과가 간접적으로 돌고 돌아 도달하게 된다. 인간의 지각이나 인식을 넘어선 정말로 극도로 작은 수준의 이야기지만, 불교에서 말하는 '연기緣起'◆라는 개념이 이에 가깝다. '자동판매기의 주스도 공장에서 만들어 누군가가 자동판매기에 보충하는 것이고, 거기에 쓰이는 물은 지구에서 계속 순환되며, 공장을 돌아가게 하는 전기는 발전소에서 만들어지고, 발전하기 위해서는 연료가 필요한데 석유는 태고의 미생물이 쌓여 만들어지고, 그것은 외국에서 배로 운반되며, 그렇게 발전하기 위해서는 발명하는 사람이 있어야 하고, 그러려면 과학이란 제도가 확립되어야만 한다……'는 식이다. 평범한 사물도 전 세계 많은 사람과 역사와 연결되어 있음을 알 수 있다. 실제로 이 우주의 모든 것은 우리와 연결되어 있다.

연결 이야기는 일단 제쳐두고, 풍경과 미화 문제를 좀 더 생각해보자. 〈다빈치〉◆◆의 「신카이 마코토를 만든 14권」이란 기사에 가라타니 고진의 『일본 근대문학의 기원』이라는 책이 언급됐다. 신카이는 이 책을 주오대학교 문학부 수업에서 접했고, 풍경을 그리는 수법에 영향을 미쳤다고 말했다. 『일본 근대문학의 기원』을 신카이 본인

◆　　불교 용어. 세상 모든 것들은 따로 떨어져 있지 않고 그 사이에 인연이 존재한다. 원인이 있어야만 결과가 만들어진다는 뜻.

◆◆　　1994년 창간된 일본의 서적 정보 잡지.

이 이해한 바에 따라 간단히 요약해보겠다. 인간은 '풍경'을 갑자기 볼 수 있게 된 것이 아니라, 인간이 언문일치 소설을 읽게 되어 '내면'이 형성된 다음에 자기 심정을 투영하는 대상으로서 '풍경'을 발견했다고 한다. 직감적으로는 무슨 말인지 조금은 알기 어려울 수도 있겠다.

일반적으로 우리는 풍경이 객관적으로 존재하고, 인간은 그것을 그저 바라볼 뿐이라고 여기기 쉽다. 하지만 가라타니 고진은 풍경을 어떤 아름다움이나 정서를 찬양하는 대상으로 간주하는 일은 그것이 '발견'된 다음에야 가능하다고 생각한다. 풍경이 존재하니까 그 아름다움을 발견하는 것이 아니라, 풍경화 등으로 사물의 관점을 학습하고 나서야 풍경의 아름다움을 발견해낼 수 있게 된다는 것이다. 무언가를 보는 인식이나 감각 자체가 훈련을 통해 몸에 밴다는 뜻이다.

일본 근대문학에는 풍경 묘사가 곧 내면을 묘사하는 식의 표현이 종종 나온다. 가라타니는 근대문학 등을 읽고 내면이 구축된 다음, 그 내면이 있기에 비로소 풍경의 아름다움을 발견하는 관계가 만들어진다고 말한다.

다만 정경과 심정을 겹쳐 보는 표현은 중세 와카에서도 나타나기 때문에 이 설에 대해서는 이의가 있을 것이다. 가라타니가 말하는 '풍경'은 소위 일본 근대문학과 같은 묘사가 있는 경우에만 국한되는 듯한데, 이 부분에 대해서는 일단 제쳐두자. 『일본 근대문학의 기원』에서 언급되는 내용 중 신카이 마코토 작품을 해석할 때 중요한 부분은 우리가 '소박실재론naive realism'처럼 세계나 자연을 있는 그대로 보거나 느끼는 것이 아니라는 점이다. 예를 들어 전통적인 '화조풍월'이라는 자연관이 존재하고, 꽃놀이 등 여러 행사로 사람들은 그런 자연을 즐겼을 것이다. 그런데 그것은 '화조풍월'을 표현한 미술 작품이나 문학 작품을 통해서 즐기는 방식이나 자연을 바라보는 관점을 문화적으로 먼저 배우지 않고서는 경험할 수 없다는 말이다. '풍경'에는 실제 자연과 문화적인 측면이 겹쳐 있다.

우리에게는 이렇게 겹쳐 있는 풍경이 너무 당연하기 때문에 자연스럽게 느낄 수 있다. 하지만 그것은 문학 등으로부터 만들어졌다는 사실을 인식해야 한다고 『일본 근대문학의 기원』에서는 말한다. "풍경이란 하나의 인식적인 배치이고, 일단 그것이 만들어지면 그 기원은 은폐되고 만다."[16]

가라타니 고진은 구니키다 돗포의 『잊을 수 없는 사람들』에 대해 말한다. "'풍경'이 고독하고 내면적인 상태와 긴밀하게 연결되어 있다는 점이 잘 드러나 있다. 이 인물은 전혀 상관없는 타인에 대해 '나도 없고 남도 없다'는 식의 일체감을 느끼는데, 반대로 말하자면 눈앞에 있는 타자에 대해서는 지극히 냉담할 뿐이다. 바꿔 말하면 주위의 외적인 것에 무관심한 '내적 인간inner man'이야말로 비로소 풍경을 찾아낼 수 있다. 풍경은 오히려 '외부'를 보지 않는 인간에 의해 발견된 것이다."[17]

신카이 마코토 작품도 이러한 성질을 이어받았다. 그리고 이렇게 말할 수 있지 않을까. 신카이는 안노 히데아키가 〈신세기 에반게리온〉에서 문제 삼았던 '타자가 없다', '나밖에 없다'라고 하는 폐쇄적 정신성을 일본 근대문학과 접속시키고, 풍경을 주제로 계속 펼쳐 보이는 작가일지도 모른다고 말이다. 즉 가라타니 고진을 실마리 삼아 일본 근대문학과 애니메이션을 '습합'한 것이다.

'아름다운 풍경'과 대응하는 '새로운 내면'

그리고 또 한 가지 중요한 것은 가라타니가 풍경의 발견은 '언문일치'와 '사생문'◆ 등 새로운 단어를 만들고자 했던 운동과 밀접한 관련이 있다고 주장한다는 점이다. 언문일치는 메이지 시대 초기에 벌어진 일본어 개량 운동으로, 구어체처럼 쓰는 일본어를 연구·개발·보급했다. 라쿠고落語가와 산유테이 엔초의 고단講談을 필기한 것이나, 후타바테이 시메이와 야마다 비묘의 소설, 마사오카 시키의 사생문이 운동에 큰 영향을 미쳤다고 한다. 그 운동의 결과물이 지금 우리가 쓰고 있는 바로 이 문장과도 같은 글이다.

평소에 전혀 의식하지 않았던 이러한 문장들이 누군가가 만들어서 세상에 퍼뜨린 것이라는 사실은, 이런 문장이 지금의 우리에게는 너무나도 당연한 것이기에 의식하기 어렵다. 하지만 여러 특정 문학자들이 개발한 문장 형식을 전제로 하여 우리는 생각을 하고 커뮤니

◆ 세상 만물을 사생寫生하여 있는 그대로 쓰는 산문 문장. 일본 메이지 시대에 서양 미술의 '사생(스케치)' 개념을 도입하여 제창했다.

케이션을 한다. 그 언어의 형식에 의해 사고와 감정도 변화했으리라. 문장 언어의 개량과 보급을 통해 자연을 그리는 방식과 자연을 보는 관점도 달라졌고, 그에 대응하는 내면도 변화했다. 그리고 그것이 점차 당연시되는 과정이 과거에 존재했었다는 말이다.

이것은 디지털로 만든 표현이나 인터넷 시대에 등장한 신카이 마코토에게 큰 시사점을 주지 않았을까. 풍경이란 실제로 존재하는 것이 아니라, 문화적 코드라는 필터를 통해 감각·인식된다. 그리고 그 필터가 문학·예술 작품의 영향을 받으면서 어떤 풍경의 작품을 만들어 영향력을 갖게 되면 현실 세계에 대한 관점도 바꿀 수 있지 않을까.[18] 그리고 그 디지털 시대의 '새로운 풍경'에 대응되는 '새로운 내면'(언문일치의 문장을 읽음으로써 구성되는 근대적 내면이 아니고, 휴대전화 문자나 소셜 미디어, 동영상을 통한 대화 등을 중심으로 한 새로운 미디어에서 발생하는 것)의 상호 작용을 탐구하고자 한 것이 아닐까 싶다.

미야자키 하야오와의 대결: 새로운 공동체의 옹호

좀 더 나중에 나온 작품이지만, 〈언어의 정원〉 기획서에서 신카이는 미야자키 하야오의 공동체관에 반발한 적이 있다.

"예를 들어 미야자키 하야오의 이와 같은 말에 나는 공감하기가 어렵다.

보더리스borderless의 시대, 의지할 곳이 없는 사람은 가장 경시받게 될 것이다. (……) 역사를 갖지 못한 사람, 과거를 잊은 민족은 아지랑이처럼 사라진다. (……)

_「이상한 마을의 치히로: 이 영화의 목적」, 『THE ART OF Spirited Away: 센과 치히로의 행방불명』

하지만 의지할 곳과 역사를 갖지 못한 것은 이 나라를 살아가는 현재의 우리에게 처음부터 설정된 파라미터, 주어진 조건이다. 우리는 불안정한 시대에 불안정한 기분으로 문자 그대로 흔들리는 땅 위에서 불안정하게 살아간다. 그렇더라도 여전히 아름다운 것을 발견하고 그릴 수 있는 마음의 교류도 있다. 그렇기에 의지할 곳 없는 상황과 고독함까지도 받아들인 뒤, 그것을 긍정적으로 그려낼 필요가 있다고 생각한다."[19]

뒤에서 다시 자세히 검토하겠지만, 이 말은 '새로운 풍경', '새로운 내면'에 대응하는 '새로운 공동체'의 비전에 대한 선언으로 읽을 수 있지 않을까. 토착적이고 신체적 거리가 가까운 공동체가 아니라 개체는 개체로서 고독은 고독으로서 그대로 유지하면서, 사이버 스페이스에 대한 메타포도 겹쳐진 공간에서 갖가지 빛과 비와 눈으로 상징되는 언어적·비언어적 메시지를 교차시킨다. 그런 사람들이 모인 공동체와 같은 것을 긍정하고자 한다.

풍경은 자기 내면을 투영한 것인지도 모른다. 세계는 결국 닫혀 있는지도 모른다. 하지만 그 속에서 갖가지 빛이나 꽃잎, 로켓이나 기차가 움직이고, 서로 커뮤니케이션하는 회로가 열려 있다. 그것이 신카이 마코토의 작품이 제시하고자 하는, 새로운 미디어 환경 속에서 인간이 서로 연결되는 모습이다.

신카이 마코토의 풍경이란 내우주inner space, 외우주outer space, 사이버 스페이스, 그리고 커뮤니케이션 스페이스가 다중으로 겹쳐진 공간인 셈이다. 그곳은 퍼스널 컴퓨터와 인터넷이 보급되어 있고, 미지의 영역으로 걸어 나가는 '우리' 삶의 새로운 영역 속 드라마가 전개되는 장소이기도 하다.

2부

고전기

신카이 마코토의 필모그래피에 하나의 커다란 구분선을 긋는다면, 〈초속 5센티미터〉와 〈별을 쫓는 아이〉의 사이일 것이다. 이 전후의 차이를 살펴보면 주제 면에서 '세카이기'에는 인간의 서로 만나고 싶어 하는 마음이나 찾아 헤매는 감정을 중심으로 하여 뉴미디어의 기수로 활동했다. 그리고 '고전기'에는 과거나 역사와 같은 '커다란 것'◆을 다루고, 계승을 지향하는 방향으로 바뀌었다.

화면에 나타나는 운동이라는 측면에서는 '세카이기'에는 상승이라는 모티프가 많고 무한한 저편(성장·발전·미래)을 다루었으나, '고전기'에는 하강이라는 모티프가 자주 나타나며 발밑과 지면, 전통이나 잃어버린 과거를 다룬다.

세카이기에는 우주나 다른 세계 등 장르 소설에 어울릴 법한 공간을 동경의 대상으로 삼았으나, 고전기에는 『고사기』, 『만엽집』, 『도리카에바야모노가타리』 등과 같은 일본 고전을 다루었다. 여기에서 일본의 신화·전통과 애니메이션·인터넷의 '습합'이라는 모티프와 혼합체인 현대 일본 문화, 국가 정체성을 어떻게 수용할지에 대한 문제가 새롭게 떠오른다.

◆　본문의 '과거나 역사와 같은 커다란 것'이라는 표현은 일본 포스트모던 철학에서 프랑스 학자 리오타르의 저서 『포스트모던의 조건』에서 말한 'grands récits'(거대 서사, 혹은 거대 담론)라는 단어를 '커다란 이야기大きな物語'라 번역한 것에서 비롯된다. 여기서 '서사', 혹은 '이야기'는 '내러티브narrative'의 의미로 사용되었지만, 일본 철학계선 번역어 '모노가타리物語'에 의해 '스토리' 등 다양한 의미로 받아들여졌다는 점에 유의해야 한다.

4

〈별을 쫓는 아이〉
상실에서 성숙으로

높은 곳을 목표로 하는 것이 아니라, 발밑을 그리다

〈초속 5센티미터〉를 만든 뒤 신카이는 약간 막다른 곳에 다다른 느낌을 받았고, "진심으로 고민했다"[1]고 한다. 그 후 일본을 떠나 유럽을 떠돌고 런던에서 어학연수를 하는 등 1년 반 정도를 해외에서 지냈다. 이국에서 "여러 나라 젊은이들과 섞여 평범한 학생 생활"을 하는 와중에 영어를 잘 못하기도 하고 "아직 내가 그 어떤 존재도 아니고, 뭐가 되고 싶은지도 모르겠다. 주변 사람들은 여러 가지 일들을 잘 해내는 듯하지만, 나는 해내지 못하고 있다"는 기분이 들어 "현실 도피의 수단으로서 각본을 쓰기 시작"[2, 3]했다.

이 작품은 신카이 마코토의 필모그래피에서 하나의 구분선이 되었다. "해외에서 일본으로 돌아왔을 때, 사춘기로부터의 연속성은 일단 끝났다고 생각합니다."**4**

커다란 방향 전환 중 하나는 이전에는 멀고 높은 곳을 목표로 삼았지만, 이 작품은 오히려 낮게 발밑으로 파고든다는 점이다. 하늘이나 우주, 탑이 아니라 지면 속, 발밑, 사후 세계를 향하는 이야기다. 스토리는 여러 가지 장치로 장식한 『고사기』의 이자나기와 이자나미 신화라고 할 만한 내용이다. 시대도 미래가 아니라 1970년, 과거로 설정되어 있다.

작품은 신카이가 어린 시절 강한 영향을 받은 오쓰코쓰 요시코의 『피라미드 모자여, 잘 가』를 모티프로 삼았다. 지하 세계의 명칭은 '아가르타'인데, 바로 이 책에서 인용한 것이다. 또 〈별의 목소리〉에 나오는 행성 아가르타와 군이 똑같은 이름을 붙였다. 마치 외우주, 즉 바깥을 향해 가다가 발견한 세계와 똑같은 것이 발밑 깊숙한 곳, 상징적으로는 내부와 무의식적으로 파고 들어간 내우주에도 존재한다고 말하려는 것처럼 말이다.

표현상의 커다란 변화라고 한다면, 독백으로 가득 찬 극의 방식이나 컴퓨터로 채색한 영상이라는 특기를 봉인하고 마치 스튜디오 지브리와 비슷한 그림체를 사용한 수작업 애니메이션이라는 점을 들 수 있다. 이 작품은 기존과는 다른 수법으로 다른 관객층에 접근하고자 한 셈이다. 하지만 그런 시도가 흥행 면에서나 비평적으로나 호의적으로 받아들여졌다고는 하기 어렵다. 너무나도 심한 혹평에 신카이는 2주간 드러누웠고 "악몽만 꾸"었다고 한다.**5**

하지만 이것은 이후 〈너의 이름은.〉의 성공으로 이어지는, 신카이 마코토가 작가로서 성숙하게 되는 중대한 궤적이 된 작품이라고 말하고 싶다.

수작업 애니메이션을 통해 신체성을 도입하다

어째서 지브리풍 애니메이션에 도전했을까?[6] 이에 대해 신카이는 그전까지의 본인 작품이 특정 관객층에만 도달했음을 통감했기 때문이라고 말한다. "이번에는 '그 외의 사람들'도 봐줄 만한 작품을 만들고 싶었습니다. 거기엔 우리도 포함되어 있고, 해외에서 알게 된 사람들에게도 보여주고 싶고, 시골에 사는 조카들도 봐주었으면 합니다."[7]

또한 국제교류기금의 의뢰를 받아 해외에서 본인 작품이 상영됐을 때 관객들의 반응을 접한 것도 변화의 계기가 되었다고 한다. 일종의 보편성, 더 많은 관객을 의식한 결과가 바로 이 '지브리풍' 그림체였다. 또한 세계 각지에서 공통으로 찾아볼 수 있는 신화의 이야기 구조를 채용한 것도 같은 이유에서였다고 한다.

예를 들어 캐릭터 디자인에 관해서 신카이는 도에이동화나 세계명작극장◆에서 확립된 일본의 전통적이고 보편적인 애니메이션 그림

◆　일본의 TV 애니메이션 시리즈. 대표작 〈플랜더스의 개〉, 〈빨강머리 앤〉 등.

체였기 때문에 채용했다고 말했다. 하지만 그와 같은 '왕도'를 꼭 노리겠다는 동기만이 전부는 아닐 것이다. 전통적인 수작업 애니메이션에 도전한 것은 아마도 도미노 요시유키가 문제를 제기했던 '신체성'과 관련이 있지 않을까.

〈별의 목소리〉 직후 신카이 마코토는 〈기동전사 건담〉 등으로 유명한 도미노 요시유키와 대담을 나누었다. 그때 도미노는 "컴퓨터는 신체성이 빠져 있다고 느낄 때가 많다"고 신카이에게 말했다. 그에 대해 신카이는 "신체성이라는 의미로 말하자면, 컴퓨터와의 일체감 같은 것을 개인적으로 느끼곤 합니다. 회사에 근무하던 당시에는 그야말로 3년간 매일 컴퓨터를 앞에 두고 작업했고, 마우스 커서를 제가 원하는 지점에 1도트의 오차도 없이 멈췄죠. 컴퓨터 작업 속도가 점점 더 빨라졌습니다. 그런 육체적인 쾌락이 분명히 있었으니까요"[8]라고 답했다. 컴퓨터와 게임 등에 몰입해본 사람이라면 알겠지만, 간혹 신체가 사라지고 화면과 자신이 일체가 된 듯한 감각에 빠질 때가 있다. 그와 비슷한 느낌 아닐까.

로봇과 일체화하여 싸우는 것을 게임이나 컴퓨터 조작과 비슷하게 보는 시선이 있었다(〈기동전사 건담〉과 〈기동전사 Z건담〉 제1화에서 주인공은 그런 인물로 그려져 있다◆). 그것은 신체성을 상실하고 기계를 조작

◆ 일본 로봇 애니메이션에서 과거에는 조종사가 마치 로봇과 '일체화'된 것처럼 그려졌으나, 〈건담〉을 필두로 주인공이 로봇 조종 매뉴얼을 참조하는 등 자동차 운전이나 게임의 컴퓨터 조작처럼 그려지는 작품이 늘어났다.

하는 세대의 상징이기도 했다. 컴퓨터, 인터넷과 같은 과학 기술과 일체화하여 사이보그로서 힘을 확장한 상태이니까 말이다(게임에 몰입해 있을 때도 게임기와 화면과 본인이 일체화된 사이보그 상태인 셈이다).

그 확장된 사이보그가 느끼는 외로움을 그린 작품이 〈별의 목소리〉였다. 이 시점에 신카이가 '그 외로움의 원인이 바로 이 신체가 아닐까'라는 가설을 생각했는지는 알 수 없으나, 〈별을 쫓는 아이〉에서 신체성이 중요한 주제로 떠오른 것의 의미를 그렇게 해석할 수도 있을 듯하다.

확인해둘 것은 도미노 요시유키와 나눈 수작업(셀화)과 디지털에 관한 대화에서 '수작업=신체성'이라는 문제가 언급되었다는 점이다. 따라서 이 작품은 도미노가 내준 숙제에 대한 답변이기도 했다.

신카이는 신체성에 관해 이처럼 말했다. "이번 작품은 소중한 사람의 죽음을 가슴에 담아둔 주인공 일행이 다른 세계로 가고, 거기에서 어떠한 경험을 한 뒤 마음을 정리할 지점을 발견하는 이야기입니다. 진부한 생각일지도 모르지만, 그 과정에서 반드시 신체를 움직이는 일이 필요하다고 생각했습니다." "뛰거나 넘어지거나 소리치거나 발버둥 치거나 합니다. 그리고 배가 고프면 식사를 합니다. 그런 식으로 신체를 이렇게 저렇게 움직이는 동안, 결국에는 이전과 다른 무언가를 자기 내면에서 발견할 수 있죠. 그런 내용을 만들고자 했습니다."[9]

신체성, 특히 마구 움직이는 일은 상실을 견디고 극복하기 위해 필요하다. 주인공인 아스나는 "거의 전 컷에서" 뛰어다닌다고 한다.[10]

수작업 애니메이션은 이 작품에서 신체성과 깊이 연관되어 있고, 신체를 움직이는 일이야말로 '죽음'이나 '상실'을 극복하는 데에 필요하다는 인식이 여기에서 드러난다. 이 작품 속 죽음과 상실에도 전작에서 이어져온 다중적 비유가 포함되어 있음은 말할 나위도 없다.[11]

'죽음의 비밀'을 탐구하는 이야기

이 작품의 주인공은 이야기가 시작되는 시점에 열한 살인 소녀 아스나다. 아버지를 잃고 의료 관련 일에 종사하는 어머니와 둘이서 살고 있다. 그녀는 성적이 우수하지만, 그 전까지의 신카이 작품 속 여주인공과 달리 문학소녀가 아닌 신체를 움직이며 뛰어다니는 인물이다. 그녀는 선로의 레일에 귀를 대고 소리를 듣거나, 토치카♦ 같은 장소를 비밀 기지로 삼고, 그 근처에서 아버지가 남긴 광석으로 만든 라디오를 듣곤 한다. 무대는 신카이가 태어난 고향을 모델로 삼은 일본의 산속이다.

그런데 라디오에서 신비한 음악이 들린다. 그것은 "마음이 그대로 음악"이 된 듯한 것이었고 "나는 외톨이가 아니란 느낌이 들었다"라고 아스나는 말한다. 이 작품의 영어 제목은 〈Children Who Chase

---

♦   러시아어에서 유래한 단어로 전투용 진지를 가리킨다.

Lost Voices from Deep Below〉인데 이때 'Voices'란 간접적으로 그 광석 라디오에서 들리는 소리를 가리키는 것이리라(〈별의 목소리〉와도 관련되어 있지만).

새 울음소리가 멈추고, 바람이 구름을 움직이고, 불길한 순간이 지난 뒤 괴물이 그녀를 덮친다. 그때 슌이 나타나는데, 노래도 그가 부른 것이었다. 그들은 괴물과 싸워 쓰러뜨리고, 슌은 아스나를 공주님처럼 안고 철교에서 뛰어내린다. 이 작품에 일관적으로 나타나는 '낙하'와 '하강'이라는 이미지의 연쇄가 시작된다.

슌은 별을 꼭 보고 싶어 했고, 그 동경심에 마음이 움직여 죽음을 각오하고 지하 세계 아가르타에서 지상으로 올라온 것이었다. 그는 "오고 싶어서 왔다"면서 "반드시 만나고 싶은 사람"이 있다고 말한다. 그건 아마 아스나일 것이다. 그리고 슌은 "축복을 줄게"라고 말하며 아스나의 이마에 키스한다. "그저 네가 살아 있길 바라. 그것만으로 만족해"라고 말한 뒤 슌은 별을 향해 손을 뻗고는 토치카 옆에서 낙하하여 죽는다.

솔직히 이 도입부는 혼란스럽다. 슌의 동기도 아스나의 감정 변화도 전혀 이해가 되지 않는다. 개인적 평가지만 〈별을 쫓는 아이〉는 통상적인 대중문화 작품으로서는 실패작이라고 본다. 각본 회의에서 스태프가 "이래서야 무슨 소린지 모르겠다"[12]라고 말한 것도 당연하다. 이야기다운 이야기를 하려고 할 때 신카이 마코토에게는 분명 약점이 존재한다.

다만 이때까지의 신카이 작품 속 은유와 신카이 본인의 개인적 상황이 작품에 반영되는 경향이 있다는 것을 보조선으로 그어본다면 이 작품의 목적은 명료해진다.

순은 별을 쫓아 온 남자로서, 즉 이때까지의 작품에서 우주나 높은 곳, 탑 위나 구름의 저편을 목표로 한 이들의 계보를 잇고, 꿈과 동경의 대상을 향해 무조건 나아가는 존재를 의미한다. 이 작품 서두는 그 '상승'이 끝을 맞이하고 '하강'으로 방향성이 바뀐다는 선언인 셈이다. 이전 작품들에서는 등장인물들이 서로 만날 수 있을지가 서스펜스의 중심이었지만, 이 작품은 오히려 '만남'으로 시작해 '헤어짐'으로 나아가는 역전적 구성이다. 이 작품은 신카이 마코토의 작가 인생에서 커다란 분수령이 되었다.

2010년 5월, 신카이 마코토의 딸 니이쓰 지세가 태어났다. 어쩌면 임신·출산이 하나의 계기가 되어 새롭게 태어나는 생명과 죽어가는 존재가 뒤섞이는 이 작품 내용을 구상했을지도 모른다. 순의 "살아 있길 바라"라는 대사를 아버지가 딸에게 말하는 것이라고 생각한다면 확 와닿는다.[13]

나도 그랬지만 아이가 태어날 때는 나의 노화와 하강, 그리고 죽음이 확실하게 의식되는 법이다. 놀랄 만큼 빠르게 성장해가는 자식에 비해 나는 심신이 마음대로 되지 않기 시작하며, 상승해가는 존재가 아니라 결국 대지로 돌아갈 몸뚱이에 지나지 않는다는 것을 깨닫는다. 중력으로부터 자유로울 수 없다. 결국 나는 죽고, 그 뒤에 자식들은 살아가야만 한다. 그 생과 사의 연쇄가 지니는 의미를 생각한다. 특히 출산 직후에는 아이를 돌보는 일이 무척 힘들었기 때문에 거기에 의미를 부여하지 않으면 견디기 어려웠다.

아스나는 아버지를 일찍 잃었고 어머니는 생활에 지쳐 있었다. 그어머니가 남편의 죽음을 받아들이려고 하는 장면이 나온다. 어머니는 "죽음은 삶의 일부라고 아버지는 말했지"라고 하는데, 하지만 그녀도 그렇게 간단히는 받아들이지 못한다. 누구나 힘들 것이다.

죽음과 이별을 어떻게 수용할 것이냐는 모티프는 계속 이어지고, 학교에서 아스나가 받는 수업 내용에서 『고사기』의 이자나기, 이자나미 신화에 대한 설명이 나온다. 이자나기는 죽은 아내를 쫓아 황천국으로 간다. 하지만 지시를 거스르고 뒤를 돌아보는 바람에 아내의 썩은 신체를 보고 도망친다. 교사 모리사키는 전 세계에 이와 비슷한 신화가 존재한다며 지하에는 "죽음의 비밀이 있다고 생각했던 것이죠"라고 말한다. 이번 작품에서는 가련하고 섬세한 소녀가 아닌 중년 남성이 문학을 읽는다.

이 모리사키가 일종의 유사 아버지 역할을 하는데, 그와 아스나의 심리가 명료하지 않다. 아스나는 "선생님은 아버지 같아"라고 하지만, 그에 대해 어떤 마음의 흐름이나 필연성이 있는지 잘 알 수 없다. 아스나가 모리사키가 혼자 사는 빌라에 찾아가는 부분도, 모리사키가 그녀를 집에 들이는 부분도 위태로운 느낌이 든다.

그런 모리사키가 또 한 명의 주인공이다. 모리사키는 "아이를 인도하는 강한 어른이 아니라 건전함과는 조금 다른 무언가를 품고 있고, 그게 악화해버린 어른"이고 "나는 모리사키와 같은 어른을 부정하고 싶지 않았습니다"[14]라고 신카이는 말한다. 나이도 신카이와 비슷하고 "개인적으로는 틀림없이 서브 주인공으로서, 감정 이입을 하면서 그렸습니다"[15]라고 한다.

모리사키는 잃어버린 아내를 찾고 있다. 아스나를 선도하는 것이 아니라 혼자서 묵묵히 걸어가는 사람이고, 아내를 되찾기 위해 아스나의 신체까지도 희생시키려고 하는 사람이다. 잃어버린 것에 너무 집착한 나머지 어른으로서 책임도 지지 못하는 약한 남자이고, 끝끝내 '상실'에 집착한다.

이 작품은 그런 모리사키의 이야기로 받아들이는 편이 이해하기 쉽다. 이 작품에 나오는 선로는 폭이 다른 두 노선이 동시에 겹쳐 있는 것처럼 보이는데, 그것은 이와 같은 주인공의 이중성을 암시한다.[16]

모리사키는 "인류를 좋은 방향으로 이끌고자 하는" 집단 아크앤젤의 일원이지만, 거기에서 탈락한 상태다. 아크앤젤은 헬리콥터나 총을 사용하는 등 과학, 폭력과 같은 남성적 성질을 맡고 있다. 모리사키는 과거 전장에서 싸우던 병사였고, 권총을 사용한다.

모리사키와 아스나가 서로 가까워지는 흐름 속에 슌의 동생인 신이 등장하여 다시금 아스나의 손을 붙잡고 뛰어내린다. 모리사키도 물속, 그 안쪽으로 향한다. 회상에서 아버지와 어머니의 임신 장면이 나오는데, 아스나는 "나는 이제 태어날 때가 됐어"라고 말한다. 지면 속과 어머니의 태반이 중첩되어 그려진 것이다. '죽음의 비밀'이 존재하는, 모태와도 같은 지하 세계로 그들은 계속 나아간다.

과거에 있었다고 몽상하게 되는 이상적 과거를 단념하다

지하 세계 아가르타에는 어째서인지 하늘과 빛이 존재한다. 그 때문에 지하의 분위기가 느껴지지 않고 감각에 혼란을 불러일으킨다는 결점은 있지만, 일단 제쳐두겠다. 그곳에서는 조몬 시대풍 문양이 그려진 비행기가 하늘을 날고, 그것을 샤쿠나 비마나, '신이 타는 배'라고 부른다.

아가르타는 아시아적인 세계다. 계단식 논 같은 것이 있고, 물건이나 건축물 등의 디자인을 보면 몽골이 떠오르기도 한다. 과거에 번영했던 세계에는 황혼이 드리웠고, 갖가지 건축물이 비스듬히 기울어져 있다. '사양斜陽'을 나타내기 위함인지 그 세계에는 비스듬히 빛이 강하게 내리쬐어 그림자가 져 있다. 작품 전반이 지브리풍 터치로 만들어지긴 했으나 신카이 특유의 빛 연출은 건재하다. 그 빛이 이 작품에선 글자 그대로 '사양'을 강력하게 연출하기 위해 사용되었다.

아가르타는 무엇의 메타포일까. 아가르타의 노인이 쇠퇴에 관해 말한다. 먼 옛날 아가르타에 지상 사람들이 쳐들어와 전쟁이 일어났다고 한다. 그때 화면에 그려지는 것은 나폴레옹과 히틀러 등 서양인이다. 그들이 분쟁을 가져옴으로써 "태어나는 아이도 점차 줄었다"고 한다.

즉 서양과 개인주의, 경쟁, 근대 등의 개념이 도입되기 전 일본에 있었을지도 모른다고 상상되곤 하는 아시아적 예지叡智가 존재하는 공동체야말로, 아가르타가 상징하는 바인 것이다. 그것은 미야자키 하야오가 동경을 담아 그린 과학과 문명이 생겨나기 이전의 애니미즘적 세계나, 과학 기술 입국화를 하고 고도성장한 전후 일본보다 더 이전의 세계에 가깝다. 그것은 자연과 일체가 되어 살았으리라 상상되는 세계다. 이 세계는 지상으로 난 문을 닫고 서서히 쇠퇴 중이다.

모리사키는 죽은 아내를 부활시키려고 하는데, 그것은 과거에 존재했으리라고 여겨지는 이상적 세계를 되살리려는 행위의 은유다. 모리사키는 정치와 폭력, 전쟁의 세계에 사는 남자이지만 그것들이 없던 세계로 돌아가고 싶어 하는 '약한 남자'인 것이다.

이런 식으로 독해해보면, 이 작품의 주제가 과거에 있었던(있었을지 모르는) 이상적인 일본에 대한 동경과의 대결이라는 점을 이해할 수 있다.

만다라 모양 장식이 있는 방에서 노인은 "목숨은 더 큰 것의 일부가 된다"라고 말한다. 이처럼 생과 사를 수용하는 예지가 아가르타에는 있다고 한다. 사실 아스나의 아버지도 아가르타 출신인데 바깥 세계로 나온 인물이었다.

아가르타 세계에서는 그림자 속에서 '야만족'이라 불리는 존재가 나타나 사람들을 지면 아래로 끌고 들어가려고 한다. 그들은 "빛과 물을 싫어하는" 저주받은 종족인데, "현재의 모습을 유지하고자 하는 세계의 장치 중 하나"이고 "그래서 그놈들은 사물이 섞이는 것을 증오"한다는 것이다.

세가와 다쿠로[17]에 따르면, 조몬인들은 다른 문화와 섞이는 일이 비교적 적었다고 한다. 그 사실을 의식해서 만들었는지는 알 수 없으나, '야만족'은 틀어박혀서 새로운 것과 섞이는 일을 거부하는 사람들을 상징한다. 그에 반해 아스나는 지상인과 아가르타인의 혼합체와 같은 존재다.

이 작품의 결론은 '혼합체'를 긍정하는 것이다. 신은 아가르타인이면서도 노인의 생사관에 의문을 품는다. "아가르타 세계는 현세의 생명이 덧없고 의미가 없다는 사실을 너무도 잘 알고 있죠. 그래서 멸망하는 것 아닐까요."

아스나도 그저 판타지 세계를 애타게 그리워하는 소녀가 아니다. 그녀는 권총을 사용한다. 아가르타인인 신은 칼로 야만족을 공격하고 아스나를 구한다. 그때 빛이 비치며 날이 밝아온다. 신은 "몸이 멋대로 움직여. 생각보다 먼저"라고 말한다.

사고가 아닌 신체를 긍정하는 것이다. 신체의 충동에 의한 행동을 긍정하는 사상이 여기에도 나타나 있다. 신과 아스나 사이에는 나중에 〈너의 이름은.〉의 메인 이미지에도 사용되는, 십자 모양으로 고스트가 퍼지는 태양과도 같은 빛이 보인다. 이것은 '새로운'(신) 이와 '내일'(아스나)◆을 살아가는 이에 대한 '축복'을 의미할 것이다.

죽음이나 자연과 조화를 이루고 분쟁도 없었던 과거의 이상 세계를 부활시키는 일의 상징으로서 사랑하는 아내를 되살리고자 한 모리사키는 어떻게 될까. 그는 더더욱 지하로 내려가 구멍 바닥에서 아

◆ 일본어로 '내일'을 뜻하는 단어 중에 '아스明日[あす]'가 있다.

가르타의 신이 타고 다니는 배에 아내를 되살려달라며 소원을 빈다. 그러자 '혼을 담을 그릇'과 '육신'이 필요하다는 말이 돌아왔고, 울면서 아스나를 내민다. 모리사키는 "네(아내)가 없는 세계에서는 의미를 찾을 수가 없다"라고 말한다. 타자와의 갈등이나 분쟁이 없는, 모태와도 같은 세계란 바로 〈신세기 에반게리온〉 속 '세계'가 상징하던 것이다. 모리사키는 그와 같은 모태 회귀적 퇴행이라는 소망에 홀려버린 '어른 아이'이고, 미성숙한 존재의 상징일 것이다. 즉,『고사기』에 나오는 '하하노쿠니姚国'◆라 불리는 지하 세계와 오타쿠적 유토피아에 대한 소망, 그리고 과거 회귀에 대한 충동을 중첩해 그린 것이다.**18**

'살아갈 의미'를 찾고자 하는 모리사키의 바람은 타자의 생명이나 미래를 희생하지 않으면 달성할 수 없다. 그리고 그는 그것을 실행하고자 한다. 이 작품에서는 그런 삶의 방식을 부정한다.

제목에 나오는 '아이'는 '아이들'을 의미하고, 그 안에는 '어른 아이'인 모리사키도 포함된다고 추측할 수 있다. 세상에 없는 것을 동경하고, 그것을 위해 생명까지 희생하는 존재도 '아이子ども'로 표현한다. 이 작품은 '여기에는 없는 세계'에 대한 동경을 단념하는 모리사키와, 적극적으로 세계로 뻗어나가 현재를 긍정하는 젊은 세대가 얽히고설키는 이야기다.

◆　일본 신화에 등장하는 다른 세계(저세상)를 뜻하는 단어.

모리사키에게 신은 이 작품에서 가장 중요한 대사 중 하나인 "산 사람이 중요하다"라는 말을 한다. 이 작품은 설령 순수하거나 순혈이 아닌 혼합체일지라도 산 사람이 중요하고, 과거에 있었던 세계를 되살리려고 하기보다 지금 존재하는 생명을 더 우선시해야 한다는 윤리적 결론에 이른다. 그 메시지는 수작업과 디지털을 조합하여 만들어진 이 작품의 혼합적 표현 방법과 호응한다.

신은 "상실을 품은 채 계속 살아가라는 목소리가 들렸어. 그게 인간에게 주어진 저주야"라고 말한다. 그 목소리의 주인은 아가르타의 신神일까. 모리사키는 "날 죽여줘"라고 하지만, 죽지 않고 살아남는다. 오르골은 부서지고 소리는 들리지 않게 된다. 그리고 "그것은 축복이기도 하다고 생각해"라는 아스나의 독백이 겹쳐진다. '소리'는 지하 세계 등을 동경하는 원동력이었다. 그렇게 강박적으로 무언가를 몰아대던 힘인 '소리'를 잃어버렸다. 그것은 상실인 동시에 축복이라고 이 작품은 말하고자 한다.

이 여행 도중에 모리사키는 어째서인지 아스나에게 "나는 네가 살아줬으면 좋겠어"라고 전한다. 아스나의 어머니는 축복이란 "태어나서 다행이라는 뜻이야"라고 설명한다. 슌도 아스나에게 '축복'을 주었다. 이 작품이 탄생과 죽음에 관한 이야기이고, 어떤 정신적 성장을 그렸다는 점을 알 수 있다.

이 작품은 본인의 죽음을 의식하는 나이에 접어든 사람이 자신의 자식을 포함해 다음 세대에게 '축복'을 보내고, 그러기 위해 자신의 '동경'(유아성)을 단념하는 이야기이기도 하다. 『고사기』는 과거의 일본에 대한 동경을 품게 만드는 신화이지만, 그 안에 이미 이자나기·이자나미 신화라는 형태로 잃어버린 것을 너무 쫓아서도 안 된다, 뒤돌아보지 말고 앞으로 나아가야 한다는 비유가 담겨 있다.

앞서 언급한 대로, 신카이는 이 작품을 전후로 자신이 작품에 그려온 감정을 생생하게 느끼는 일이 점점 어려워졌다. 그리고 이 뒤에 〈너의 이름은.〉, 〈날씨의 아이〉와 같은 어린이를 포함하여 다음 세대를 위한 영화를 만드는 성숙을 향해 나아갔다. 그것은 상실이었다. 그리고 이 작품은 실패였다. 하지만 나중에 그는 더 큰 축복을 얻게 된다.

5

〈언어의 정원〉
발 디딜 곳 없는 불안정한 시대를 긍정하다

일본 문화가 '혼합체'라는 점을 긍정하다

〈별을 쫓는 아이〉에서 시도한 지브리풍 그림체는 전통이나 과거를 돌이켜보고 그것을 뛰어넘고자 한 것이기도 했다. 신카이는 미야자키 하야오에게 언뜻언뜻 보이는 '옛날이 좋았다', '과학과 문명은 인간을 타락시킨다'라는 사상에 이별을 고한다.

신카이는 자연과 과학, 전통과 전위, 일본과 서양의 혼합체가 되는 길을 적극적으로 선택한다. 그것은 공동체론으로 말하자면 고독한 사람끼리 미디어를 통해 네트워크처럼 연결되는 일에 대한 기대다. 그림 작법으로 말하자면 적극적인 컴퓨터 기술의 도입이고, 배급 방식으로 말하자면 극장 이외의 방식을 채용하는 것이다. 〈언어의 정원〉은 아이폰이나 아이패드 등과 같은 디지털 화면으로 보았을 때 아름답게 비치도록 계산하여 만든 작품이다. 또 극장 개봉과 동시에 아이튠즈에서도 공개되었다. "그 당시에 마침 아이폰과 아이패드 등 디지털 액정 기기가 보급되기 시작했고, 시청 환경이 변화하고 있음을 느꼈습니다. 영화관 스크린이 아니라 작은 디지털 화면으로 보는 것을 전제로 한, 고해상도의 정밀한 영상을 표현해보고 싶다고 생각했죠."[1]

스크린으로 보는 화면은 영사된 빛이 반사되는 것으로 액정처럼 자체적으로 빛을 내지 않는다. 오히려 디지털 액정의 빛이야말로 작중의 빛이 상징하는 것과 이어지는 무언가가 있다. 신카이는 컴퓨터와 인터넷이라는 새로운 미디어 기술과 『만엽집』이라는 일본의 전통을 상징하는 고전 작품을 접목한 혼합체를 이 작품에서 만들고자 했다.

기획서에는 앞서 인용한 미야자키 하야오에게서 느낀 위화감에 대한 내용이 나온다. "의지할 곳이 없는 사람", "역사를 갖지 못한 사람, 과거를 잊은 민족"들은 경시받아 사라질 것이라는 미야자키의 발언을 인용하면서 동일본대지진 이후 기댈 곳 없는 불안정한 시대를 긍정하려 한다.

"하지만 의지할 곳과 역사를 갖지 못한 것은 이 나라를 살아가는 현재의 우리에게 처음부터 설정된 파라미터, 주어진 조건이다." 잃어버린 과거를 되돌리자며 한탄할 것이 아니라, 지금 살아 있다는 사실이 중요하다.

전작에서 참고한 『고사기』나 이번 작품에서 다루는 『만엽집』은 나라와 민족의 문화적 정체성의 안정성을 찾고자 할 때 참고하는 작품이다. 고노시 다카미쓰는 『고사기와 일본서기』에서 『고사기』를 해독해 『고사기전』을 쓴 모토오리 노리나가의 시도를 다음과 같이 평했다. "(노리나가가 중시한) '상고의 맑고 올바른 진실'이란, 더럽혀지지 않은 순수한 말·일·마음(언름·사事·의意)이었다. 오직 거기에만 자신들의 순수한 본래 모습이 나타나 있다는 것이다. 이 현실이 말하는 것이 거기에 있고, 거기에서 이어지는 것으로서 현실을 납득할 수 있다. 단적으로 자기 확증(자신들이 고유한 언어와 문화를 갖고, 민속적인 통합을 가져왔다고 하는 확신. 민족적 정체성이라 해도 좋다)의 문제인 것이다."[2]

모토오리 노리나가는 중국에서 들어온 개념이나 사고방식이 섞이기 이전의 일본 언어와 정신을 되돌리고자 했다. 말하자면 중국 문화와 혼합되기 이전에 존재했던 '야마토고코로'◆를 재현하고자 시도한 셈이다. 그리고 현존하는 일본의 가장 오래된 신화인 『고사기』를 이용해 자신들이 고대로부터 이어져 내려온 존재라는 확신을 가지려고 했다는 말이다. 의지할 곳을 탐구하고 있었다는 말이기도 하다.

그런 탐구가 과학적이진 않다. 『고사기』와 일본 신화는 중국에서 전래한 불교의 가르침과 연결되도록 중세 때 제멋대로 해석되는 일이 많았다. 그 시대의 해석에 관해 고노시 다카미쓰는 다음과 같이

◆ 　중국식 사고방식(가라고코로漢心)과 대비하여 일본인들이 갖고 있다고 일컬어지던 문화를 뜻하는 말.

말한다. "그것은 불교 쪽에서 갖다 붙인 것이라고도 할 수 있다. 하지만 중요한 점은 그렇게 함으로써 일세계—世界◆에 있다고 하는 세계관적 근거로 이어지게 되고, 일세계에 있다는 것을 확신할 수 있다는 점이다. 바꿔 말하자면 일세계적 세계관을 지탱하는 신화로 변주되었다는 것에 이 이야기의 의미가 있다."[3] '일세계'에 관해서는 일단 제쳐두자. 어쨌든 일본이 긴 역사 속에서 그 시대의 사고방식이나 상황과 연결 지어 자신들의 세계와 존재의 근거를 부여하고 안정시키는 신화와 이야기를 계속 창조해왔다는 점이 중요하다. 신카이 마코토가 『고사기』, 『만엽집』을 참고한 것도 그와 같은 신화를 창조하기 위함이라고 해석할 수 있다. 신카이가 그와 같은 혼합성과 재해석이란 행위를 의식하고 있었음을 나타내는 내용이 기획서에 나온다.

"'신주쿠의 일본 정원에서 『만엽집』을 읊는다'는 내용이 이 작품의 도입부인데, 여기에는 역사의 연속과 단절이 동시에 존재한다. 『만엽집』에는 1300년의 역사라는 확고한 발판이 있다. 하지만 『만엽집』이 쓰일 당시 도쿄는 동쪽 끝의 시골이었고, 『만엽집』의 무대가 아니었다. 신주쿠에 위치한 일본 정원은 에도 시대에는 다이묘 저택, 메이지 시대에는 황실 소유, 종전 후에는 국민 공원이 되는 등 불연속적인 역사를 가진다. 구두 장인은 전통적인 직업처럼 보이지만, 가죽을 의미하는 '구두靴'는

◆   불교 용어로서 수미산을 중심으로 그 주변에 땅과 산, 바다가 있다는 세계관.

본래 ('사랑'과 마찬가지로) 서양의 것이고 일본에서는 쇼와 시대 이후 일반화되었다. 그리고 물론 극 중에서 빈번하게 등장하는 신주쿠역 부근의 모습은 계속 변화하고 있고, 대지진 이후로는 '언젠가 잃어버릴 경관'이라는 생각을 지울 수 없다. (……)

이처럼 이 작품을 구성하는 요소는 제각각이고 통일감이 없다. 그리고 이 불안정한 느낌은 작품 외부에까지 이르는 듯한 느낌이다. 종이가 아니라 처음부터 비디오로 만든 콘티, 물리 매체가 아니라 처음부터 데이터 공개를 상정한 형식, 물리적인 본체가 존재하지 않기에 느껴지는 의지할 곳 없는 감각.

반대로 말하자면 이와 같은 모자이크 형태의 불안정함이 이 작품의 중심축이고, 그야말로 정체성이라고 생각한다."

물질적·물리적 기반이 없는 매체라는 불안정성, 그리고 역사와 전통이 불연속적이고 서양과도 혼재되어 있다는 '의지할 곳 없는 감각'을 합쳐서 그렸다. 또한 그 기댈 곳 없는 느낌, 불안정함, 체계적인 통일성이 없는 부분을 굳이 체현하고 긍정했다. 그리고 그에 따른 새로운 정체성을 제시한 작품이 〈언어의 정원〉이라고 할 수 있다. 앞서 인용한 미야자키 하야오에 대한 비판은 이 정체성에 관한 발언 다음에 나온다.

우리는 불연속적인 역사와 전통 위에 서양과 동양, 자연과 과학 등이 혼재된 상태로 살아간다. 애당초 애니메이션 자체가 미국 문화의 영향을 받은 일본의 서브컬처이며, 디즈니 등을 모방하면서 발전한 하이브리드 문화다. 종전 후 애니메이션뿐만 아니라 일본의 생활도 미국화되었다. 예를 들어 우리는 서양식 의복을 입고 살아가지만, 그에 관해 생각할 기회는 적다. 우리는 일본 문화라는 말을 들으면 교토 등의 이미지를 떠올리지만, 실제로는 서양식 옷을 입고 서양식 화장실을 쓰면서 살아간다. 가토 슈이치가 말했듯이 현실의 우리는 '잡종 문화'[4] 속에서 살아간다. 전통을 되돌리고자 할 때도 구체적인 생활에 영향을 미치지 않는 정신적·문학적·정서적인 것으로 한정하려고 한다(오물을 퍼내는 방식의 재래식 화장실을 쓰고, 잎사귀로 뒤를 닦고, 조몬 토기로 밥을 짓고, 수명과 영유아 사망률을 옛날로 되돌리자는 운동은 현실에선 거의 일어나지 않는다).

우리는 잡다하게 뒤섞이고 유동적인 생활 문화 속에서 살아간다. 하지만 종전 후 일본은 종종 마음을 의지할 곳, 자신이 누구인지를 설명하기 위한 정체성을 찾곤 한다. 그럴 때마다 잡종성은 망각되고 순수하다는 환상을 지향하게 된다(그 순수했다고 여기는 시대도 당시엔 마찬가지로 혼합체였다는 사실을 잊는다). 전작 〈별을 쫓는 아이〉에서 이상적이고 순수했던 과거를 찾는 심정을 그렸다면, 〈언어의 정원〉은 그 이후 혼합체가 된 현재 상태를 긍정하고자 하는 작품이다.

이상적인 과거를 동경하고 마음이 이끌려 생과 사의 의미를 거기에서 찾고 싶다는 심정을 인정하고서, 과거나 전통과의 연결을 현대적인 모습으로 다시 만들고자 한 것이 바로 이 작품이다. 전작에서 일본이라는 나라와 민족의 기원을 설명하기 위해 역사적으로 받아들여져온 일본 최고의 신화 『고사기』를 다루고 재해석하여 그 뿌리와 정체성을 재구축했던 것의 연장선상에 이번 작품도 있다. 겉모습이나 스토리 전개는 완전히 다른 듯 보이지만, 신카이 마코토의 필모그래피 안에서 보자면 의심할 여지 없이 일관된 주제가 관통한다는 말이다.[5]

풍경과 국가 정체성

정체성과 민족주의의 재구축이라는 방향성은 신카이 마코토가 작품에서 풍경을 미화하는 수법에 잠재적으로 내포되어 있었다. 현재 실정을 가공하고 컴퓨터를 통해 미화시킨 이미지를 제시하는 것은 가라타니 고진이 『일본 근대문학의 기원』에서 말했듯 그 이미지를 통해 사람들이 현실 풍경을 보는 방법(실태)에도 영향을 미친다.

그리고 풍경은 국가 정체성을 형성한다. 오쿠보 다카키의 『일본 문화론의 계보』에 따르면, 1894년에 간행된 메이지 시대 대표적 저작인 시가 시게타카의 『일본 풍경론』이 일본의 국가 이미지에 큰 영향을 미쳤다고 한다. 이 책은 교토풍의 우아하고 차분한 자연이 아니라 사납고 숭고한 자연을 묘사했고, 베스트셀러가 되었다.

늠름하고 국위 선양적인 국토 이미지가 세상에 받아들여지게 된 것은 그 시점이 부국강병의 시기였기 때문이다. 저자 시가 시게타카 본인이 국가주의자였고, 이 책이 "일본인의 국가 정체성 확립을 위한 강한 의지를 바탕으로 구상 및 집필되었다"[6]는 배경이 있었다. 근대화 이후 국제 사회의 격렬한 생존 경쟁에서 이길 수 있는 국가 정체성을 만들기 위해 시가는 홋카이도 탐험 등에서 본 자연의 이미지를 참고해 "다이내믹하고 남성적인 자연 이미지"로 일본의 풍경을 다시 그렸고, 그에 따라 일본인의 자기 이미지도 바꾸고자 했다.

아이러니한 부분도 있다. 이 『일본 풍경론』은 국가주의자가 쓴 책이지만, 그 내용은 전통적인 일본 문화의 연장선상에 있는 것이 아니었다. 시가 시게타카는 홋카이도의 삿포로 농학교에서 서양식 교육을 받았고, 『일본 풍경론』에 쓴 자연관의 기초는 일본의 전통적 자연관이 아니라 19세기 서양의 낭만파에서 유래했다. 국가주의자가 일본의 국가 이미지를 만들기 위해 서양의 교양과 표현 방식을 사용했다는 말이다. 문장도 "근대 서구적 자연관을 전통 일본적 외장으로 둘러싼 문장"이었고, "정체불명", "사이보그적"이었다. 이것은 일본론에서 종종 나타나는 모순이다(모토오리 노리나가는 중국의 영향을 배제하고자 했으나, 그가 선택한 수법 자체가 성리학을 통해 확립된 것이었다).

당시의 국가주의자·국수주의자 중에는 서양을 접한 뒤 그 국가주의 사상과 국제 정치 상황에 위협을 느낀 이가 많았다. 국가주의 사상을 일본에도 심지 않으면 국제 정치의 세계에서 살아남을 수 없다는 절박감이 이와 같은 사이보그적 문장을 낳았고 '일본'이란 이미지를 복잡하게 비틀게 된다.

어느 시점에 (해외의 영향 등을 받아서 새롭게) 구축된 국가 이미지는 후대에 돌아가고 싶은 진정한 전통적 시대로 여겨지게 된다. 전문가나 연구자를 제외한 대다수 사람은 그런 전통과 국가 정체성이 만들어진 것이라고 의심하지 않는다. 예를 들어, 일본 애니메이션은 미국화가 진행된 전후 일본에서 미국식 대중문화의 영향을 받아 디즈니 등을 모방하면서 발전한 문화다. 그러나 내가 학생들과 수없이 접해온 경험으로 말하자면, 그것을 일본 문화라고 믿어 의심치 않는 이가 대다수다. 그렇다고 한다면 그 애니메이션 안에 그려진 일본의 이미지를 바탕으로 본인들의 정체성이나 자기 이미지를 바꾸고 구축해가는 일도 간단히 일어날 것이다.

언어와 언어가 되지 못한 것

〈언어의 정원〉 스토리는 다음과 같다. 구두 장인이 되고자 하는 15세 소년 아키즈키 타카오와 27세 고등학교 교사 유키노 유카리가 신주쿠교엔의 정자에서 만나 교류하는 와중에 마음이 통해 서로 사랑에 빠지고, 유키노는 학교에서 학생에게 괴롭힘을 당하면서 받은 마음의 상처를 치유하게 되지만 결국 두 사람은 헤어지게 된다는 내용이다. 스토리 자체는 지극히 단순하다.

두 사람이 만났을 때, 고전 과목 교사인 유키노는 "천둥소리 희미하게 울리고 구름이 끼어 하늘이 흐리니 비라도 오지 않을까, 그대를 붙들어두게"라는 『만엽집』의 단가를 읊고는 떠난다. 이 단가의 의미를 한마디로 말하자면 "비라도 내려준다면, 네가 여기에 머물러줄 테니 좋을 텐데……"다. 하지만 고전에 대한 교양이 부족한 타카오는 그 뜻을 알지 못하고, 두 사람은 엇갈린다. 이처럼 커뮤니케이션이 어긋나는 모습이 작품 서두에서 그려진다.

타카오는 비가 내리는 날에는 학교를 빠지고 정자에 가서 유키노와 시간을 보내는데, 장마가 끝나자 그곳에 갈 구실이 없어진다. 하지만 유키노는 맑은 날에도 정자에서 그를 기다린다. 단가의 의도를 알아차린 타카오가 그 답가인 "천둥소리 희미하게 울리고 비 내리지 않더라도 나는 묵겠지, 당신이 바란다면"의 의미(꼭 비가 오거나 천둥이 치지 않더라도 당신이 가지 말라고 말한다면 여기 머무르겠다)를 깨닫고 정자에 갔더니, 그곳에 유키노가 있었다. 이 작품은 시간차에 의해 커뮤니케이션이 겨우 성립한다고 하는 이야기다.

유키노는 감정이나 마음을 간접적으로 표현하는 인물이다. 그런 그들의 커뮤니케이션에 관한 이야기라고 해도 좋다. 이 작품의 연출은 말하지 않는 감정 등을 비나 빛처럼 '하얗고 움직이는 것'으로 표현한 〈초속 5센티미터〉에서 보인 연출의 연장선상에 있다.

영화는 수면에 비가 떨어지고 파문이 번지는 장면으로 시작된다. 비와 수면이라는 모티프가 이 작품에서 자주 사용된다. 동경하는 저편의 하늘에서도 구름이 아니라 거기에서 '떨어지는 것'의 비중이 커지면서 반복적으로 '하강'을 의식하게 된다. 타카오는 독백 장면에서 "하늘 냄새를 가지고 온다"는 이유로 비를 좋아한다고 말한다. 먼 곳에 대한 동경도 아니고 무한한 저편도 아닌, 그 냄새를 지닌 '비'가 바로 중심이 된다. 이 작품에서는 부정적이고 언뜻 어둡게 느껴지는 '비'야말로 두 사람을 만나게 하고, 마음이 통하는 계기가 된다는 전환이 나온다. 어딘가 멀리 무한한 저편을 동경하는 대신 이런 식으로 비와 빛을 묘사했다는 것은 사실은 비와 식물에 반사되는 태양빛의 형태로 '무한한 저편'의 초월성이 주변에 가득하다(냄새를 가져온다) 는 쪽으로 감각이 변화한 증거가 아닐까. 머나먼 세계의 바깥을 목표로 삼지 않더라도 그 초월성의 편린은 사실 바로 근처의 일상에 내리 쬐고 있다고 주장하는 듯 이 작품의 비와 빛과 환경에 대한 묘사는 철저하다.

『만엽집』 연구자인 하기노 료코는 이 작품을 이렇게 평했다. "비는 '하늘'의 강한 주술적 힘을 띠고 내리기 때문에 비에 젖는 것은 금기 시되었다. (……) 비가 들이치는 정자"는 "금기"이자 "은거"의 "성스러운 공간", "이계異界"가 되고, "생명의 재생(풍경의 일변)"[7]이 일어난다고 했다.

여기에서도 전작과 마찬가지로 『고사기』의 모티프가 이어진다. 비에는 하늘과 이어지는 주술적 힘이 담겨 있다. 그리고 하늘의 동굴◆ 안에서 아마테라스 오미카미가 은둔하는 것과 정자에 유키노가 계속 머무는 것은 서로 관계가 있다. 정자와 하늘의 동굴 속이란 마음을 닫고 틀어박히는 것, 은둔하는 세계(세카이)의 메타포일 것이다. 이 작품에서 그곳은 일시적으로 휴식하고 재생하기 위한 장소다. 그곳은 개방되어 있어 타자도 들어올 수 있고 비바람 등 자연이 계속해서

◆ 하늘의 동굴(아마노이와토天の岩戸)은 일본 신화에서 태양신 아마테라스 오미카미가 들어갔다고 하는 바위 동굴이다.

오간다.

타카오가 되고 싶어 하는 '구두 장인'이란, 사람이나 정보, 커뮤니케이션 조작에 의한 괴롭힘으로 마음에 상처를 입고 '걸을 수 없게 된' 유키노가 재활하여 살아갈 수 있도록 마음의 버팀목을 만드는 일에 대한 비유일 것이다. 그리고 구두는 지면과 접촉하는 인터페이스interface◆다. 이 세계, 대지 그 자체와 화해하기 위한 인터페이스를 만들고자 하는 존재가 타카오이고, 그건 이 작품이 말하고자 하는 바와 겹치는 비유다.

이전 작품들의 모티프가 반복되는 모습도 여러 곳에서 목격된다. '탑'이라는 모티프는 도코모타워(NTT도코모 요요기 빌딩)로 반복적으로 나타나고, 타카오도 "맑은 날에는 내가 무척 어린아이의 세계에 있는 듯한 느낌이 들어서 초조"하다고 말한다. 비는 오히려 먼 곳에 대한 동경과 초조한 감정을 지워주고, 멀게만 느껴지던 유키노에게 다가갈 수 있도록 해준다. 유키노는 "세계의 비밀 그 자체처럼 보인다"고 표현된다. 유키노는 "쭉 같은 장소에 있"다고 말한다. 마치 탑에 갇혀 있던 〈구름의 저편, 약속의 장소〉의 사유리처럼.

이전 작품들과 다른 점은 무지개라는 표현이 빈번하게 등장한다는 것이다. 구두를 만들기 위해 타카오가 유키노에게 발 치수를 재게 해달라고 부탁하자, 유키노는 발을 내민다. 그 발을 만지는 에로틱한

◆ 컴퓨터(IT) 관련 용어로서, 서로 다른 두 시스템이나 장치, 혹은 사람과 기계 사이의 상호 소통을 위해 존재하는 장치나 부분이다.

장면 앞뒤로 무지개가 떠오른다. 무지개는 비와 빛이 만들어내는 것이고, 상징적으로 다리, 즉 연결하는 것을 의미한다. 이 장면에서 유키노의 발 주변에도 무지개가 나타난다. 그 이후부터 무지개 같은 효과가 자주 등장한다.

갑작스러운 폭풍우 때문에 두 사람이 흠뻑 젖어 유키노의 아파트로 갔을 때, 타카오는 사랑을 고백한다. 그에 대해 유키노는 마음을 억누르고 '교사'로서 행동하여 타카오에게 상처를 준다. 신카이는 직업 윤리 때문에 유키노가 그렇게 행동했다고 말한다. 하지만 타카오는 그와 같은 직업적인 입장을 알지 못하기 때문에 상처 입고 그 집에서 나가버린다.

주저하던 유키노는 비로소 뛰어간다. 계단을 달려 내려가 타카오를 만나지만, 그는 원망하는 말을 내뱉는다. 감정을 표출할 수 있는 타카오와 달리 유키노는 본심을 말할 수 없고, 말하지 못하는 그녀의 괴로움을 타카오는 이해할 수 없다(한편 타카오도 유키노 대신 보복하기 위해 유키노를 괴롭히던 주범을 찾아갔다가 얻어맞은 사실을 말하지 않았다). 유키노는 울면서 타카오에게 달려가 안기고, 감정을 표출한다. '뛰어간다', '생각하기도 전에 몸이 먼저 움직인다'라고 하는 전작의 모티프가 여기에서 또 반복되는 것이다. 드라마로서는 이 부분에서 하나의 카타르시스에 도달한 셈이다.

이 일련의 장면에서 폭풍우가 심해지고 비와 바람이 더더욱 격렬해진다. 그 전까지 신카이가 그려온 대자연과 비교할 때, 정원이란 도시 안에 포섭되어 길든 자연에 불과하다고도 할 수 있다. 하지만 그런 장소조차 거칠고 날뛰는 자연의 '신'과 같은 힘을 지니고 있다고 말하려는 듯하다. 민속학자 다니가와 겐이치는 바람은 사령, 원령과 밀접한 관계가 있지만 "원래는 조령祖靈(신의 시현示現)으로 간주되지 않았을까"[8]라고 말했다.

알아주는 사람이 있기만을 덧없이 기대하면서 드러내보일 수 없었던, 표출되지 못한 유키노의 내면 상황과 대응하는 것이 바로 폭풍우다. 이처럼 마음과 주변 환경을 대응시키는 묘사 방식은 주변 색깔에 맞춰 캐릭터의 채색에 변화를 주었던 〈구름의 저편, 약속의 장소〉에서의 연출 방식을 더욱 강하게 반복한 것이다. 인물은 벚꽃 가까이 있을 때는 분홍색, 식물 가까이에 있을 때는 녹색이 된다.

두 사람이 갇혀 있던 정자는 〈초속 5센티미터〉에 등장한 창고나 '따스함'을 찾아낸 전철과 비슷한 모티프다. 미래의 가능성을 막아버리는 비극적인 어두운 사건, 즉 '비'에 의해서만 만날 수 있었던 것이 있다. 그렇기에 그 만남을 통하여 다시 한번 현실과 대지 사이의 관계를 재구축하고 화해하며 앞으로 걸어가보자고 말하는 작품이라고 〈언어의 정원〉을 이해할 수 있다. 그렇다고 한다면 이것 역시 '세계(세카이)'라는 문제에 관한 비유라고 할 수 있을 것이다. 그런데 이 작품의 경우에는 그 '세계(세카이)'조차 처음부터 열려 있고, 주위 환경과 복잡하고 많은 물량의 왕래를 만들어내고 있다는 차이점이 있다.

자신의 고향과 같은 자연도 없고, 미야자키 하야오풍의 자연도 없다. 하지만 도쿄라는 도시 안에 '카미'와도 같은 순간을 느끼게 해주는 바람과 물과 빛이 있고, 자연과 마음이 통하는 장소가 있다. 인공적인 조형물이긴 해도 그곳에 가능성이 있다. 그와 같은 형태로 신카이는 도시를, 그리고 현재를 긍정하고자 하는 것 아닐까. 그리고 도시 속 공원, 그 안에 있는 정자처럼 인공적인 '유사 자연'인 자기 작품의 존재 의의를 생각할지도 모른다.

성性과 신체를 긍정: 타카오와 유키노 사이에 무슨 일이 벌어졌나

이 작품의 '언외言外' 표현을 조금 더 생각해보겠다. 우리는 말하고 싶은 것을 전부 다 표출하면서 살아갈 수는 없고, 가슴속에 품고만 있을 때도 많다. 현실에서도 그렇고, 대중문화인 영화에서도 비유나 은유를 구사하여 수많은 것을 전달하는 문법을 개발하고 연마할 수밖에 없었다. 그것을 근거 삼아 이 작품이 말하고 있지 않은 '언외', 혹은 '냄새를 풍기는 것'에 관해서도 생각해보고 싶다.

'언외'로 표현된 부분은 영화가 끝나기 직전 두 사람이 서로 사랑을 고백하고 껴안은 다음에 무슨 일이 일어났는지다. 구체적으로 말하자면, 성행위가 이루어졌을지에 관해 생각해보고자 한다.

유키노는 시코쿠에 있는 본가로 돌아가고, 타카오는 구두를 완성해 언젠가 그녀를 만나러 갈 생각이다. 이 부분은 에필로그에서 그려졌다. 소설판에서는 여러 내용이 그려져 있지만 여기서는 다루지 않겠다. 오직 영화에서 행간으로 남은 부분을 독해하고자 한다.

두 사람은 서로 껴안은 다음, 어떻게 했을까? 자연스러운 흐름으로 생각해보자면, 잠자리를 가지지 않았을까.

그 전에 타카오가 고백했을 때는 유키노가 교사로서 선을 그었고, 타카오는 거절당했음을 깨닫고 도망쳤다. 신카이는 "그녀가 교사가 아니었다면 또 다른 전개가 가능했을지도 모릅니다. 교사인 이상, 직업 윤리가 있으니까요", 두 사람을 갈라놓은 것은 "나이 차이뿐만 아니라, 학생과 교사니까요"[9]라고 말했다.

이것을 근거로 직업 윤리가 있으니 잠자리를 하지 않았으리라고 생각할 수도 있다. 하지만 신카이의 이 발언은 맨 처음에 교사로서 선을 긋고 마음을 억눌렀던 시점에 관한 답변이고, 마음을 전한 다음 엔딩 크레디트 장면에서 공백으로 처리된 시점 동안 어떤 일이 벌어졌을지에 대한 근거로 삼기는 어렵다.

섹스 여부에 이렇게까지 신경 쓰는 이유는 발을 만지는 장면이 나오기 때문이다. 이런 묘사는 그 전까지의 신카이 작품에서는 보지 못했고, 신카이 마코토 본인이 "섹스 장면"을 의식했다고 말했다. "스태프들에게는 '이 영화에서의 섹스 장면과도 같은 것'이라고 말했습니다."[10] 즉 은유적인 섹스는 그려져 있다고 해도 좋다.

그것은 전작의 '신체'라는 주제와 연결되는 듯 보인다. 〈별을 쫓는 아이〉는 죽음과 탄생을 비유한 작품이라고도 할 수 있는데, 다음 세대가 태어나기 위해서는 섹스가 필요하다. 〈별을 쫓는 아이〉가 참고한 『고사기』에서도 수많은 신과 나라가 태어난 것은 이자나미와 이자나기가 섹스를 했기 때문이었다.

유키노가 구두를 벗는 장면에서 날아오르는 새는 할미새다. 긴 꼬리를 위아래로 흔들면서 움직이는 할미새가 이자나기와 이자나미에게 섹스 방법을 가르쳐주었다는 내용이 『일본서기』에 나온다. 실제로 신주쿠교엔에서 할미새를 볼 수 있긴 하지만, 굳이 이 새를 그린 데에는 의도가 있다고 생각해야 자연스럽다.

이자나기, 이자나미의 교합은 『고사기』에서 다음과 같이 그려져 있다. 이자나기가 "네 몸은 어떤 모습인가"라고 아내 이자나미에게 묻자, "내 몸은 다 성장한 뒤에도 여전히 맞지 않는 부분이 한 군데 있습니다"라고 답한다. 이자나기가 "내 몸에는 다 성장한 뒤에도 남은 부분이 한 군데 있다. 그러니 내 몸의 남은 부분을, 네 몸의 빈 부분에 꽂아 넣어 나라를 낳고자 한다. 어떻겠느냐"라고 하자 이자나미는 "그게 좋겠지요"[11]라고 답한다. 이리하여 신과 나라가 잔뜩 탄생했다는 신화가 『고사기』다.

신이 차례차례 태어나고, 나라(국토)가 점점 늘어난다는 창세 신화의 특징은 '생성'이다. 자연환경 속에서 동식물과 곤충 등이 멋대로 태어나는 기세를 보고 착상을 얻은 신화인 셈이다. 반면 기독교와 같은 일신교에서는 '창조'라 하여 유일신이 이 우주와 생명, 인류를 디자인해서 만들었다고 여긴다.

『고사기』 신화에선 섹스가 신과 나라를 만들어내는 힘이다. 애니미즘적 단계인 '신토神道'에서는 성적인 욕망, 출산, 벼가 열매를 맺는 힘, 산에서 만들어지는 동식물, 태풍, 지진 등 자연·생명의 힘 전반을 '카미'라고 여겼다.

그러니 〈언어의 정원〉에서 섹스를 연상케 하는 장면이 갖는 의미를 경시할 수 없는 것이다. 관념이나 사고가 아닌 신체의 움직임을 더 중시하는 전작과 이번 작품의 의미도 바로 그것과 연관된다. 작품에서 인용한 『만엽집』의 구절도 남녀가 교합하는 내용이고, 어쩌면 성행위를 한 뒤 돌아가는 내용을 읊은 것 아니냐는 추측도 가능하다. 굳이 그 구절을 고등학교 남학생에게 전하는 유키노가 감춘 위험하고도 에로틱한 의도와 욕망도 꽤 스릴이 있다.

하기노 료코는 이 노래에 관해 "여자 쪽도 깊이 생각하고 품은 연정이라기보다는, 에둘러서 떼를 쓰며 남자 표정을 엿보는 정도의 가벼운 장난기(바로 거기에 요염함이 감돈다)로 파악할 필요가 있다"[12]라고 말한다. 여기에서 말하는 '요염함'이 딱 맞는 표현이다. 하지만 장난기라기보다는 '언외'로 성을 암시하는 듯하고, 사회적 위치 때문에 말할 수 없는 이야기이기에 전달되지 않을 거라며 체념하면서도 전달되지 않아서 오히려 안심한다고 할까. 은밀하게 드러내는 긴장감을 맛보기 위한 표현이 아닐까. 솔직하게 감정과 욕망을 드러낼 수 없는 주체가 본심을 직접 말했다가 부정당할지도 모른다는 생각에 두려워하면서도 그것을 남몰래 드러냈다. 타카오는 그 미묘한 내용을 읽어내는 데에 성공했다. 이 작품은 그런 시간과 입장의 차이를 넘어선 커뮤니케이션의 '성공' 이야기가 아닐까.

커뮤니케이션의 성공 요인은 주인공인 타카오의 성격에 있다. 신카이가 말하듯이 그는 이전 작품의 주인공들과는 달리 타인을 알고자 하는 마음이 있다. 그렇기에 일부러 고전이나 단가를 열심히 공부했고, 의사 전달에 성공한 것이다. 그런 동기 부여에는 사랑하는 마음도, 성적인 욕망도 모두 관련되어 있다. 그 욕망 역시 사람과 사람을 연결하는 힘이라는 사실을 이 작품은 넌지시 긍정하고 있다.

언어 없이도 통하던 때로 돌아가고 싶은 마음

언어가 필요한 이유는 자기와 타인이 서로 다른 존재이기 때문이다. 언어는 사랑의 도구도 싸움의 무기도 될 수 있다. 그것은 의식을 가지게 된 인간이 개별적인 고독을 자각하게 된 것과 연관된다.

우리는 언어라는 지극히 해상도가 거칠고 그저 개념일 뿐인 것을 구사하여 마음, 풍경, 세계와도 같은 무한하게 복잡하고 섬세한 그러데이션이 존재하는 것들을 전달할 수밖에 없다. 그렇기에 말은 항상 부족하고 모자랄 수밖에 없고, 최대한 표현하기 위해서 갖가지 문학적인 기법을 모색하고 개발해왔다. 현대에 이르러서는 그저 언어만이 아니라 이모티콘이나 영상, 음성을 사용해 부족한 부분을 보완하게 되었으나, 그럼에도 본질적인 언어의 불완전한 느낌으로 인해 우리는 언어 없이 서로 연결되던 시대를 꿈꾸게 된다. 언어를 통한 커뮤니케이션이 너무나도 힘들고 의사를 전달하기 어렵기에 피폐해지고, 결국 언어 없이 뜻을 전할 수 있는 세계를 바라게 된다.

언어 없이 자기와 타자가 연결될 수 있는 이상향. 그 모델은 어머니의 태내이고, 언어 없이 어머니와 자식이 통하던(그렇게 생각되던) 아기 시절이다. 실제로는 아기가 어머니의 마음이나 생각을 세세하게 알지 못하지만, 우리는 원초적 이상 세계로서 마음속 어딘가에 그 기억을 품을 수밖에 없는 것 아닐까. 그리고 그 이상향에 가까운 경험을 섹스에서 바라게 된다.

성행위 중에는 언어가 사라진다. 서로 신체를 통해 직접적으로 연결되고, 냄새와 맛, 움직임, 소리 등으로 의사소통이 이루어진다. 서로 합의한 행위일 경우에는 한쪽의 사랑과 욕망이 다른 한쪽의 사랑과 욕망과 호응하게 되고, 자기와 타자의 구별조차 모호해지는 상태가 되기도 한다. 옛날부터 성행위의 결과로서 엑스터시, 즉 '탈脫자기' 상태에 빠진다고 일컬어져왔다(바타유, 『에로티즘』). 또한 통속적인 시적 표현으로서 '하나가 된다'는 말을 하곤 한다. 그때 자기와 타자만이 아니라 우주나 세계와의 일체감을 느끼기도 한다. 아니, 일체감이 아니라 자신을 타자, 세계와 구별 짓기 위해 필요한 개념과 언어를 상실하는 경지에 다다르는 것이다. 오바 미나코가 『적혜요혜』에서 그렸듯이 뭉크러져버린 살덩이가 자타의 구별도 꿈과 현실의 경계도 사라지고 도덕도 뭣도 없는 세계에 도달해버린 것처럼.

가장 좋은 경우에 그것은 자기의 존재, 타자의 존재, 세계의 존재 그 모든 것을 그저 긍정할 뿐인 경지로 우리가 도달할 수 있도록 해준다. 작중에서 두 사람이 한 말을 빌리자면 "지금이 제일 행복할지도 몰라"와 같은 상태다.

하지만 그와 같은 이상적 상태는 일시적인 것에 지나지 않는다. 세계의 운명이 거기에 있다고 믿어버린 연인들도 결국은 마음이 식고 싸움이 시작된다. 부부의 허니문 기간도 놀랄 만큼 짧다. 자신의 머릿속에서 미화되었던 상대방의 현실을 알게 되고, 환멸이 반복된다. 결혼하고 출산하면 아이를 더 우선시하게 될 수도 있다. 언어 없이도 서로 이해할 수 있었던 이상향적 세계는 지속되지 않는다. 우리는 개인이고 서로 다른 인간이며 욕망과 욕구도 다르기 때문이다. 하지만 일시적인 환상이라는 걸 알면서도 인간은 계속해서 그곳으로 회귀하기를 원한다.

개인적으로는 '가라고코로漢心' 이전, 부드럽고 섬세한 '야마토고코로大和心'로 소통하던 과거를 되찾고자 한 『고사기전』의 모토오리 노리나가에게도, 과학이나 문명을 벗겨낸 원초적 시대로 돌아가고자 한 1960년대 히피들에게도 그와 같은 태내 회귀적이고 에로틱한 욕망이 잠재해 있었음을 느낀다. 근대화·서양화를 통해 신경이 쇠약해진 나쓰메 소세키, 2차 세계 대전 후 민주주의화와 미국화에 괴로워한 에토 준에게서도 그것을 느낀다(참고로 작품 안에서 유키노는 나쓰메 소세키의 『행인』을 읽는다).

착하고 단아한 어머니와 같은 자연과 문화에 둘러싸인 세계에서 살 수 있다면 얼마나 좋을까. 혹시 그 세계가 과거에는 있었으나 잃어버린 것 아닐까. 그런 생각을 하는 이유는 아마도 개인으로서 유년기의 자신에게 그런 세계가 있었기 때문이리라. 이 작품은 그와 같은 태내 회귀를 바라는 마음(옛날에 대한 동경)을 충족하고, 앞으로 나아갈 수 있는 문화 장치를 만들어내고자 한 것이 아닐까.[13]

이 작품이 말하고자 하는 내용은 전작과 같다. 더 이상 과거에 얽매이지 말고 앞으로 나아가자. 지금 살아 있다는 사실이 소중하다.

현실을 긍정하자. 틀어박히지 말자. 잃어버린 것은 형태를 바꾸어 이렇게 예술 작품으로 남길 수 있다. 여기에서 잠시 휴식을 취하고 다시 현실을 살아가자.

언어로 소통할 수 없는 존재가, 그럼에도 소통할 수 있는 가능성이 신체에는 존재한다. 신체야말로 '인간이 각자 똑같은 세계에서 살아가는 듯하면서도 전혀 다른 우주를 살아간다'는 사실(각자가 느끼고 인식하는 세계가 서로 다르다는 의미)을 넘어설 수 있는 실마리가 될 수 있다. 즉 '세카이'를 넘어설 가능성이 있을지도 모른다. 그것은 고립되어 자기만의 세계에 틀어박힌 사람들의 세계를 연결하는 통로일지도 모른다.

6

⟨너의 이름은.⟩
'미美'라는 이름의 파르마콘

타키와 미츠하는 언제 사랑에 빠졌는가:
신체를 통해 선행되는 커뮤니케이션

이 작품을 본 한 친구가 "대체 어느 지점에서 두 사람이 사랑에 빠졌는지 모르겠다"라고 페이스북에 올렸는데, 댓글난에 "너는 사랑을 한 적이 없어서 그렇다"는 등 비난이 쏟아져서 안타까웠던 적이 있다.

그는 시나리오상의 문제를 지적한 것이었으며 충분히 이해가 간다. 실제로 시나리오상에서 두 사람이 사랑에 빠진 순간이 명료하게 드러나는 지점은 없다. 애당초 이 두 사람은 스마트폰과 노트 등을 통해서 간접적으로 소통했을 뿐, 직접 만나 이야기를 나눈 적도 없다. 어느 시점에 사랑에 빠진 것인지 알 수가 없다.

그럼에도 많은 이들은 이 내용을 이상하게 여기지 않는다. 사랑에 빠지는 것이 당연하다고 느낀다는 말이다. 두 사람의 사랑은 신체를 공유함으로써 시작되었기 때문이다. 두 사람은 스마트폰이나 문자로 하는 커뮤니케이션 이상으로 언어 없이 신체로 하는 농후한 커뮤니케이션을 이어왔다. 『도리카에바야모노가타리とりかへばや物語』에서 착상을 얻은 이 작품은 소년과 소녀의 영혼이 서로의 신체로 뒤바뀌어 들어가는 것을 반복하는 내용이다. 영혼이 상대방의 몸으로 들어갔으니 당연히 서로의 신체를 알고 있다는 말이다. 따라서 직접 만나거나 이야기한 적이 없더라도 두 사람이 서로를 생각하고 이끌리는 것이 당연하다고 관객은 느낀다. 하지만 잘 생각해보면, 이것은 인격이나 정신을 중시하는 '로맨틱 러브 이데올로기'에 반하는 전개다.

코믹하게 그려져 있지만 미츠하의 몸속으로 들어간 타키가 가슴을 주무르는 장면이 강조되는 것 역시 그런 의도를 드러낸다. 그 뒤에 반라의 모습을 거울로 보는 장면도 나오며, 타키가 된 미츠하가 사타구니로 손을 뻗거나 화장실에 가는 장면도 나온다. 그런 식으로 신체와 성을 의식하도록 강조하는(이성의 신체를 마음대로 더듬고 있을 것이라고 상상하게 만드는) 연출을 서두에서 반복한다. 언어와 신체의 이중성도 신체에 '바보', '멍청이'라고 매직펜으로 쓰는 장면을 통해 더더욱 의식하게 만든다. 스마트폰뿐 아니라 신체 역시 메시지를 담는 매체라는 뜻이다.

직접적으로 그려져 있진 않지만, 17세 남녀의 영혼이 자신과 다른 성별의 신체로 들어간다면 매일매일 생활하면서 신체를 이리저리 보거나 만지고 싶은 욕망을 억누르기 어려우리라는 점은 충분히 상상할 수 있다. 미츠하는 그 전까지 만져본 적 없을 남성의 성기로 소변을 보고, 타키는 욕실에 들어갈 때 17세 여자아이의 알몸을 거울로 보며, 씻을 때는 거품을 낸 스펀지로 전신을 만지게 된다. 미츠하가 둘 사이의 규칙으로 그러한 행위를 하지 못하도록 요구하자, 타키가 "가슴은 한 번밖에 주무르지 않았어"라고 거짓말을 했다가 들통나는 장면이 나오는 등 그 규칙이 이미 깨졌을 가능성을 일부러 제시한다. 이를 통해 오히려 하고 있는 일에 대한 상상을 부풀리는 효과를 연출하는 셈이다.

이성의 신체에 들어가 있는 동안, 그 신체가 욕망을 못 견디는 일도 있으리라. 17세 정도의 남녀로서 이성에게 관심이 있는 사람이라면 서로의 신체에 대한 욕정을 참기도 어려울 것이다. 타키가 미츠하의 가슴뿐만 아니라 여성의 성기에 관심을 갖고 거울 앞에서 다리를 벌려 살펴보면서 손가락을 넣어 만지는 와중에 자위행위를 한 일이 없었을까. 그와 같은 장면을 그린 여러 이차 창작이 존재한다는 점에서 적지 않은 수의 관객이 그런 상상을 했음을 알 수 있다.[1]

'영혼이 상대의 신체로 뒤바뀌어 들어간다'는 것은 반대로 이야기하자면 의지가 없는 신체를 상대방에게 자유롭게 내맡긴다는 뜻이기도 하다. 즉, 의식이 없는 자신의 신체를 마음대로 하게 내버려둔다는 말이다. 서로 신뢰하면서 신체를 맡기는 과정에서 소위 로맨틱한 사랑과는 또 다른 감정이 상호 간에 싹텄다고 해석해야 자연스러울지도 모른다. 하지만 반대로 그들에게는 현실에서 만나 대화하는 경험, 그리고 직접 신체를 맞부딪히는 행위가 부족하다. 이전까지의 작품은 언어가 있고, 미디어가 있고, 그다음에 직접 만난다는 흐름이었다. 그런데 이 작품에선 그 순서가 역전되어 커뮤니케이션이나 정신적인 교류보다 신체가 선행되었다. 다른 방식의 커뮤니케이션이 부족하여 목마름을 느끼도록 설정되어 있는 것이다.

인터넷과 네트워크의 시대에 '무스히産靈'를 재해석하다

즉, 이 작품도 언어나 의식이 아닌 신체를 통한 커뮤니케이션의 가능성을 그렸다고 볼 수 있다. 여기에서 '성', '욕망'을 그린 방식은 이 작품의 키워드인 '무스비ムスビ'와 관계가 있다.

'무스비'란 신토神道에서 쓰이는 '무스히ムスヒ[産靈]'◆라는 단어를 약간 바꾼 것으로, 미츠하의 할머니가 말한 단어다. 산에 오르며 여러 가지 자연에 둘러싸인 신위◆◆를 찾아가는 길에 할머니는 이렇게 말한다. "한데 모여들어 형태를 갖추고, 뒤틀리며 얽히고, 때로는 되돌아가고, 끊기고, 또 이어지는 것. 그것이 무스비. 그것이 시간", "수호신을 무스비라고 부르는 거란다. 사람들을 이어주는 것도, 실을 이어주는 것도, 시간이 흐르는 것도 전부 다 무스비이고 신의 힘이지. 끈

◆　일본 신토에서 천지 만물을 낳고 성장시키는 신비한 힘, 신의 힘을 뜻하는 말이다.
◆◆　신이 깃들었다고 여겨 신전에 모셔놓은 물건.

을 꼬는 것도 신이 하는 일이고 시간의 흐름 그 자체를 나타내는 게 야." 신사에서 만드는 직물, 빨간 실 등이 상징하는 '무스비'란, 여기에선 무언가를 이어주는 힘인 것이다. 타키가 구치카미자케(입으로 씹어 만든 술)를 마시는 장면에서 정자가 난자에 수정되어 세포 분열을 하는 영상이 나오는데, 이처럼 '무스비'는 생식, 즉 섹스와 관련이 있다.

신토에서 말하는 '영靈'이란 유령 같은 것이 아니라, 설명하기 애매하지만 그냥 '뭔가 엄청난 파워'를 말한다. 『고사기』에 따르면 수많은 신과 국토는 섹스를 통해 태어났다. 섹스를 통한 생식, 생물을 낳는 힘, 작물과 동식물과 곤충 등을 차례차례 만들어내는 자연의 힘에서 찾아볼 수 있는 '여러 가지를 낳는 엄청난 파워'에서 '신'과 같은 존재를 느꼈던 것이다. 생명, 자연, 세계 등과 같은 '생성'을 구동시키는 힘과 같은 것이 우주에서도 가장 중요하다는 세계관을 여기에서 볼 수 있다. 이 세계관에선 성욕도 산령産靈의 파워이기 때문에 긍정될 수 있다.

"무스히의 신은 『고사기』의 세계에서 핵심을 이룬다"[2]고 고노시 다카미쓰는 말한다. "무스히의, 말하자면 생성의 에너지가 모든 것을 이끈다"는 것이 『고사기』에서 볼 수 있는 "세계 이야기의 모습"[3]이라고 한다. '무스ムス'는 '낳는다', '히ヒ'는 '영靈'이라는 의미다.

'무스히'(〈너의 이름은.〉에서는 이것을 조금 바꿔 '무스비'라 말한다)는 신토 등에서 말하는 본래 의미로는 '차례차례 생성되는 생명이나 기세'를 가리킨다. 그것을 신카이 마코토는 〈너의 이름은.〉에서 무언가와 무언가를 잇는 것으로 확장하여 사용했다.

'잇는다'는 의도에 대해 기획서에는 이렇게 나와 있다. 카메라는 소년과 소녀의 성장을 비추지만 "동시에 그들 주변의 어른들이나 그들을 낳은 풍토와 역사에도 눈을 돌린다. 이 작품은 '너와 나(기미토 보쿠; きみとぼく)'의 성장 스토리를, 그리고 그에 대한 '닫힌' 매력은 그대로 두면서도 어떻게 하여 '커다란 세계'나 역사로 이어갈지를 시험해본 것이다."[4]

지금까지는 '세카이계' 작품을 '너와 나'라는 자의식이 세계의 운명과 직결되고, 자신만의 세계에 틀어박혀 사회가 그려지지 않은 작품이라고 논했다. 신카이 마코토는 이 작품에서 자각적으로 '세카이계'적 구도를 사용하면서도 그것을 '커다란 세계', 즉 자연과 사회와 역사 등으로 연결하는 회로로 만들려는 듯하다. 즉 '세카이'와 '세계'를 잇고자 한다는 말이다. 그 '회로'로서 신토의 '산령'을 참조하고, '무스비'로 제시했다는 뜻이기도 하다.

'만나고 싶다'고 생각하는 힘도, 캐릭터를 응원하는 마음도, 결국은 그 모든 것이 다 '무스비'인 셈이다. 동시에 시간을 넘어 이어진다는 것, 지방과 중앙을 잇는다는 것, 고립되고 현실과 동떨어져 자기 세계에 틀어박힌 사람들을 바깥세상과 이어주는 것, 공공적이고 사회적이고 역사적인 문제에 대한 관심을 연결하는 것, 그리고 인터넷과 소셜 미디어에서의 일반적인 연결까지도 전부 다 '무스비'라 할 수 있지 않겠는가. 남자와 여자를 만나게 하여 새로운 생명을 낳도록 촉진하는 힘이 아마도 '무스비'이겠으나, 이 작품에서는 남자와 여자

이외의 수많은 존재를 잇고 만나게 하는 힘 전체를 가리킨다고 상정할 수 있다. 즉, 풍경과 마찬가지로 신토의 '무스히' 개념까지도 치환하여 업데이트하고자 했다는 뜻이다.

미츠하의 본가인 미야미즈 신사에서 열린 제사 모습도 '무스비'와 관계가 있다. 생각해보면 옛날 일본의 '마쓰리'는 남녀가 만날 수 있는 자리라는 측면도 있었다. 예를 들어, '본오도리盆踊り'에는 그날이 일종의 '부레이코無礼講'◆가 되어 사실상 난교에 가까운 상태가 되기도 했다. 마쓰리나 의식에도 사람이 모인다. 시장이 들어서고 여기저기서 사람이 몰려든다. 무언가를 잇고 낳는 기능이 있었던 셈이다.

예능의 기원이 『고사기』라는 설이 있다. 이자나기와 이자나미의 딸인 아마테라스 오미카미가 하늘의 동굴에 들어가서 나오지 않자 거기에서 불러내기 위해 아메노우즈메노 미코토가 알몸으로 춤을 추며 웃게 만들었다는 에피소드를 참조할 수 있다. "신이 들려 유방을 드러내고 치맛자락을 음부까지 내리고서", 즉 신이 들려 가슴을 헤치고 여자 성기를 드러내 보였더니, 주변에 있던 수많은八百万◆◆ 신들이 폭소하기 시작했고, 무슨 일인가 싶어서 아마테라스 오미카미가 밖으로 나왔다는 내용이다.

◆　술자리에서 신분이나 지위를 막론하고 마음 편하게 즐기는 것을 뜻한다.

◆◆　야오요로즈八百万는 '팔백만'이란 뜻이 아니고, 수가 매우 많다는 것을 뜻한다. 그래서 신토에서 '야오요로즈의 신'이라고 하면 신이 팔백만 존재한다는 말이 아니라 세상 만물에 전부 신이 깃들어있다는 의미, 즉 '애니미즘'을 나타낸다고 볼 수 있다.

나는 일본에 역사적으로 신, 성, 예능이 혼연일체가 되는 문화가 존재했다고 생각한다.[5] 신사나 시가 근처에는 유곽이 많다. 오히려 사람이 모이고 이어지도록 사람을 유혹하는 장치로서 성과 미美를 이용하곤 했다.[6] 열광적으로 사람이 모이고 일반적이지 않은 상태가 되어 평소와는 다른 만남이나 왕래가 발생한다. 그 원동력과 움직임에서도 '무스히'적인 힘을 찾아볼 수 있지 않을까.

에도 시대에 가부키와 유곽은 가까운 장소에 있었고, 가부키의 기원인 '가부키오도리'를 창시한 이즈모노 오쿠니는 본래 이즈모타이샤의 무녀였다. 그리고 가부키오도리도 스트립쇼적인 요소가 있는 에로틱한 내용이었고, 그녀 역시 유녀와 같은 존재였다는 설이 있다. 어떤 형태로든 많은 사람을 모으려고 할 때, 예를 들어 영화에서도 에로스와 폭력에 의존하는 점을 생각해보더라도 사람을 모으는 수단으로 '성'을 이용하는 필연성은 이해할 수 있다. 그런 수단을 통해 사람과 물건이 움직이거나 이어지는 희한한 모습을 '신'이나 '산령'처럼 느끼지 않았을까 하는 상상을 해본다.

신카이는 이 작품을 통해 '산령'의 힘을 빌리고자 하면서 '세계'에 틀어박히려는 사람들의 성욕이나 '모에' 등의 욕망을 긍정하면서도, 그것을 통해 현실 세계, 역사, 사회와 접속하는 회로를 만들고자 했다. 그것은 아마도 일본에서 8월 26일 개봉한 젊은 관객을 노린 '여름방학 영화'로서 축제성과 필요한 기능을 의식한 것이리라. 즉, 극장을 '마쓰리'의 장소로서 기능하도록 만들고자 한 셈이다.

카타스트로프 그 자체의 '미美'

그럼 작품을 시계열에 맞춰 살펴보자. 〈너의 이름은.〉은 혜성이 낙하하는 장면으로 시작한다. 이 '하강', '추락'은 아름답다고 표현되고, 실제로 미려한 형태로 나타난다. 나중에 이것은 이토모리라는 마을에서 500명에 가까운 생명을 앗아간 대재난의 원인이라는 사실이 밝혀진다. 그러니 그것이 아름답게 표현되었다는 사실에 깜짝 놀랄 수밖에 없다. 미리 설명하자면, 이 혜성이 가져온 재난과 고향의 상실은 동일본대지진을 떠올리게 하는 현실 속 재난의 비유로 받아들여도 될 듯하다. 그렇다고 한다면 이 혜성의 '아름다움'은 매우 바람직하지 못한 표현이다.

이 장면은 "별이 떨어진 날", "아름다운 경치였다"라고 표현된다. 과거 〈별의 목소리〉 등에서 외부나 높은 곳을 목표로 하던 방향성이 발밑을 향하게 된 〈별을 쫓는 아이〉 이후의 전개를 떠올려보길 바란다. 여기에서도 하강이 '미美'로서 표현된다.

혜성은 이토모리에 여러 번 떨어졌던 것으로 추측되고, 우주에서 온 절대적인 외부라고 할 수 있는 다른 별의 존재가 미츠하를 비롯한 미야미즈 가문에 이상한 힘을 내려줬다고 여겨진다. 예전에는 우주를 향해 있던 '동경'의 대상이 세계 안으로 들어온 〈별을 쫓는 아이〉, 〈언어의 정원〉과 마찬가지인 구도가 여기에 나타난다.

'별'의 일부는 크레이터 정중앙 지하에 만든 사당에 놓여 있다. 그 별의 일부가 신토 등의 형태로 지방의 한 장소에 존재한다는 식으로

'로망'의 위치가 재설정되었다는 점에 관해 잘 생각해볼 필요가 있다. 또한 동경의 대상이었던 '우주', '다른 별' 등의 힘이 이 작품에선 인간 소녀에게 내포되어 있다는 점 역시 빼놓을 수 없다. '탑'과 같은 아득히 먼 저편과 '세계의 중심'인 소녀는 지금까지 닮았지만 분열된 것으로 그려졌다. 그러나 이 작품에선 앞서 언급한 설정을 도입함으로써 그것을 하나로 겹치는 일에 성공한 것이다.[7]

타자의 증가: 많은 스태프의 참여와 신주쿠를 무대로 삼은 것

이 작품의 열쇠가 되는 "무언가가 사라져버렸다는 감각"이라는 대사가 나온 다음, 또 한 가지 중요한 모티프인 '전차'가 등장한다. 미츠하와 타키는 서로 다른 전차를 타고 있다. 이것이 지금껏 신카이가 그려온 '엇갈림', '친밀함'의 은유를 계승한다는 점은 말할 필요도 없다.

주제와 기법이라는 관점에서 보자면, 신주쿠라는 거리가 중심적으로 그려진 점도 중요하다. 그곳은 출발역이라 여러 노선과 전차가 '만나는' 노이즈로 가득 찬 장소다. 거기에선 이전까지의 신카이 작품과 달리 수많은 사람이 그려지고 움직인다.

'타자'가 많다는 점은 작품 내용뿐만 아니라 제작 방식에서도 나타난다. 신카이 마코토가 거의 혼자서 제작한 〈별의 목소리〉와 달리, 이 작품은 수많은 스태프가 함께 만들었다. 신카이는 통제 욕구가 강한 편이라고 자신을 평가하는데, 편집 타이밍을 포함하여 스스로 만족할 때까지 비디오 콘티를 만든 다음에 여러 스태프에게 작업을 맡기는 방식을 채택했다. 그 방식 덕분에 기존의 신카이 마코토 특유의 분위기가 묻어나면서 동시에 다양한 타자의 숨결이 넘치는 활기찬 작품을 완성할 수 있었다.

여러 사람과 공동으로 작업하는 방식은 '타키와 미츠하가 만날 수 있을까?'라는 긴장감을 마지막까지 고조시킨 다음, 결국 그들이 만난다는 결말로 끝난 이 작품에 잘 어울린다.

"'어째서 사람과 사람은 마음이 통할 수 있을까', 혹은 '마음이 통할 수 없는 것일까'라는 인간 사이의 커뮤니케이션에 관한 의문을 오랫동안 품고 있었습니다. (……) 이번에도 그 본질은 달라지지 않았습니다"[8]라고 신카이는 말했다. 그 말대로 이 작품 역시 '어긋남'이라는 측면을 다루고 있다. 그 어긋난 시간과 장소를 상징하는 것 중 하나가 서로 다른 선로를 달리는 전차다.

어긋남과 연결의 감각을 만들어내는 '편집'

그 '어긋남'과 '연결'은 편집과 구성으로 표현된다. 〈별의 목소리〉 등에서도 사실은 이어져 있지 않은 마음을 편집의 묘를 통해 이어져 있는 듯 연출했지만, 이 작품은 그 수법을 더욱 강화하고 복잡화했다.

작중에서 타키의 영혼이 들어간 미츠하가 잠에서 깬 뒤 가슴을 만지는 장면으로 이어지고, 그다음 컷에선 특별한 설명 없이 미츠하의 영혼이 돌아온 모습으로 바뀐다. 그 사이에 며칠이라는 시간이 흐른 것이다. 그것이 일종의 수수께끼가 되어 관객은 작품에 매료된다. 그와 동시에 '3년 전에 죽었다'는 어긋남과, 후반에 기억이 사라져 무언가를 잊었다고 하는 시간 감각으로 이어지는 흐름이 정말 훌륭하다. 이어져 있지 않은 것을 이어져 있다고 느끼게 만든 작품이 〈별의 목소리〉, 〈초속 5센티미터〉였다면, 〈너의 이름은.〉은 이어져 있는 것(편집 단계에서 연속된 시간처럼 보이는 것)이 이어져 있지 않은(서로 다른 시간축) 셈이다.

오프닝에 나오는 뮤직비디오 같은 연출은 신카이 마코토의 특기이지만, 이 작품에선 작중에서 핵심 아이템인 스마트폰과 같은 감각을 도입했다는 점도 중요하다. 스마트폰과 같은 감각이란, 지극히 짧은 시간에 전환된다는 의미이고, 색감이 스마트폰 인터페이스를 닮았다는 말이다. 〈별의 목소리〉 등에서 인터넷과 같은 미디어 환경에 예민하게 반응했던 신카이가 스마트폰 감각에 도전한 작품인 것이다. 그것은 이전까지와는 또 다른, 작품 서두에서 세세하게 리듬을 새긴 시원스러운 영상으로 완성되었다.

스마트폰 세대의 '연결'이라는 감각을 세계, 사회와 연결하다

타키는 도쿄에 사는 고등학생으로, 서양식 아파트에 살고 분위기 좋은 카페를 다니며 세련된 레스토랑에서 아르바이트를 한다. 그에 반해 미츠하는 히다飛驒나 신카이의 고향을 모티프로 삼은 지방 거주자로, 일본식 방이 갖춰진 오래된 집에 살고 있다. 그녀는 미야미즈 신사의 무녀이고, 오랜 전통을 계승하는 역할을 맡고 있다. 하지만 한편으로는 그 일을 싫어하기도 한다. 그녀가 "이런 동네", "이런 인생"이 싫고 다음 생에는 "도쿄의 꽃미남"으로 태어나고 싶다고 외치자 마치 그 소원이 이루어진 듯 다음 컷에서 타키가 되어 눈을 뜬다. 도쿄에 사는 타키는 근사한 고등학교에 다니고, 친구들 입에서는 "다이칸야마"◆ 등과 같은 단어가 튀어나온다.

곧 미츠하와 타키는 자신들이 부정기적으로 일주일에 2~3번 뒤바뀐다는 사실을 깨닫는다. 그래서 서로 규칙을 정하고 어떻게든 적응하려 한다. 이 초반부에는 만화의 말풍선을 화면에 나타내는 등 이전까지 신카이 작품에선 찾아볼 수 없던 코믹한 연출이 담겨 있고 생동감이 느껴진다. 초반에 서로 몸이 뒤바뀌는 코미디는 심각한 내용이 아니고, "게임이나 가상 현실(버추얼 리얼리티)과도 같은 편안한 느낌 속에서 이루어진다"[9]라고 기획서에 쓰여 있다. 그와 같은 감각에 익숙한 세대를 작품 세계로 끌어들이기 위한 장치인 셈이다.

〈너의 이름은.〉은 영상과 음악이 잘 어우러진다는 점도 여러 곳에서 특별히 강조되곤 하는데, 신카이는 "마음 깊이 감동한 음악은……사실 컴퓨터게임 〈이스〉의 음악입니다"라고 말한 적이 있다. 영상과

◆　도쿄 시부야구에 위치한 지역. 패션의 중심지라는 이미지가 있어 일본 젊은이들에게 '멋있는 지역'의 대명사가 되었다.

음악이 매우 조화롭다고 생각한 작품에 관해서는 안노 히데아키 감독의 〈신비한 바다의 나디아〉 오프닝과 게임 〈이스 Ⅱ〉를 예로 들었다.[10] 음악과 영상을 만드는 방식도 게임의 영향을 받은 것이다.

게임과 가상 현실에 익숙한 세대를 현실의 풍토와 역사, 사회와 연결하는 것, 지방과 도시를 연결하는 것, 서양적인 생활과 전통적인 일본의 감각을 서로 연결하는 것이야말로 이 작품의 의도이고, '무스비'의 역할을 맡고자 한 작품이라고 말할 수 있다.

나중에 미츠하가 재난으로 사망했다는 사실이 드러나는데, 그렇다면 미츠하와 스마트폰으로 교류하던 타키는 말 그대로 '죽은 자'와 이어져 있었다는 것이 된다. 그리고 그 '죽은 자'는 거대한 재난과 이어져 있다. 사람들을 연결하는 스마트폰, 소셜 미디어와 같은 감각을 연장시켜서 현실, 역사, 사회, 세계의 다양한 존재와의 결속이라는 감각을 만들어내고자 하는 사명을 띤 작품이라 하겠다.

캐릭터에 대한 애착을 현실 속 재난과 연결하다

밝고 유쾌한 분위기로 서로 뒤바뀌는 내용은 타키가 오쿠데라 선배와 데이트한 이후 미츠하가 사는 곳에 운석이 떨어지고 몸이 뒤바뀌지 않게 되면서 끝난다. 그다음에 나오는 것이 '상실', '향수' 파트라고 할 수 있는 일련의 시퀀스다. 데이트 장면에서 국립신미술관의 히다 지역 사진전 〈향수〉가 등장하는데, 한 지역이 사라져버린 느낌을 유쾌한 분위기로 몸이 뒤바뀌던 인물(캐릭터)의 상실과 겹쳐서 그려 내고자 한 것이 분명하다.

타키는 연결이 끊어진 미츠하를 떠올리며 기억을 바탕으로 그림을 그리고 스마트폰으로 이미지를 검색하기도 한다. 그리고 이토모리의 정확한 장소를 찾아내기 위해 전차를 타고 여행을 떠난다. 미츠하도 그 데이트 날에 타키를 만나기 위해 오랜 시간을 들여 전차로 상경했다. 하지만 사실 이 두 사람 사이에는 3년이라는 시간차가 존재하기에 엇갈리고 만다.

"내 안에 들어 있던 것은 너", "너한테 들어가 있던 것은 나"이니까 (이 대사도 에로틱하다) 만나면 바로 알 수 있으리라고 생각한 미츠하의 기대는 산산조각이 난다. 3년 전의 타키는 아직 몸이 뒤바뀌는 경험을 하기 전이기 때문에 미츠하를 알아보지 못한다. 하지만 미츠하는 머리에 묶었던 빨간 리본을 건넨다. 이것이 붉은 실처럼 '무스비'의 기능을 했고, 엇갈림은 결국 마지막에 극복된다.

너무나도 만나고 싶은 마음에 타키가 히다에 가고, 이토모리 마을이 있던 장소에 도착한다. 그러나 그곳은 3년 전 혜성이 떨어져 괴멸되었고, 출입이 금지된 상태였다. '재해 대책 기본법'에 따른 출입 금지 간판이 세워져 있고, 휘어진 선로와 전차가 널브러진 광경은 동일본대지진과 후쿠시마 제1원자력발전소 사고로 인해 출입이 금지되고 생활 공간이 사라진 지역을 연상시킨다.

"자연재해를 의도하고 집어넣은 것은 아닙니다. 오히려 필연적으로 나왔다고 해야 맞겠지요. 동일본대지진을 모티프로 삼진 않았지만, 그날 이후로 일본 사회는 분명히 바뀌었을 테고, 우리의 사고방식도 바뀌었다고 생각합니다.[11] 불합리하게 무언가가 사라져버린다든가, 그 장소에서 살아왔기 때문에 비극이 일어난다든가 그런 일들이 몇 번이고 반복되었죠. 정말로 이런 일이 일어난다는 것을 확실하게 체감한 때가 2011년이고, 그날 이후 제 작품뿐만 아니라 대중문화 작품의 느낌이 조금 달라진 듯합니다"[12]라고 신카이는 말한다.

작품 전반부에서 게임적인 즐거움을 제시하고 성적인 뉘앙스를 강조하며 만날 수 있을 것 같은 기대를 높이자마자 연락이 끊기고 만나고 싶다는 갈망이 더욱 커진다. '모에'가 등장한 이후의 오타쿠 문화나 '세카이계' 문화, 요즘이라면 '최애' 문화 속에서는 2차원 캐릭터에 대한 편애가 표현적, 상업적으로 중시되곤 한다. 스토리나 주제가 아니라 캐릭터야말로 문화 소비의 중심이 된다는 경향이 엿보이기까지 한다. 그 '캐릭터'는 현실 속 타자의 복잡함을 벗겨낸 편리한 존재이고, 캐릭터에 빠져듦으로써 요모타 이누히코가 『'귀여움'론』◆에서 말한 바와 같이 유토피아적 상태를 탐닉한다. 그것은 타자와 사회, 세계가 존재하지 않는 상태다.[13]

신카이는 그와 같은 욕망까지도 하나의 원동력으로 사용하여 관객의 흥미를 끌어냈고, 여러 지방과 도시 이곳저곳을 돌아다니며 재난이라는 현실을 떠올리게 하는 사안을 건드림으로써 '연결'을 만들

◆   한국어판 제목은 『가와이이 제국 일본』.

고자 한다.

　미츠하와 만나지 못한 외로움과 슬픔. 그것을 고향을 잃은 슬픔과 중첩시키고, 재난이 가져온 피해를 떠올리게 한다. 그와 동시에 미츠하가 상징하는 일본의 지방, 원초적인 것을 상실했다는 슬픔과 그리워하는 마음과도 겹쳐놓는다. 〈별을 쫓는 아이〉에 나오는 아가르타와 같은 역할을 미츠하가 떠맡은 셈이다.

　타키는 이토모리에 혜성이 떨어졌다는 사실을 잊고 있었다. 미츠하의 흔적을 찾아보지만, 스마트폰의 문자도 사라진다. 결국은 미츠하의 이름까지도 잊어버리고, 잊었다는 사실마저 잊게 된다.

　타키는 큰마음을 먹고 미야미즈 신사의 사당이 있는 산꼭대기 크레이터로 향한다. 크레이터는 산 위에 있지만, 가장자리를 건너 안쪽으로 들어가면 아래로 내려가게 된다. 여기를 넘어가면 이계異界로 들어간다고 하는 강을 건넌 타키는 크레이터 한가운데에 있는 성지와도 같은 장소로 들어간다. 그리고 지면 아래로 가라앉는다.

　〈너의 이름은.〉은 혜성 충돌로 사망한 미츠하를 저쪽 세상에서 되살리는 데에 성공하는 스토리인 셈이다. 그러므로 〈별을 쫓는 아이〉를 새롭게 만들어낸 것과 같다. 신카이도 그 사실을 의식하고 있고, "〈별을 쫓는 아이〉에선 어른들의 어두운 소원을 그렸지만, 〈너의 이름은.〉에선 싱그럽고 자기중심적이지만은 않은 올곧은 마음으로 다시 그리고 싶었습니다. 똑같은 소원의 좋은 측면을 건져냈다고 할 수 있죠"[14]라고 말했다. 이 장면은 지하 세계, 죽은 자의 나라로 떠난 여행과도 같은 셈이다.

그곳에서 미츠하의 '반쪽'이라 표현되는 구치카미자케를 마신 타키가 "무스비, 시간을 되돌릴 수 있다면, 딱 한 번만"이라고 중얼거린 후 쓰러진다. 그러면서 환상과도 같은 장면이 펼쳐진다.

혜성이 떨어지고, 실 모양처럼 변한다. 타키는 물속으로 가라앉는다. 혜성의 꼬리는 탯줄 모양이 된다. 그리고 지구에 추락한 혜성은 난자에 수정된 정자와 겹쳐진다. 성, 섹스, 출산을 매개하는 모티프가 바로 '무스비'라는 것이 명확하게 드러난다. 그리고 그것은 외부에서 온 존재와의 결합을 의미한다. '무스비'는 뿔뿔이 흩어진(두 개의 서로 다른 시간 속에서 한쪽은 죽음에 이르렀다) 두 사람을 이어주는 장치로 기능한다. 그것은 분단과 고립을 넘기 위한 것, 잇기 위한 것이다.

고립된 사람들을 연결하기 위하여

동일본대지진 이후 여러 지역이 괴멸되었다. 공동체를 잃고 고립된 사람이 잔뜩 생겼다. 고독은 우울증이나 자살을 일으키기 쉽다. 그래서 여러 예술가가 그 안에서 공공성과 공동체 회복을 위해 수많은 노력을 하기도 했다. 또 갖가지 향토 예능과 '마쓰리'(축제)의 힘을 빌려 사람들이 이어짐으로써 활력을 되찾고 회복하는 모습을 볼 수 있었다. 스스로 틀어박힌 채 살아간다는 것이 반드시 좋은 일만은 아니라는 사실을 수많은 지역에서 알게 되었다. 그리고 그 순간, 마쓰리나 예능의 존재 의의가 무엇이고 어떤 식으로 작용해왔는지 그 실용적인 측면을 어느 정도 깨달을 수 있었다.

지금 젊은이들 사이에서는 '살기 힘들다'는 생각이 만연하다고 한다. 내각부에서 개최한 2018년도 청소년 문제 조사 연구회 강연 「살기 힘들다고 느끼는 젊은이의 사회적 자립을 위한 지원에 관하여」에서 고가 마사요시는 타자와의 연결이 약해진 것을 원인으로 꼽았다. "사람과 사람이 관계를 맺음으로써 다양한 소외나 배제를 방지할 수 있습니다. 사회에 참여하려면 관계를 맺어야만 하므로 그런 관계에 대한 회로를 어떤 식으로 남길지, 혹은 어떻게 만들어낼지가 매우 중요해집니다"[15]라고 말하기도 했다.

동일본대지진의 피해 지역에서든 다른 곳에서든 '연결'은 개인의 행복이나 충족감에 중요한 역할을 한다. 소셜 미디어 등에서 연결되길 원하고, 친구들에게 과도하게 맞추려다가 '친구 지옥'◆에 빠지는 것도, 인터넷상의 갖가지 속성과 정체성에 맞춰진 '부족' 집단에 사로잡히는 것도 타자와의 관계가 약해지고 스스로 고립시키면서 연결을 인터넷에서만 찾기 때문 아니겠는가. 아마도 인간은 진화 과정에서 뇌가 형성되었기 때문에 현실의 대인 관계와 연결이 없으면 행복이나 만족을 느끼기 어렵고, 그로 인한 목마름은 온라인상에서의 연결만으로는 충족되지 못하는 듯하다.

타키가 히다로 향할 때, 다른 등장인물이 그가 펜팔 친구를 만나

◆   2008년 출간된 일본의 사회학자 도이 다카요시의 저서 『친구 지옥』에서 유래된
     용어.

러 간다고 말한다. 그것은 온라인상의 관계성만으로는 충족되지 않고, 신체를 가진 존재로서 공간을 공유하며 대면하고 싶다는 바람이 있기에 나오는 행동일 것이다. 그다음에 서로 마음이 통하고 신체를 겹치는 일도 현실에서는 자주 일어난다. 전작 〈언어의 정원〉에서 온라인상의 '공동성'을 그렸다면, 이 작품에선 한발 더 나아가 현실 세계와 신체적인 측면에까지 발을 들이밀고 있다.

타인과 연결되는 방법도, 복지·지원과 연결되는 방법도, 역사·자연·풍토·지역·공동체와 연결되는 방법도 모르는 고립된 개체는 취약하기 마련이다. 촌락이나 회사 등 유대가 깊은 유기적 공동체의 번잡함에서 벗어나 개인적 자유를 얻었다고 생각한 우리는 아이러니하게도 인정 욕구와 소속 욕구의 노예가 되어버렸다. 그와 같은 역설을 어떻게 조정하면 좋겠는가.

젊은 층의 연애율, 성관계 경험률, 혼인율, 출생률은 점점 낮아지고 있고, 현재 다수의 젊은이는 현실의 남녀(혹은 동성이더라도 상관없다) 간의 만남 때문에 상처 입기보다 2차원의 존재를 더 선호할지도 모른다. 이상적인 '세카이'로 퇴행하여 틀어박히는 쪽을 선택할지도 모른다. 〈별을 쫓는 아이〉에서 쇠퇴해가는 아가르타의 미래에 전쟁의 환상이 보이던 것처럼, 혹은 미츠하가 미래의 재난을 예지하는 무녀가 되어 공동체를 위기로부터 구하는 것처럼, 미래에 다가올 '위기'를 예측하는 이가 나타나는 일은 막을 수 없다.

어쩌면 인류는 그냥 내버려두면 연애도 결혼도 출산도 하지 않을지도 모른다. 그렇기에 연애와 결혼, 출산을 '미화'하는 이미지가 이렇게나 널리 인류의 역사와 사회 안에서 계속 생산·유통되어온 것 아닐까. 동물과 달리 본능이 부서진 생물인 인류는 그것을 문화 장치로 보완할 수밖에 없었던 것 아닐까. 그렇기에 의식을 행함으로써 '신'이라는 존재와 연결된다고 의미 부여를 해야 하지 않았을까. 마쓰리나 예능을 통해 사람들을 밖으로 나가 모이게 하고 만남을 가지게 해야만 하지 않았을까. 그런 만남과 출산을 촉진하는 역할을 과거에는 신토나 종교도 맡고 있었다.

신카이 마코토가 이 작품으로 하려는 것도 그와 같은 역할이 아닐까. 애니메이션을 통해 그 기능을 맡고자 '습합'을 한 것이라고 이 작품을 해석할 수 있겠다.

해 질 녘: 두 가지 서로 다른 세계가 겹쳐진다

타키와 마츠하, 두 사람은 크레이터 위에서 만난다. 시간은 해 질 녘 (다소가레도키黃昏時)◆이다. 손을 뻗자 거기로 태양이 지면서 렌즈 플레어와 고스트를 만들어낸다. 그리고 태양이 진 다음 두 사람은 3년이

◆   작중에서 '다소가레黃昏'의 어원을 '다소가레誰そ彼'(당신은 누구인가?)라고 설명하는 내용이 나온다. 마찬가지로 '가타와레도키'는 작중에서 '가와타레도키彼は誰時'라고 설명되는데, '저게 누구인지 확실히 구분이 가지 않는 즈음', 즉 어슴푸레 어두운 시간을 뜻한다.

라는 시간을 뛰어넘어 만난다.

이 만남을 프로듀서 가와무라 겐키가 지시했다는 설이 인터넷에 나돈 적이 있지만, 가와무라는 그것을 부정했다. "그 부분은 신카이 씨가 처음부터 결정해놓았던 전개입니다."[16]

해 질 녘에 관해서는 이 작품에서도 교사로 등장한 유키노가 설명한다. "그대는 누구냐고 제게 묻지 마오. 9월 이슬에 젖으며, 님을 기다리는 저요誰そ彼と われをな問ひそ 九月の 露に濡れつつ 君待つわれぞ"라는 『만엽집』의 노래를 소개하면서, 저녁 즈음이 '해가 지는(다소가레)' 때이자 저녁에 어스름해지는 시간(오마가토키逢魔が時)이라고 설명한다. 낮과 밤이 섞여 구별되지 않고 애매해지는 순간. 유령과 죽은 자가 찾아오는 시간. "그대는 누구냐(너의 이름은?)"라고 묻게 될 것만 같은 어둠이 찾아오는 시간. 그 시간이야말로 두 사람이 만날 수 있는 시간인 것이다. 날이 밝아오는 때가 아니라, 날이 저무는 어두운 시간이기에 비로소 두 사람은 만날 수 있었다. 그건 마치 일본이나 인류가 그 옛날 꿈꾸었던 발전을 이루지 못하고 몰락해가는 시간이기에 나와 당신은 만날 수 있었다라는 의미로도 독해할 수 있다.

이 '다소가레도키'는 사투리로 '가타와레도키かたわれどき'라고도 한다는 설명이 작중에 나온다. '가타와레도키'란 깨어진 조각 중 한쪽인 타키와 미츠하가 만나는 순간이다. 여기에서 〈별의 목소리〉 이전에 신카이가 발표했던 단편 〈먼 세계〉를 떠올려보자. 거기에선 "당신이 언젠가 진정한 반쪽을 찾아낼 때까지"라는 대사가 나온다. 그리고 〈너의 이름은.〉은 바로 그 '반쪽'끼리 만나 원만하게 충족되는 스토리인 셈이다.

그렇게 만난 것은 무엇일까? 도시와 지방, 전위와 전통, 과학과 자연, 세속과 신앙, 인터넷과 현실 세계 등 여기에선 수많은 것들을 상징한다.

이와타 게이지岩田慶治는 전통문화에는 '이원적'이라는 특징이 존재하고, '이 세상'과 '저세상'이 중첩되는 "이원적이면서 동시에 일원적인 세계"에서 살고 있었다고 언급한 바 있다. "'저세상'이 결여된 '이 세상', 즉 '반쪽 세계'는 우리가 살 만한 세계, 자신의 정체성을 의탁할 만한 세계가 될 수 없다", "'이 세상'과 '저세상'의 경계에 도달한 다음, 거기에서 시선을 반전시켜서 동시에 두 세계를 바라본다. 그 장소에서 보이는 전망 혹은 돈오頓悟◆가 불가결하다. 그렇지 않으면 이 세계는 (……) 생명의 반짝임을 잃어버린 인간처럼, 소생이라는 것이 없는 인생처럼 도저히 재미있지가 않다."[17]

한없이 펼쳐진 우주에서 두 세계가 하나임을 깨닫는 순간이 이 만남의 장면에서 표현된 것 아닐까. 그(타키)는 도시 생활을 하던 중에 잃어버린 '반쪽', 즉 신앙, 토착성, 자연, 신 등의 세계를 회복하고 되찾게 된다. 그것이 중첩되는 순간이 바로 다소가레도키이고, 〈너의 이름은.〉은 신카이 마코토의 필모그래피 중에서 처음으로 온갖 분열된 것들이 통합될 수 있다는 전망을 그려낸 작품이다.

◆　갑자기 깨달음을 얻는 일.

일상에서 우리는 세속적인 세계를 살고 있다. 거기에선 근대적이고 합리적으로 행동하며 생활한다. 하지만 또 한편으로 그렇지 않은 세계가 존재한다. 예술과 종교와 자연을 둘러볼 때 문득 엿볼 수 있는 합리성이나 유용성과 무관한 세계. 의미도 의의도 목적도 전혀 없고, 오직 거기에 있는 것만으로 완벽한 공공연한 세계 그 자체. 참선을 수행하는 이가 느끼는 것처럼 자타의 구별이 없고, 만물이 평등하며 하나라고 느끼는 경지. 자연 안에서 의식이 확장해가는 우주적 감각. 축제나 장례 때 느끼는 저세상과의 연결, 조상의 영혼이 돌아온다는 감각. 이것은 근대적인 과학과 합리 정신이 부정하는 것들이지만, 지금까지 우리 안에 살아 있다. 두 세계가 동시에 존재하는 셈인데, 후자의 세계는 가끔 잊히곤 한다.

두 사람은 만났다. 두 세계는 하나로 합쳐졌다. 하지만 타키는 그 사실을 잊는다. 그리고 잊었다는 사실조차 잊어버린 채, 취직 활동을 하고 도쿄에서 근무한다. 하지만 알 수 없는 상실감을 느끼며 고민하고, 항상 무언가를 찾는다. 그리고 마지막으로 미츠하와 만난다.

두 사람이 만날 수 있을까? 타키에게 미츠하라는 존재는 꿈이나 망상 아니었을까? 그런 생각이 들게 하는 서스펜스는 이계異界, 저세상, 성스러운 세계에 있는 우리의 현실성과 관련되어 있다.[18] 그것은 노동과 같은 세속적 논리에 몸을 갈아 넣고 있는 순간에는 잊어버리거나, 황당한 망상처럼 느껴지는 법이다. 그러나 지금까지도 여러 종교와 엔터테인먼트 속에서 찾게 되는 것이기도 하다.[19]

바꿔 말하면 이런 것이다. 우리의 직업 생활은 합리적이고 합목적적으로 움직인다. 하지만 우리 마음의 낡은 부분은 거기에 적응하지 못하고, 신화적 사고나 상징적 사고를 통해 내 삶이 어떤 의미를 지니는지 찾곤 한다. 그 찢어진 부분에 붙일 반창고가 수많은 이들이 큰돈과 시간을 들여 소비하는 대중문화이고, 픽션이며, 종교가 아니겠는가. 그렇지 않다면 이만큼이나 많은 픽션을 우리가 만들어내고 소비할 필요는 없을 것이다. 분명히 그것은 합리적인 행동이 아니다.

여전히 많은 사람의 무의식 속에는 반창고를 원하는 신화적이고 종교적인 희구가 존재한다. 그렇게 생각하지 않으면, 이 작품이 그 당시 일본 영화 흥행 성적에서 역대 2위를 차지한 이유를 이해할 수 없지 않을까.[20]

뉴미디어와 전통문화의 습합

이 '통합'은 애니메이션·인터넷·게임·소셜 미디어 등과 같은 문화와 전통문화의 습합 현상이라고 해도 좋다. 습합이란, 어떤 문화와 문화가 맞닿아 양자가 재해석되고 조합되어 새로운 문화를 창조하는 일을 뜻한다. 그 옛날 일본에 불교가 전래했을 때 신토와의 사이에서 발생한 현상이다. 더 거슬러 올라간다면 야요이 문화가 도래한 시점에 조몬문화와의 사이에서도 일어났다.

두 세계가 겹쳐지는 것을 포토샵에서 그림과 그림을 겹치듯 깨끗하고 세련된 것으로 상상해선 안 된다. 이미 여러 번 언급했듯이 이 작품은 성적인 이미지가 군데군데 섞여 있고 성교나 출산의 뉘앙스가 표현되어 있다. 두 사람이 만나기 위해 산꼭대기에 오르는 순간 숨을 헐떡이며 "미츠하, 미츠하", "타키 군, 타키 군"이라고 외친다. 이것은 성행위를 할 때 절정을 향해 가는 순간을 강하게 연상시킨다.

서로의 손을 잡고, 안고, 몸을 만지작거리고, 입술을 겹치고, 혀와 혀를 휘감고, 가슴에 손을 대고, 움푹 팬 곳에 뾰족한 곳을 집어넣고, 여러 체액을 섞고, 상대방 신체에 자신의 혼이 들어가고, 자신의 신체에 상대방 혼이 들어오고, 두 사람 사이의 구별도, 이 우주와 자신의 구별도 없어진다. 흥분과 쾌락, 도취 속에서 모든 개념과 구별이 소실되거나 녹아서 하나로 섞이고, 절대적 긍정과 전 우주가 이어져 있다는 느낌을 받고 자신의 존재를 잊어버리는 경지에 도달한다. 그것은 이전까지의 신카이 작품에서 그려졌던 '카미'의 순간과 비슷하다.

그것은 한 점에만 집중되어 있던 주체가 주위의 전체성과 이어짐을 의식하며 절대적 행복을 느끼는 순간이기도 하다. 양자가 성적인 결합 끝에 절정과 무아의 경지에 다다르는 와중에 사정이 시작되고, 그것이 수정되면 세포 분열이 일어난다. 그리고 최초에 존재했던 두 사람과는 다른, 양자의 성질을 모두 가진 어느 쪽도 아닌 아이가 태어난다. 신카이가 여기에서 생식의 은유로 축복하고자 하는 것은 대립하는 양자가 섞여서 태어나는 이전까지 이 세상에 존재하지 않았던 새로운 하이브리드적 존재다. 이 작품은 그 '생生'을 축복하는 것이다.[21]

신카이가 이 작품에서 발견한 도시와 지방, 합리성과 신앙, 인터넷 시대 이후와 토착적 공동체의 가치관, 그것들이 동시에 중첩되는 장소가 바로 애니메이션이라는 표현 장르다. 거기에선 잃어버린 과거를 되살릴 수 있다. 그러면 그저 가짜로 환상을 재현하는 일을 넘어서서 형태는 다를지언정 무언가를 정말로 살려내고 계승할 수 있을지도 모른다. 설령 그러지 못하더라도 찢어질 듯한 아픔을 일시적으로 잊게 하는 반창고 역할은 할 수 있을 것이다.

'카미'와 오타쿠 문화의 습합: 파괴성과 다산성

〈너의 이름은.〉과 마찬가지로 2016년에는 안노 히데아키 감독의 〈신 고질라〉가 개봉했다. 〈신 고질라〉는 '괴수'라는 비유를 통해 동일본대지진과 후쿠시마 제1원자력 발전소 사고를 표현한 작품이며, '신'으로서 고질라를 그리고 있다.

고질라라는 괴수는 일본 열도를 끊임없이 습격해오는 '자연재해'를 상징한다. 또한 너무나도 거대해서 인간이 이해할 수 있는 범주를 벗어난 존재를 뜻하는 일본의 전통적 가치관인 '카미'를 현대적으로 재해석한 장치로 이해하면 되겠다.

일본에서 말하는 '카미', '애니미즘'이란 감각은 자연의 양면성과 관계가 있다. 하나는 자연 속에서 살아온 인간이 경험해온 자연재해에 대한 경외감과 공포이고, 고질라가 이것을 상징한다. 또 하나는 자연의 은총을 가져다주는 다산多産의 성질이다. 〈너의 이름은.〉은 이쪽을 상징한다. 파괴성과 다산성, 이 양극이 일본 열도에서 살아온 이들의 무의식 세계에 존재하는 '카미', '자연' 신앙에 담겨 있다.

우연인지 아니면 누군가가 의도했는지는 알 수 없으나, 2016년에 토호가 배급한 〈신 고질라〉와 〈너의 이름은.〉이라는 대형 히트 영화는 자연(카미)의 파괴적 측면과 다산적 측면을 마주하면서 오타쿠 문화와 습합시켜 현대적으로 제시하고자 했던 작품이었다(졸저『신고질라론』도 참조해주길 바란다). 현대 일본에도 애니미즘이라는 감각이 살아 있다는 것이 불가사의하지만, 대중문화를 살펴보면 그렇게 평가하지 않을 수가 없다. 그 점을 염두에 두고 애니미즘과 신토를 다루는 일에 관한 문제를 검토해보기로 하겠다.

새로운 유형의 일본 낭만파

지금까지 이 책에서는 신카이 마코토의 내적 논리를 쫓아가며 그의 깊은 내면과 사상의 드라마가 시대와 표현 방법과 복잡하게 얽히면서 전개되어왔다는 점에 초점을 맞춰 작품을 독해했다. 그와 같은 '내재적 독해'와는 또 다른 '외재적 비평'도 해보려고 한다.

나는 개봉 당시(2016년) 〈신 고질라〉와 〈너의 이름은.〉에 도취되었다. 그러면서도 동시에 강력한 반발심을 품기도 했다. 〈신 고질라〉의 경우엔 '시체를 비추지 않았다', '현실을 은폐하고 있다'며 분노했고, '새로운 유형의 일본 낭만파◆'가 아닌가 경계했다.

그것은 한마디로 앞서 언급한 '습합'의 위험한 측면에 대한 반발이었다. 애니메이션과 오타쿠 문화의 동원력을 이용하여 2차 세계대전 개전 이전의 일본과도 같은 가치관을 되살린다면, 최악의 경우 광신적으로 전쟁에 돌입하여 국내외에 막대한 희생자를 낸 사태가 반복되지 않겠냐는 걱정이 들었다.

그 당시 비평문에서 발췌해 인용해보겠다. 가장 의문인 점은 구치카미자케를 마시고 시간을 건너 실제로는 혜성이 떨어져 사망한 미츠하와 그 주변 사람들을 되살리는 데에 성공한다는 내용이다. 노벨게임◆◆에서 흔히 볼 수 있는 '죽은 자의 소생'을 지진 재해를 연상케하는 작품에서 그림으로써 현실 속 무거운 죽음을 망각시키는 작품의 미적·심리적 기능이 당시에 위험하게 느껴졌다.

타키가 보낸 메시지를 받은 미츠하는 친구들을 설득해 변전소에서 폭발 테러를 감행하고, 통신 장치를 점령하여 이토모리 주민들을

◆ 저자 후지타 나오야는 신카이 마코토가 이전 작품에서부터 신토나 정신주의적인 내용을 내세우는 경우가 많다는 점을 '새로운 유형(뉴타입)의 일본 낭만파'라는 표현을 쓰면서 지적한 바 있다. 그러나 그는 이것이 일본의 소위 국가신토나 국수주의와는 이어지지 않는다고 보았다. 하지만 〈스즈메의 문단속〉에서 다시금 그런 이미지가 등장하면서, 후지타는 그에 대해 좀 더 깊은 해석을 시도하고 있다.

◆◆ '비주얼 노벨(노블)'이라고도 한다. 문장을 읽어나가는 방식으로 진행하는 일본에서 크게 유행했던 컴퓨터 게임의 종류. 일본의 대중소설 중 한 분야인 '라이트 노벨'과도 많은 연관성을 갖고 있다.

피난시키고자 했으나 실패한다. 하지만 미츠하가 아버지를 설득하는 데에 성공함으로써 다시 활로가 열린다. 부모 자식 사이에 단절되어 있던 커뮤니케이션이 이 부분에서 회복된다는 점에도 주목해야겠으나, 일단 그건 제쳐두더라도 혜성 충돌로 죽을 운명이었던 500명에 가까운 인원이 되살아나고 미츠하와 타키도 만날 수 있게 된다는 결말에 대해 나는 큰 의문을 품었다.

"이 너무나도 달콤한 결말은 그야말로 '소원 충족' 같아서 이건 좀 아니라고 생각했습니다." "운석이 떨어지는 사고의 비극을 아예 없었던 일로 만드는 것이니 말이죠. 그것은 잠재적으로 과거로 돌아가 지진이라는 재해를 없애고 싶다는 환상에 가깝습니다. ……하지만 그렇다고 한다면, 도쿄나 지방을 그렇게 아름답게 그려서는 안 되었죠. 현실 속 불온한 사고의 기억을 상기시키고, 아름다운 이야기와 영상으로 가득 채우고는, 기억을 바꿔치기하는 효과를 내어서야 되겠습니까".

"지진을 간접적인 주제로 삼고서 돌아가신 분들과의 연결, 잃어버린 토지에 대한 향수, 슬픔 등을 영상적인 시학으로 그려서 관객이 공감하도록 한 것은 좋았습니다", "죽은 사람을 부활시키는 것은 좀 아니지 않나 싶어서……. 그건 지나칠 정도로 편의주의적인 망상이 아닐까요. 그렇게 하고 싶다는 마음이야 절실하게 이해하지만, 그렇게 해버리면 완전히 마스터베이션이 아니냐고 할 정도로 명백히 선을 넘어버렸다는 거죠. 그런 내용으로 카타르시스(정신 정화)를 얻어버리면, 실제로 존재하는 사망자나 여전히 어려운 생활을 이어나가는 재해 피해자들은 시야에서 사라지고 잘 생각나지 않게 만드는 효과가 생기지 않겠느냐는 걱정도 조금 듭니다."

"큰 논란이 벌어질지도 모르겠지만, 말하자면 새로운 유형의 역사수정주의 영화랄까요(웃음). 신사가 나오기도 하고, '국가신토'◆를 홍보하는 오컬트 애니메이션이 아니냐는 심술궂은 비판이 나올 소지가 없진 않죠."**22**

이 비판의 배경에 있는 것은 바로 역사적 사실이다. 2차 세계 대전 이전인 1923년에 관동대지진이라는 위기를 겪고, 그로부터 부흥하고자 고양되었던 내셔널리즘이 1940년 도쿄 올림픽, 그리고 1945년의 괴멸적 패전으로 이어졌다. 그리고 2011년 동일본대지진이라는 위기가 벌어진 후, 2020년에 도쿄 올림픽을 개최하려 했던 일본을 두고 바로 2차 세계 대전 때와 똑같은 과정을 밟는 것 아니냐는 목소리가 높았다.

전쟁으로 이어진 내셔널리즘의 고양에 대해 국가신토, 그리고 미술·영화·문학 등과 같은 '미美'가 프로파간다 역할을 했다. 1942년 야마모토 가지로 감독의 영화 〈하와이·말레이 해전〉은 전의를 북돋우는 프로파간다 영화였다. 그런데 이 영화의 특촬(특수촬영) 부분을

◆ 제국주의 일본에서 토착 종교였던 신토를 소위 '황국사관'에 맞춰 고쳐 만든 국가주의 정책.

담당한 사람이 바로 〈고질라〉와 〈울트라맨〉으로 잘 알려진 특촬의 아버지 쓰부라야 에이지다. 일본 최초의 장편 애니메이션은 세오 미쓰요의 〈모모타로 바다의 신병〉(1945)이며, 실제 식민지와 전장에서는 처참한 아사와 병사, 학살이 일어났음에도 귀여운 동물들이 협동하여 일본의 점령과 통치를 환영하는 내용을 그린 영화였다.[23] 애니메이션이 만든 미적이고 귀여운 이미지가 실제로 일어난 처참한 현실을 가려버리는 일이 벌어진 셈이다. 현실을 '미화'하는 안노 히데아키 작품, 그리고 신카이 마코토 작품에는 그런 측면으로 이어질 수 있는 위험성이 상존한다.

일본 낭만파란 일본을 미화하는 광신적 시詩 운동을 가리킨다. 그것은 전쟁 당시 일본인들의 정신에 큰 영향을 미쳤고, 국수주의나 파시즘에 기여했다는 이야기도 있다. 예를 들어 죽음을 미화하는 사상이나 프로파간다는 사람들이 죽음을 쉽게 수용하도록 만들었고, 실제로 벌어지는 현실을 호도하여 잘못된 판단을 하게 했다.[24]

동일본대지진 이후, 그와 같은 상황이 오타쿠 문화에서도 반복될 위험성이 있었다. 그것을 '새로운 유형의 일본 낭만파'라 부르면서 비판한 것이었다.

'미화'라는 문제: 2차 세계 대전을 참조하여

문제의 초점은 '미화'에 있다. '풍경'을 통해 국가 이미지를 새롭게 만드는 일까지 포함하여, 이처럼 현실의 이야기를 애니메이션처럼 표현하려는 행위에는 분명히 위험성이 존재한다. 예를 들어 '일본은 신의 나라'이고 '현인신現人神◆(덴노)의 아기', 즉 '우리는 신의 자식이다'라는 확신이 태평양전쟁의 참화를 격화시켰다는 사실은 굳이 말할 필요도 없다.

신토가 '죽음'이나 '전쟁'의 미화에 크게 기여했다는 점도 역사적 사실이다. 거기에는 신토가 현실을 잊도록 만드는 장치로서 기능한다는 측면이 있다. 예를 들어, 자신들이 신의 나라 백성이라는 생각은 자기 긍정감이나 안도감으로 이어질 수 있지만, 한편으로 다른 신앙이나 문화를 배격하고 침략을 자기도취적으로 긍정하게 했다. 전사자가 '신이 된다'고 여기는 사고방식은 유족들을 위로해주었지만 죽음을 두려워하지 않고 전장으로 사람들을 동원하기 위한 이데올로기로도 기능했다.[25]

실제로는 수많은 이들이 비참한 세계를 살면서도 문화적 마약에 탐닉하여 훌륭한 세계에 있다고 믿어버리는 경우도 많다. 디스토피아 작품의 설정 중에도 디스토피아 세계에서 살아가는 사람들이 현실에서 눈을 돌리고 픽션에서 마약적 도취를 느끼고 허구의 행복감에 빠지는 경우가 흔하다. 2010년대의 일본 문학에서는 디스토피아 형식이 역사상 가장 많이 사용되었다고 한다. 그것은 현실 속 일본이

◆ 사람의 모습으로 이 땅에 내려온 신, 즉 '살아 있는 신'을 말한다. 국가신토에서 덴노를 가리키는 표현으로 사용되었다.

나 세계가 '디스토피아'가 되어버렸다는 작가들의 통찰이 반영된 셈이다.

미美와 이야기, 신앙은 우리가 현실을 보지 않도록 만든다. 그럼으로써 벌어지는 심각한 '이 사회', '이 세계'의 문제가 확실하게 존재한다.

'미美'라는 이름의 파르마콘

신카이 작품의 '미화'에 관해 아오키 게이시青木敬士는 이렇게 지적한다. 〈초속 5센티미터〉에 관해 "그는 현실의 아카리에 대해 그 이상 알게 되는 것, 나아가 실제로 아카리와 재회하기가 두려운 것이다. 신카이의 작품들을 보다 보면 연인에 대한 불만(고집불통이라거나 변덕스럽다거나)이 아예 존재하지 않는다는 점을 깨닫게 된다", "'여성의 좋지 않은 현실을 계속 감추기 위해서라면, 세계를 위기에 빠뜨려도 상관없다'는 식으로 이야기 세계를 구조화하고 있다."[26]

여성, 현실, 일본, 역사 등을 미화하고, 그것과 어울리지 않는 현실을 그리지 않으려는 경향이 신카이 마코토 작품에서 분명히 엿보인다. 예를 들어 생리통으로 기분이 좋지 않은 여성, 부조리한 태도를 보이는 산후의 여성 등과 같은 인물은 등장하지 않는다. 빈곤과 차별, 폭력과 같은 여러 문제점도 현실에는 명백히 존재하지만, 신카이 작품에선 거의 그려지지 않았다.

아오키 게이시는 이것을 "현대 일본의 젊은이(특히 남성)들에게서 보이는 커뮤니케이션 기술이 결여된 구조"와 연결시킨다. 하지만 나는 그것이 결코 '현대', '일본', '젊은이', '남성'에게만 국한되지 않는 심각한 문제라고 생각한다.

작품을 감상함으로써 형성되는 사안을 바라보는 방식, 감성, 인식이 현실로까지 확대된다는 『일본 근대문학의 기원』의 주장이 사실이라면, 신카이 작품만이 아니라 현대의 오타쿠 문화를 중심으로 한 여러 작품이 현실과 세계를 인식하는 방식에 영향을 미칠 가능성을 걱정해야 한다. 그것은 남녀를 가리지 않고, 특정 국가만의 이야기도 아니다.

무의식중에 무언가를 보이지 않도록 하거나, 느끼고 생각하지 못하도록 만드는 '감성·인식'의 습관이 몸에 배는 것이 문화·예술·오락의 효과라고 한다면, 그다음에는 그 효과가 정말로 좋은지를 생각해봐야 한다.

'미美'는 파르마콘, 즉 독이 될 수도 약이 될 수도 있는 존재다. 소량이면 진통제로서 유익한 약물도 매일 다량으로 섭취할 경우엔 약물 중독을 일으켜 인생에 괴멸적 타격을 주기도 한다.

'미화' 역시 마찬가지로 그 자체는 선도 악도 아니다. 인간이 살아가려면 '미화'가 필요하다. 정면으로 '현실'을 직시하다 보면, 너무나도 회색빛인 그 현실성으로 인하여 인간은 우울증을 앓을 수도 있다. 예를 들어, 뜻밖의 재해로 자식을 잃은 어머니가 자식이 하늘에서 지켜본다고 생각하는 것도 미화의 일종이지만, 현실을 견디기 위해 필요한 것이기도 하다. 미화하지 않고서 인간은 현실과 삶, 죽음을 견딜 수 없다. '미'는 연애와 성행위, 결혼과 출산, 모험과 성장으로 사람을 끌어당기기 위한 장치이기도 하다. '미'는 독이 되기도 하고 약이 되기도 한다. 문제는 용법과 용량이다.

죽음과 신체와 성: 전후 일본 서브컬처의 주제로서

'미'에 관해 고찰할 때 어째서 죽음과 성·신체라는 주제가 동시에 떠올랐는지를 생각해보면 도움이 될 것이다. 셸던 솔로몬, 제프 그린버그, 톰 피스진스키, 이 세 명의 심리학자가 만든 '공포 관리 이론Terror management theory'이 '고전기' 이후의 신카이 작품을 이해하는 데에 참고가 된다. 그 세 심리학자가 쓴 『어째서 보수화하고, 감정적인 선택을 하게 되는가The Worm at the Core: On the role of Death in Life』에 따르면, 인간은 죽음의 공포와 불안, 자신의 무력감, 세계의 부조리함에서 벗어나기 위해 의식적·무의식적으로 온갖 노력을 한다. 그중 특히 문화의 도움을 받고 있다는 것이다.

죽음의 불안과 공포에서 벗어나기 위해 인간은 상징적인 '불멸성'이라는 감각을 얻고자 한다. 자신의 유전자를 물려받은 자손이 미래에도 대가 끊기지 않고 이어질 것이라는 사고방식이나, 옛날부터 지금까지 이어졌고 미래로 전해질 '문화'의 일부로서 자신이 유의미한 공헌을 하고 있다는 생각도 마찬가지라고 저자들은 말한다.

그중에서도 특히 중요한 것이 인간의 '동물성'과 '미'에 대한 지적이다. 인간의 동물성, 예를 들어 생리혈이나 체모, 출산 등을 기피하는 이유가 자신이 동물과 마찬가지로 죽음의 운명에서 벗어날 수 없다는 점을 떠올리게 하기 때문이라고 지적한다. 그리고 이성을 끌어들이는 '미'는 그 동물성에서 멀어지기를 지향한다고도 말한다. 화장과 성형, 의상에 대해 생각해보면 알 수 있겠으나, 그것들은 생활감과 죽음, 동물성으로부터 떨어져 있다. 섹스와 출산은 인간의 동물성(죽음)과 그에 대한 거부(미)가 지극히 복잡하게 얽혀 있는, 문화의 급소라고 할 수 있다.

게임과 애니메이션은 그야말로 그런 인간의 동물성을 망각하게 하는 장치다. 〈별을 쫓는 아이〉 이후에 신카이 마코토는 '미소녀 게임적'이라고도 일컬어지는 애니메이션 세계에 동물성을 도입하려고 시도했다. 그것은 커리어 초반에 '미소녀 게임'이라 불리는 2차원 포르노에 관여했고, 그 '미소녀 게임'과 밀접하게 연결된 '세카이계'의 기수가 되었던 신카이 마코토의 자기비판이며 문명 비판이다.

이 시도를 전후 일본의 서브컬처사史 주제의 계보에 놓고 평가한다면 다음과 같다. 오쓰카 에이지는 『아톰의 명제』에서 데즈카 오사무를 예로 들어 전후 일본의 서브컬처에서 '기호적 신체'에 '죽음'이 존재하지 않는다는 점을 문제 삼았다.

오쓰카 에이지는 라이트노벨을 말할 때 그와의 대비로서 '자연주의 리얼리즘'과 '만화·애니메이션적 리얼리즘'(그리고 그에 대해서 아즈마 히로키가 추가한 '게임적 리얼리즘')을 꺼내 든다. '자연주의 리얼리즘'이란, 시간이 한 방향으로 흐르고, 죽음은 불가피하며, 신체를 갖고 있고, 마음대로 되지 않는 타자들과 살아가는 바로 이 현실 세계를 모방한다는 독자와의 약속에 기반을 둔 작품을 뜻한다. '만화·애니메이션·게임적 리얼리즘'이란, 실제 이야기(논픽션)가 아니라 만화나 애니메이션, 게임 등으로서 '만들어낸 내용'(픽션)이라는 전제를 달고 읽어야 하거나 그런 전제로 쓰인 작품을 뜻한다. 게임에선 조작 캐릭터가 죽더라도 몇 번이고 되살아나기 때문에 현실적인 '죽음'은 존재하지 않는다. 그런 '미디어 경험'이 현실에 대한 '감성·인식'에 영향을 미칠 가능성은 분명히 크다.

〈별을 쫓는 아이〉 이후 신카이 마코토는 자연주의 리얼리즘적 감각과 만화·애니메이션·게임적 리얼리즘 감각을 서로 절충하고 연결하려 하지 않았을까. 또 신카이 마코토는 그 양자의 분열을 통합하고 지양◆함으로써 일본의 오타쿠 문화, 뉴미디어적 감성의 약점을 극복하고 현실에서 발생하는 문제까지 해결하려는 것 아닐까. 그리고 그것이 바로 〈너의 이름은.〉에서 '두 세계가 겹쳐진다'는 비유로 나타나지 않았나 싶다.[27]

◆　독일어 '아우프헤벤aufheben'의 번역어로서, 헤겔의 변증법에서 사용되는 용어다. 어떤 사물에 관한 모순이나 대립을 보다 높은 단계에서 하나로 통일한다는 의미.

3부

세계기

신카이 마코토의 필모그래피에 커다란 구분선을 또 하나 긋는다면, 〈날씨의 아이〉의 앞쪽이 어울린다. 그 변화란 바로 사회와 세계, 현실과 공공성에 대한 의식의 확대이고, 현실의 무언가를 '잇는' 역할의 인식이다. 실제로 선을 그으려면 〈너의 이름은.〉은 사실 '고전기'와 '세계기'의 성질을 모두 가지고 있기 때문에 양쪽으로 갈라놓고 싶을 정도이긴 하다. '세카이기'와 '고전기'가 상승과 하강이라는 운동성의 변화를 보였다고 한다면, '세카이기', '고전기'와 '세계기'의 관계성은 겉과 속에 해당한다. 특히 〈너의 이름은.〉에서 〈날씨의 아이〉로 넘어갈 때는 마치 음악에서 조바꿈을 한 것과도 같은 변화를 보였는데 (똑같이 토호에서 배급한 여름방학 대작 영화이고, 스태프가 중복되다 보니 비슷한 작법으로 만들어져 있어서 놓치기 쉽지만) 이 둘은 빛과 어둠, 겉과 속, 매장과 그 안의 판매원 공간과 같은 관계라고 말할 수 있다.

이와 같은 '속', '어둠'을 그리는 경향은 그 전까지의 신카이 마코토 작품에선 현저하게 보인다곤 할 수 없었기에 큰 구분선을 여기에 긋고자 한다.

7

〈날씨의 아이〉
위기의 시대를 건강하게 살기 위해

'마치 재해가 일어나지 않은 것처럼 그린 영화다'라는 비판에 대해

신카이 본인의 발언을 인용하면서 시작해보겠다.

"다만 솔직히 불안한 마음도 있습니다. 〈너의 이름은.〉에서 비판도 많이 받았지만, '마치 재해가 일어나지 않은 것처럼 그린 영화다'라는 의견도 있었습니다. 제겐 그런 의도는 없었고, 오직 그녀를 죽게 내버려두고 싶지 않다는 소망과 기도의 결정과도 같은 영화를 만들고 싶었습니다. 하지만 그로 인해 상처 입는 사람도 있다는 사실을 깨달았습니다. / 관객의 그런 반응이 무섭기도 하지만, 사실 가장 듣고 싶었던 목소리일지도 모른다는 생각도 듭니다. 누군가를 화나게 만들었다는 것은 작품에 사람의 마음을 움직이는 무언가가 있었다는 말이고", "'다음엔 욕먹지 않는 영화를 만들겠다'가 아니라 '좀 더 비판받을 수 있는 영화를 만들고 싶다'는 생각으로 만들었습니다."[1]

"냉엄한 비판이 저에게 더 새로운 이야기의 방향을 가르쳐준 듯한 느낌입니다. / 예를 들어 〈너의 이름은.〉이라는 영화는 마치 재해가 일어나지 않은 것처럼 그렸다'는 비판이 있었습니다. 저는 '미래는 바꿀 수 있다'는 메시지를 담았다고 생각했습니다. 그와 동시에 '소중한 사람이 살아 있어 주길 바란다'는 소망을 그리려고 했으나 '아무런 대가도 없이 사람을 되살린 영화'라는 식으로 받아들이는 경우도 있었습니다. (……) 문제는 전작에 비판적인 반응을 보인 이들을 이해시킬 수 있는 작품을 목표로 할 것이냐는 부분이었습니다. / 결과적으로 저는 전작을 보고 화를 낸 분들을 더욱더 화가 나게 할 수 있는 작품을 만들기로 방향을 잡았습니다"[2]

'마치 지진 재해가 일어나지 않은 것처럼 그린 영화다'라고 비판했던 사람 중 한 명은 바로 나다. 그런 전제를 달고 〈날씨의 아이〉를 이렇게 평가할 수 있을 것이다. 〈날씨의 아이〉는 〈너의 이름은.〉에 대한 비판에 응답하고자 한 작품이자, 심각한 사회 문제를 소재로 채택하여 도쿄의 '아름답지 않은' 부분을 그리고자 도전한 작품이라고. '빛'이 아니라 '어둠', '감춰져 있는 것'을 그리고자 했다고. 영상 면에서 말하자면 가부키초, 신오쿠보, 와세다, 이케부쿠로, 다바타, 그리고 요요기의 폐건물을 작품의 무대로 선택했다는 점이 그런 의도를 드러낸다.

기후 변화에 관한 내용이란 점이 어째서 일본에선 의식되기 어려운가

줄거리는 단순하다. 이즈 제도의 고즈시마에서 가출한 16세 소년 호다카가 도쿄의 편집프로덕션에서 일하다가 17세라고 나이를 속인 15세 소녀 히나를 만난다. 호다카는 히나가 '맑은 날씨'를 부를 수 있는 무녀란 사실을 알게 된다. 그녀와 함께 맑은 날씨를 부르는 일로 돈을 벌던 도중 그 능력에 대한 대가가 무녀의 생명이라는 사실을 알게 된 호다카는 이상 기상이 몰고 온 긴 장마를 맑은 날씨로 만든 후 사라져버린 히나를 저세상으로 쫓아가 되찾는다. 그 대신 이상 기상이 악화하여 도쿄가 물에 잠기지만, 두 사람은 살아서 만날 수 있었다는 내용이다. 전작과 마찬가지로 미려한 그림과 래드윔프스의 음악을 통해 감정의 세기를 느낄 수 있는 작품이다. 그러나 이 작품의 장치는 단순하지 않다.

유엔(국제연합) 홍보 센터 블로그에 게재된 신카이 마코토 인터뷰[3]를 보면 그는 '기후 변화'와 '빈곤'을 그렸다고 명확하게 언급했다.

"영화를 만들 땐 요즘 관객이 무엇을 보고 싶어 하는지를 먼저 생각합니다. 그리고 지금 일본인이 신경 쓰는 것이 무엇인지를 생각해봤을 때 '날씨가 아닐까?' 했죠. 기후 변화 문제도 있습니다만, 그 이전 단계에서 날씨는 우리와 매우 밀접한 관련이 있고, 기분을 좌우하는 커다란 요인이 잖아요. 날씨는 만인과 관련되어 있다고 생각한 것이 이 작품을 만들게 된 기점이었습니다."

"현실에서 실감하지만 여름이 올 때마다 강우량이 확실히 늘어났다, 호우 재해가 늘어났다는 생각을 일본의 관객들이 공유하고 있으리라 여기고 세계 설정을 만들었습니다. 하지만 거기에 계몽적인 의도를 넣진 않았고, 오히려 '기후 변화'나 '온난화'라는 단어는 주의 깊게 제외했습니다. '계몽하겠다', '올바른 사상을 가르쳐주겠다'는 설교적 태도는 관객이 민감하게 눈치채거든요. 그것 때문에 영화를 기피하게 되는 상황은 방지하고 싶었습니다. 그렇더라도 기후 위기나 온난화에 관한 메시지를 독해해낼 수 있도록 만들기는 했지만, 사람에 따라 읽어내는 사람과 그렇지 못한 사람이 있겠지요."

이 발언에서 흥미로운 점은 기후 변화, 온난화, 환경 위기 문제를 다뤘지만 직접 대사로는 나타내지 않았고, 계몽적 태도로 보이지 않도록 신경을 썼다는 부분이다. '세카이계'풍 애니메이션은 현실과 사회 문제로부터 도피하기 위한 사탕 같은 표현이 요구되곤 한다. 그런 관객들을 현실 문제와 '이어주기' 위해서 그런 부분이 전면에 드러나지 않도록 섬세하게 조정했다는 이야기다. 그리고 그런 메시지를 깨닫지 못하는 사람도 문제없이 볼 수 있도록 만들었다고 분명히 언급한 점에도 주목해야 한다. '보이 미츠 걸'의 줄거리만을 봐도 상관없고, 작품의 배경에서 다른 무언가를 독해해내더라도 상관없다는 다층 구조로 만든 것이다.

좀 더 생각해봐야 할 지점은 일본의 관객 대부분이 '환경 문제'를 떠올리지 않았다고 신카이가 말한 부분이다. "일본의 관객에 대해 말한다면, 기후 변화를 연상한 사람은 거의 없지 않았나 싶습니다. 상영 후 열린 토론회에서도 관객들은 환경 문제에 대한 질문을 거의 하지 않았습니다. 일본의 미디어도 그런 자리가 아니라고 생각한 것인지 (기후 변화에 관해) 거의 묻지 않았습니다. 그런데 미국, 영국이나 프랑스 등 유럽 지역, 그리고 인도에선 저널리스트가 질문하는 주된 내용이 기후 변화였죠. 관객의 감상도 저널리스트들의 태도와 어느 정도 비례한다는 느낌을 받았습니다. (……) 일본의 관객은 이 영화와 온난화를 연결 지어 생각하는 사람이 거의 없었던 것 같은데, 역시 각 나라의 사정이 반영된 부분이라고 생각합니다."[4]

'제3의 패전'을 막기 위해: 애니미즘과 '신토'의 결점을 극복하다

어째서 그런 것일까. 신카이는 그것을 여러 자연재해를 계속 겪어온 일본의 토지 조건에서 기인한 문화의 문제, 전통적인 마음의 습관으로 이해하고자 한다.

"지금처럼 온난화가 이만큼이나 눈에 분명하게 보이는 형태로 위기 상황을 일으키기 전부터 일본은 다른 나라와 비교할 때 자연재해가 무척 많은 나라였습니다. 그렇다 보니 좋든 나쁘든 환경 변화에 과도하게 적응한 느낌이 듭니다. 인간은 도저히 자연을 컨트롤할 수 없다, 자연에는 이길 수 없다는 인식이 일본인의 머릿속에 깔려 있는 것 아닐까요. 그것은 일종의 늠름함이면서 유연함이기도 하지만, 동시에 어떤 면에서는 체념으로 볼 수 있지 않을까요. 일본인의 겸허함이라고 할 수 있을지도 모르겠네요. 하지만 그러한 태도는 기후 위기에 대한 명확한 행동이 요구되는 지금 상황에선 마이너스 요소로 작용할지도 모릅니다.", "태풍 소식은 보도하지만, 애초에 왜 이만큼이나 태풍이 커졌는지에 대한 보도는 별로 나오지 않습니다. 일본 관객 대다수가 이 영화에서 온난화를 연상하지 않는다는 것과, 태풍의 원인 중 하나가 온난화라는 점에 생각이 미치지 못하는 것은 근본적으로 같은 이유 때문이라고 생각합니다."

바꿔 말하자면 자연은 '신'이고 거역해봤자 어쩔 수가 없다, 포기하고 받아들일 수밖에 없다고 일본에서 살아가는 이들의 마음이 이미 형성되어 있고, 그 때문에 기후 변화와 같은 문제를 의식하지 않게 된 것이라는 이야기다.

여러 재해를 겪다 보니 동일본대지진 이후에는 산속에 은둔하는 사람을 그린 가모노 초메이의 『호조키』를 읽는 사람이 늘어났다. 『호조키』에 그려져 있는 무상無常, 체념이라는 감각은 거대한 재해가 계속 일어나는 일본에서 그 재해를 수용하기 위한 기본적인 마음가짐

으로 여겨진다. 이상 기상의 원인을 '레이와 쨩令和ちゃん'이라는 캐릭터가 실수했기 때문이라고, 귀여운 것으로 표상하여 소비함으로써 심리적 해결을 시도하는(회피하고 얼버무리는) 것 역시 그러한 마음을 표출하는 또 다른 방식이겠다.

반면 유럽에서 리스본 대지진을 그린 볼테르의 『캉디드』를 보면, 지진을 일으킨 신에게 분노를 표하고 신은 죽었다고 하는 계몽주의 시대로 나아가는 정신이 그려져 있다. 이것은 자연을 정복하고자 하는 서양의 과학주의, 인간주의로 이어진다는 비난을 받기도 한다. 하지만 과연 어느 쪽이 좋을까.

『호조키』처럼 자연재해를 수용하는 태도는 전쟁이나 정치와 같은 인재人災에까지 이어진다는 비판이 존재한다. 그것은 홋타 요시에의 『호조키 사기方丈記私記』◆나 그 영향을 받은 미야자키 하야오가 계속 문제 삼았던 부분이었다.

신카이는 15세의 나이에 '기후를 위한 동맹 휴학'을 이끌면서 세계적인 영향력을 갖게 된 환경운동가 그레타 툰베리의 이름을 언급하며 '과학'과 '합리성'을 옹호했다.

"기후 변화는 애당초 세대(간)의 문제를 부각하는 과제잖습니까. 그레타

◆ 『호조키方丈記』는 중세에 쓰인 일본 수필이다. 『호조키 사기』는 일본의 소설가 홋타 요시에의 대표작인데, 미야자키 하야오 감독이 큰 영향을 받았고 오랫동안 『호조키 사기』를 애니메이션으로 만들고 싶어 했다.

씨가 화를 내는 지점도 그 부분이죠. 그레타 씨의 행동을 보면서 기후 위기와 관련해 운동을 일으키는 것, 그것이 10대인 그들이 할 수 있는 유일한 정치 참여라는 인상을 받았습니다. 앞날을 진지하게 생각해보고 지금 그런 행동을 하지 않으면 그것이 자신들에게 돌아오리라고 실감했기 때문에 일어나는 움직임이란 것이죠. 정말 냉정하고 합리적으로 행동하는구나 싶었습니다."

일본에 과학적이고 합리적인 사고가 뿌리내리기 어려운 것은 신토나 무상無常 관념과 같은 종교적 세계관 탓이 아닐까. 그것이야말로 기후 변화와 같은 위기에 대한 둔감함으로 이어질지도 모른다. 이 발언에는 그와 같은 뉘앙스가 담겨 있지 않을까.

그러므로 이 작품에는 영적인 부분을 상대화하고 의심하는 관점이 도입되어 있다고 해석할 수 있다. 작품에서 〈무ム-〉라는 오컬트 잡지 기사를 하청받은 편집프로덕션 대표 스가는 (기사 내용이 사실이 아니라는 점을) "알고 있지만 엔터테인먼트"◆로서 제공하는 것이라고 말한다. 이 작품에는 신토 등에 대해서도 〈너의 이름은.〉보다 좀 더 거리를 두고서 상대화하는 시선이 도입되어 있다.

◆ 오컬티즘은 '신비학' 등으로 표현되며, 과학으로 설명하기 어려운 감춰진 지식을 탐구하는 것을 말한다. 〈무〉와 같은 오컬트 잡지는 그런 오컬트적인 내용을 (그게 사실이 아니라는 것을) '알고 있으면서도' 독자들에게 엔터테인먼트로서 즐길 수 있도록 제공한다는 말이다.

왜 빈곤층에 관한 내용이란 점이 일본에선 의식되지 않는가

그리고 신카이는 기후 변화를 의식하지 않는 원인 중 하나로 '빈곤'을 말한다.

"동시에 일본 관객의 의식이 기후 변화 쪽으로 거의 향하지 않는 것도 무리가 아닐지도 모르겠습니다. 그들도 우리도 여유가 없거든요. 보통 사람들은 대부분 하루하루를 살아내는 데에 온 힘을 쏟고, 10년, 20년 후 멸망이 결정되어 있다손 치더라도 좀처럼 그에 대항하기가 어렵습니다. 인간이 가진 돈이나 여가는 한정적이고, 특히 젊은 세대가 가진 몫이 줄어들었다는 사정이 중요하다고 봅니다."

"메인 주제는 아니지만, 〈날씨의 아이〉에는 젊은 층의 빈곤과 막막함이 모티프로 담겨 있습니다.", "예를 들어 작년에 개봉해 엄청난 히트를 기록한 영화 〈조커〉처럼 최근에는 사회 계층의 양극화를 주제로 한 영화가 늘어났습니다. 〈날씨의 아이〉의 두 주인공도 빈곤층입니다. 요즘 많은 이들에게 공감을 받을 만한 캐릭터를 생각하다 보니 자연스럽게 그렇게 됐습니다. (작년에 칸 국제영화제에서 최고상인 황금종려상을 수상한) 한국 영화 〈기생충〉도 마찬가지죠."

유엔에서 인권을 담당하는 특별보고관 필립 알스턴Philip Alston은 '기후 아파르트헤이트'에 관한 주의를 촉구한다. 홍수나 허리케인, 폭

염으로 인한 기아와 주거 상실 피해는 빈곤층에 집중적으로 발생한다. 환경 문제에 대해 더욱 큰 책임을 져야 할 부유층은 그 부를 이용해 오히려 피해를 회피할 수 있다는 것이다. 물이 흘러넘치기 쉬운 지역에 사는 사람과 고층 아파트나 지반이 튼튼한 언덕 위에 있는 집에 사는 사람 중 어느 쪽이 수해를 입기 쉬운지 생각해보면 간단히 알 수 있지 않은가.

'기후 아파르트헤이트'는 상호 간에 물리적인 장벽이 존재한다는 것만이 문제가 아니다. 장벽 너머에 존재하는 가난한 사람들, 곤경에 처한 사람들의 존재를 '필터링'해버리고 인식하지 못한다는 문제야말로 더더욱 심각하다.

〈날씨의 아이〉는 빈곤층을 그린 작품이라고 신카이는 언급한다. 하지만 내 수업을 듣는 학생들에게 그 이야기를 했더니, 영화를 보았음에도 화면으로 증거를 보여주면서 구체적으로 설명하지 않으면 이해하지 못하는 경향이 있었다. 제대로 확인해보면 처음부터 끝까지 빈곤층 이야기라는 것이 계속 강조되어 있는데도 말이다.

주인공 호다카가 등장하는 장면에서 그의 얼굴에는 많은 상처가 나 있다. 가출한 이유에 대해 "숨이 막힌다"라고밖에 말하지 않지만, 그 배경에 가정 내 학대라든지 학교나 지역에서 이루어진 폭력 등이 있으리라고 추측할 수 있다. 이처럼 이 작품에서는 내용을 직접 언어화하지 않고 시사적으로 내비치는 표현이 많이 사용되었다.

집을 나와 도쿄로 간 호다카는 신분증명서가 없어 직업을 구하지 못한다. 인터넷 카페 등을 전전하다가 맥도날드 점원인 히나에게 햄

버거를 얻어먹으면서 두 사람의 첫 만남이 이루어진다. 호다카는 '인터넷 카페 난민', '맥도날드 난민'인 셈이다. 은유나 상징으로 말하자면, 전쟁을 피해 도망 나온 난민이나 불법 이민자에 가까운 존재다. 그는 노숙자가 되고, 가부키초에서 소외되거나 얻어맞는 묘사도 나온다.[5]

나 역시 대학 졸업 후 가부키초의 인터넷 카페에서 일했었다. 노숙자나 미성년이면서 유흥업소에서 일하는 가출 소녀, 소매치기, 약물 의존증인 사람, 일용직 근로자, 인터넷 카페 난민 등 심각한 상태로 살아가는 사람들과 매일 만나던 시기가 있었다. 그때 본 가슴 아픈 상황과 호다카의 모습이 겹쳐진다.

그는 천 엔쯤 하는 맥주를 비싸다고 느낀다. 18세인 줄로만 알고 있던 히나에게 생일 선물로 건네는 반지는 3,000엔 정도. 러브호텔◆ 안에서 한 파티에서 먹은 음식은 컵라면과 닭튀김 등이다. 스가의 편집프로덕션에서 일하고 받은 월급은 3,000엔. '블랙 아르바이트'라는 말도 자주 나왔다. 확실하게 사회의 가장 밑바닥이고, 신분도 없고, 착취당하는 빈곤층을 그렸다는 점이 몇 번이고 반복하여 강조되어 있다.

또 한편으로 히나는 15세에 어머니를 잃고 고아가 되어 남동생을 키우기 위해 나이를 속이고 물장사로 돈을 벌려고 한다. 물장사

◆   숙박 목적이 아닌 성을 목적으로 하는 업소.

란, 무대가 가부키초와 신오쿠보인 만큼 매춘의 비유로 보아도 될 것이다. 〈날씨의 아이〉에는 전체적으로 성이 강조되어 있다. 스가의 사무소 이름인 'K&A플래닝'은 어덜트 비디오 회사 'V&R플래닝'을 연상시킨다. 그것은 성 산업의 메타포로서 이 작품을 봐야 한다는 점을 시사하는 듯하다. 작중에서 대사로 나오는 '인신매매', '체험 입점'과 같은 단어나, '바닐라 트럭'◆이 묘사되는 부분도 그 증거가 될 것이다. 전작과 전전 작품에서는 '성'의 긍정을, 여기서는 그 뒷면(유흥업소, 성 착취)을 그렸다고 할 수 있다. 실제 유흥업소 역시 학대를 받은 아이나 지적·정신장애인, 가출 소녀 등으로 가득한데, 그들은 손님을 즐겁게 하기 위해 그 현실을 감추고 '미화'하며 연기하고 시간과 공간을 연출한다.[6]

이 작품에서 '빈곤'은 눈에 보이기도 하고 대사로도 나오지만, 왠지 뇌에서 인식되기 어려운 편이다. 마치 트릭아트와도 같은 성질이 띤다고 할 수 있다. '무언가를 보려고 하지 않는다', '보이지 않게 됐다'는 관객의 문화적 무의식을 의식화하는 구조를 가진 작품인 것이다.

돈을 벌기 위해 그들은 '맑은 날씨의 무녀'로 활동한다. 구마 겐고가 건축한 국립경기장이 작중에 여러 번 등장하는데, 아마도 이 작품의 '맑음'이 상징하는 것 중에는 도쿄올림픽과 같은 국가적 이벤트도 포함되는 듯하다.

◆　일본의 성 영업점 구인 구직 정보 사이트 '바닐라'의 광고용 선전 차량을 뜻한다. 이 차량이 애니메이션 〈날씨의 아이〉에서 묘사되었다.

점차 '맑은 날씨'를 만들기 위해서는 대가가 필요하다는 사실을 알게 된다. 신체에 멍 같은 것이 생긴다. 옛날부터 무녀는 매춘과도 관련이 깊은데, 그것은 사람들을 기쁘게 만들고 자신의 심신을 희생하여 돈을 벌어야만 하는 성 산업 종사자라든지 아이돌과 같은 연예인을 은유한 듯하다. 히나의 신체에는 마치 학대당한 것과 같은 멍이 늘어났고, 그녀가 '인주人柱'◆로서 하늘의 부름을 받는 장면은 마치 빌딩 위에서 뛰어내리는 것처럼 보이기도 한다. 이 작품은 세계가 '밝은' 장소로 존재하기 위한 대가, 즉 보이지 않고 깨닫지 못하게 치워지는 '희생'을 가시화하고 그에 대한 분노를 터뜨리는 이야기다.

후반에는 히나를 희생해 '맑은 날씨'를 만들고, 마치 아무 일도 없었다는 듯 계속 돌아가는 사회에 대한 호다카의 반역이 그려진다. 그는 "다들 아무것도 모르고, 이럴 순 없어"라고 외친다. 자신들을 보지 않으려고 하고 눈치채지 못하는 사람들에 대한 증오로 인한 반격이 시작된다.

'심리적 필터링'에 저항하며

소설가이자 비평가인 가사이 기요시는 『탐정소설은 '세카이'와 조우

◆ 건물이나 다리를 건설할 때 제물로 사람을 바치는 과거의 인신 공희 풍습, 또는 그 제물이 되는 사람.

했다』에서 '세카이계'가 사회 영역에 대한 묘사를 쉽게 빠뜨리는 것은 신자유주의 이데올로기가 주류가 된 시대의 "사회 분야를 구성하는 의사의 부조화와 부전성不全性을 시대적 필연으로 표현한 것"[7, 8]이라고 했다.

'사회를 그리지 않았다'는 '세카이계'에 대한 비판을 신카이는 의식하고 있다.

> "그런데 왜 '사회'가 없는가를 생각해보면, 2000년대 초반은 '사회'의 존재감이 약한 시기였고, 그런 의식을 할 필요가 없었기 때문이라고 생각합니다."

하지만 〈날씨의 아이〉를 구상하던 시점에는 그렇지 않게 되었다고 말한다.

> "데포르메◆된 형태이긴 해도 '경찰'이 계속 나오고, 주인공들은 '날씨 비즈니스'를 통해 여러 사람과 만나 일을 해주고 돈을 받으니까요. 그런 건 '사회'가 없으면 할 수 없는 일입니다. / 내가 만든 내용이 그렇게 되어버린 것은 나 자신이 달라졌다기보다는 '과거처럼 사회가 무조건적으로 항상 존재하리라고 생각할 수 없게 되었다', '사회 자체가 위태로워졌다'는

◆　미술이나 조각에서 대상을 변형·왜곡시켜 표현하는 것에서 유래한 용어.

생각을 모든 사람이 갖게 되었기 때문이라고 봅니다. / 그러니 애니메이션 속에서도 필연적으로 '사회'가 있어야 할 필요성이 생긴 것이죠. 지금은 그렇게 느낍니다."**9**

가사이 기요시는 '노숙자가 보이지 않는' 사회가 되었다는 점에 경종을 울리는 '용의자 X 논쟁'을 벌였다(그 글은 『탐정소설은 '세카이'와 조우했다』에 수록되어 있다). 그 논쟁에서 노숙자와 같은 사회적 약자가 보이지 않게 되는 경향을 '세카이계적인 오타쿠 정신'과 연결지어 논했다. 다만 가사이는 '세카이계적인 오타쿠 정신'이 노숙자와 같은 사회적 약자 문제에 무관심하다고 단순히 비판하는 것이 아니라, 그와 같은 정신이 만들어지는 좀 더 커다란 배경으로서 신자유주의와 인터넷의 필터링 등을 문제 삼는다.

보고 싶지 않은 것, 보이고 싶지 않은 것을 관리하는 구조가 존재한다. 그리고 그것은 인터넷만이 아니라 인간의 심리 안에도 있다고 한다. 그것이 바로 '필터링'이다. "주민들에게 슬럼가가 보이지 않도록 가로막는 물리적·심리적 시스템도 존재할 수 있다. 하층 계급을 공간적으로 격리하고, 그 사실을 '건전한 시민'에게 알리지 않으면 된다."**10**

조닝_{zoning}♦은 보지 않으려 한다는 사실은 자각하고 있다. 하지만 필터링은 보지 않으려 한다는 것, 잊고 있다는 사실 자체도 잊어버린다.

그와 같은 '필터링'적 사고방식이 증가하는 것은 인터넷 사회 탓일지도 모른다. 미디어와 작품이 현실을 보는 방식을 규정한다면 보고 싶지 않은 것, 보이고 싶지 않은 것을 필터링하거나 혹은 반대로 보고 싶은 것만을 선택해서 볼 수 있게 된다. 그런 식으로 좋아하는 것만 자동으로 추천해주는 인터넷을 항상 접하다 보면, 다양하고 혼란스러운 이 현실 세계에 대한 심리적 방어나 필터링이 일어나는 것 아닐까.

그리고 그것은 애니메이션이라는 장르의 본질과도 연관되는 문제다. 예를 들어 일본의 애니메이션은 신체나 생생한 느낌을 은폐하고 죽음과 생활고 등을 망각하도록 만드는 기능을 본질적으로 내재하고 있기 때문이다.[11]

◆   구역화. 원래는 건축 등에서 공간을 구역별로 나누는 것을 뜻하는데, 특히 일본 문화계에서는 출판의 자유라는 측면에서 특정한 내용이나 서적을 (성적이거나 사회에 '유해'하다고 판단되는 경우) '금지'하지 않고 구분하여 판매하거나 전시하는 것을 뜻하는 용어로 자주 사용된다.

반역자들의 이야기: 오히려 '어린이'에게 더 희망이 있다?

신카이가 토드 필립스 감독의 〈조커〉(2019)나 봉준호 감독의 〈기생충〉(2019)을 언급한 점에도 주목해야 한다. 두 영화 모두 인식의 벽에 의해 드러나지 않게 되고 희생된 하층민들이 폭발적으로 분노하며 반역을 꾀하는 이야기이기 때문이다.

특히 〈기생충〉은 환경 위기로 희생된 빈곤층이 그런 것을 의식할 필요가 없는 부유층을 향해 테러와도 같은 살인을 행하는 작품이었다. 〈날씨의 아이〉에서 호다카가 했던 행동도 실질적으로는 테러나 다름없다. 자신을 소외시키고, 쫓아내고, 히나를 빼앗아 간 사회에 복수하는 것이다.

호다카는 경찰에게 총을 겨눈다. 그리고 세계에 비가 계속 내려도 상관없으니 히나를 돌려달라고 빈다. 그 결과, 그녀를 되찾지만, 그 대가로 도쿄는 물에 잠긴다. 사랑하는 사람 한 명을 구하기 위해 도쿄를 희생시킨 셈이다.

〈날씨의 아이〉는 뉴 아메리칸 시네마를 참조했다. 아서 펜 감독의 〈우리에게 내일은 없다〉(1967), 데니스 호퍼 감독의 〈이지 라이더〉(1969) 등은 사회에서 이탈하여 궤도 없이 멋대로 달리는 젊은이들을 그렸다. 그리고 대개는 파멸을 맞이한다. 〈날씨의 아이〉에서 호다카의 행동, 경찰에 반항하는 방식, 그리고 반복하여 나타나는 오토바이의 모티프 등은 그런 작품들을 참조했음을 보여준다.

뉴 아메리칸 시네마에서는 종종 주인공들이 파멸을 맞이하는데,

이 작품의 주인공들은 그렇지 않았다. 오히려 주인공들의 반역이 긍정되는 것처럼 보이기도 한다. 어떻게 된 일일까. 사회가 아닌 개인을 선택한 그들이 어째서 긍정되는가. 세계가 파멸해도 좋다고 느끼면서 행동한 그들의 '세카이계'적 태도는 어째서 허용되는가.

호다카는 빈곤층에 속한다. 장기적인 시야를 가지기 어려운 듯하고, 사회나 세계를 생각할 여유도 없다. 환경 문제 등을 이해한다는 묘사도 나오지 않는다. 그야말로 마음먹으면 바로 행동하는 스타일이다. 히나를 구하겠다는 마음을 먹자마자 그녀에게 일을 권유하려던 사람들로부터 끌고 나오기도 하고, 히나가 '인주'가 되어 희생됐다는 사실을 알게 되자 즉시 쫓아가 되살리기도 한다.

그의 주변에 있는 어른들은 조금 더 넓은 시야를 갖고 있다. 그 세대 차와 인식 차이야말로 이 작품에서 중점적으로 그려지는 '디스커뮤니케이션'이다. 스가는 살아서 생활비를 벌어야 한다는 것을 알기 때문에 경찰이 오자 금방 호다카를 쫓아내버린다. "이젠 어른이 되어라, 소년"이라고 말하기도 한다. "타인인 어린애보다 내 생활이 중요", "한 사람 희생해서 미쳐버린 날씨를 되돌릴 수 있다면 나는 환영", "다들 그럴 거야"라고 어른의 논리를 말한다.

그에 비해 호다카는 타산적이지 않다. 다른 사람을 위해서고 뭐고 간에 자신이 사랑하는 한 사람이 희생되는 것을 받아들이지 않고, 세계를 희생시키더라도 구하려고 한다.

여기에서 그리고자 하는 것은 시야가 좁고 감정적이며 본인 욕망밖에 생각하지 않는 인물은 세계를 멸망시킨다는 비판일까? 그렇게 해석할 수도 있다. 하지만 도쿄가 바다에 가라앉은 뒤 주민들이 "어차피 200년 전엔 바다였다"며 "원래대로 돌아간 것뿐", "세계는 어차피 원래부터 미쳐 있었어"라며 호다카를 위로하는 대사를 고려해보면 단순히 비판하는 것이라고는 생각할 수 없다. 물론 신카이가 이 부분을 논의할 지점으로 만들기 위해 일부러 중의적으로 표현했다고 여겨지지만, 굳이 비교해보자면 긍정적 뉘앙스를 강하게 느낄 수 있다. 어째서일까?

현재의 기후 변화와 격차, 전쟁과 같은 심각한 문제는 지금까지 문명이 만든 시스템의 결과로서 만들어진 측면이 있기 때문이다. 생활하기 위해 그것들을 긍정한다는 것은 결과적으로 어딘가에 왜곡과 희생을 만들어낼 수밖에 없는 이 시스템을 추인하는 것이고, 문제를 해결할 수 없게 된다.

그러므로 스가가 보여주는 '어른의 논리'만으로는 안 되는 것이다. 이 시스템에 근본적 문제가 있다는 점을 직시하고 '생활을 위해서'라며 어물쩍 넘기지 않으며 충동적이기까지 한 호다카야말로 올바른 (혹은, 거기에서 희망을 찾아내고자 하는) 인물이다. 아마도 희생자가 생기는 것에 분노하고, 시스템에 반역하는 사람들이야말로 기후 변화 시대에 필요한 인물이라고 말하려는 것 아니겠는가.

철학자 슬라보예 지젝은 그레타 툰베리에 관해 이렇게 말했다.

"바로 이것이야말로 지구온난화에 맞서기 위해 필요한 것이다. 과학적인 결과를 보도록 끈질기게 반복하고, 과학의 메시지를 흐지부지하게 만드는 수사학적 장치를 아예 무시하는 것이."

"아무래도 어린이야말로 과학자가 우리에게 반복해서 알려주는 것을 진지하게 (즉, 문자 그대로) 받아들이는 유일한 존재인 것 같다."[12]

이 문제는 〈별을 쫓는 아이〉에서도 다루었던 '어른 아이' 문제의 연장선상에 있다. 생활의 필연성을 받아들이는 존재가 '어른'이라고 할지라도 그것과는 또 다른 성숙도 있는 법이다. 그런 성숙을 거부하는 '어린이' 쪽이 옳은 경우도 있다. '어른 아이'인 스가야말로 분단된 둘 사이를 연결해주는 다리 역할을 할 수 있다. 그런 형태로 이 작품은 '어린이'스러움을 옹호하고 '오타쿠의 성숙' 문제에 차별점을 덧붙인다.

소셜 미디어 시대 속 정치적 행동의 비유

'어린이'라는 성질은 소셜 미디어 시대의 사회 변혁 운동에서 열쇠가 되는 개념이다. 다케시타 류이치로竹下隆一郎는 『SDGs가 펼치는 비즈니스 신시대』라는 책에서 "소셜 미디어 사회란, 어린이 같기도 하지만 중요한 말을 솔직하게 말하는 사회다"[13]라고 표현했다. 소셜 미디어는 사적인 감정이나 아이덴티티를 중시하고 감정 변화로 움직이기 쉬운 플랫폼이다. 그곳에서 악성 댓글이 쇄도하면 크나큰 손실이 발생하고, 공감을 얻으면 크나큰 지지를 얻게 된다. 이런 식으로 언론 공간이 변화함에 따라 기업이나 정부 역시 그 목표나 방향성을 과거와 달리하고 있다. 호다카의 모습은 소셜 미디어 시대에 정치적 행동을 일으키는 사람들과 유사한 점이 있지 않은가.

이 작품 속 구름의 모습은 소셜 미디어를 비유한 것이겠다. 〈별의 목소리〉 때부터 휴대폰 문자 등을 통한 커뮤니케이션을 구름이나 날아다니는 물체, 물과 같은 형태로 표현하곤 했는데, 이 작품에서 '구름'은 엄청난 양과 속도로 어지럽게 날아다니는 인터넷 정보 그 자체다.

소셜 미디어에 관해 신카이도 언급한 바 있다.

> "〈너의 이름은.〉 이전과 지금은 세상의 구성이 완전히 달라졌다고 느낍니다. 역시 소셜 미디어의 영향이 큰 것 같아요. 사회의 투명도가 비정상적으로 높아졌고, 악성 댓글이나 비판으로 항상 누군가가 희생되고 소비됩니다. 요즘 젊은이들은 이렇게나 숨 막히는 세계에서 살아가는가 싶습니다. 그런 답답함을 건너뛰어버리는 소년 소녀를 그리고 싶었습니다."[14]

소셜 미디어도 날씨와 비슷하게 기분에 따라 흐름이 변화하기 때문에 일개 생활인은 그 흐름(분위기)을 읽도록 강요받는다. '날씨 비즈니스'란 소셜 미디어 여론 조작을 은유한 것일지도 모른다. '불쌍하다'는 동정과 공감을 얻기 위해서는 젊은 여성을 전면에 내세우는 편이 효과적이라는 사실이 광고 산업에서 실천적으로 알려져 있다. 히나는 '분위기(공기)'와 '소셜 미디어 여론'을 바꾸기 위해 자신을 혹사하고, 이윽고 모든 사람이 고조되어 제물로 만드는 악성 댓글의 피해자와도 같은, 희생된 사람들의 비유인 셈이다.

그렇게 보자면 이전까지 신카이 작품에서 긍정적으로 그려진 '구름', '빛', '날아다니는 물체' 등이 이 작품에서는 부정적 의미가 되었다고 할 수 있다. 그것은 이 작품이 '어둠', '어두운 부분'에 주목함과 동시에 이전까지의 작품과 '상반'된 위치에 있음을 보여준다.

'세카이'계적인 존재가 세계를 구한다: 〈날씨의 아이〉와 SDGs

좀 더 참고가 될 수 있도록 SDGs를 참조해보자. SDGs란 2015년 9월에 유엔에서 193개국 정상의 합의를 얻어 채택된 '지속 가능한 개발 목표Sustainable Development Goals'를 뜻한다.

환경 문제가 중심이라는 인상을 받기 쉽지만, 빈곤과 경제 성장, 성평등 등 17개의 목표를 설정하고 있다. SDGs의 특징은 그 모든 것이 '연결되어 있다'고 인식한다는 점이다. 미나미 히로시南博와 이나바 마사키稲場雅紀의 책『SDGs』에는 이렇게 쓰여 있다. "가장 특징적인 것은 과제의 보편성, 불가분성에 관한 인식이다." "이 과제들이 서로 관련되어 있고 상호 의존되어 있다는 '상호관련성'을 강조하고, '통합적인 해결'을 목표로 한다는 점이 커다란 특징이다."[15]

과학적 사고란 대상을 분석하고 세분화하여 해결책을 찾는 것이다. 하지만 현실 사회 문제는 서로 연결되어 있기 때문에 그것들을 통합적으로 서로 연결되어 있는 것으로 생각하는 시스템론적 사고가 필요하다. '무스비'의 힘은 여기에서 SDGs가 요구하는 전 지구적 규모의 문제를 해결하기 위해 필요한 '상호관련성'으로 변주되어 있다.

SDGs의 주장은 지금까지 자유주의자나 좌파가 주장해온 내용과 비슷한 부분이 있다. 그것을 유엔이나 국가, 영리 기업이 채용한다는 점에 현대적인 뒤틀림이 존재하는 것이다. 환경 보호 활동을 하는 이들은 현실적인 원칙을 이해하지 못하는 '어린이'와 같다고 보는 시선도 있었다(그런 시선은 여전히 존재한다). 문명과 사회에서 소외되고 자연에서 원초적인 신앙과 다양성, 협조성을 중시하고자 했던 과거의 히피들(아메리칸 뉴 시네마의 등장인물들)의 '반역'도 지금은 완전히 체제 순응적 주장이 되어버렸다. 그런 시대의 반전을 반영하여 〈날씨의 아이〉에서는 〈이지 라이더〉의 결말처럼 호다카가 사살되지 않고, 어린아이라는 사실을 단순히 부정하지도 않는다는 변화가 일어난 것 아닐까.

그 옛날 아메리칸 뉴 시네마에서 문명에 반역하고 자연에서 살고자 한 탈사회적 히피들, 또는 '너와 나'라는 관계에 틀어박혀 사회에 대한 인식을 내팽개치고 자의식과 감정만을 생각하며 그것들이 세계와 직결되어 있다고 생각한 '비사회적' 세카이계 오타쿠들. 그들의 정신 상태, 그리고 어린아이 같은 모습은 소셜 미디어 시대에 세계를 구할 수 있는 가능성으로 이어진다. 아니, 오히려 그와 같은 가능성으로 연결하기 위해서 신카이가 본인의 작품으로 '세카이계'를 대체하고자 시도한 작품이 〈날씨의 아이〉인 셈이다.

Weathering With You: 모두가 힘을 합쳐 위기를 극복한다

『SDGs』에는 "문제는 연결되어 있다. 하지만 그 문제에 직면한 사람들은 분단되어 있다"[16]라는 문장이 나온다. 예를 들어 코로나와 기후변화를 부정하는 음모론자들. 그중에는 공업 중심의 사회 속에서 긍지를 갖고 있었지만, 산업 구조가 변화하는 바람에 생활고를 겪고 굴욕을 느낀 이들이 있다고 한다. 그리고 대립이 발생한다. "이것은 미국만이 아니라, 일본을 포함해 세계 어디에서도 찾아볼 수 있는 현상이다."[17]

또한 세대 간 분단 역시 커다란 문제다. 〈날씨의 아이〉에서도 호다카, 히나와 어른들의 세계는 분단되어 있다. 그 사이에는 몰이해라는 벽이 둘러쳐져 있다.

『SDGs』에선 서로 연결되는 일이 중요하다고 지적한다. 전 세계 수많은 사람과 조직이 연결되고, 서로의 가능성을 끄집어내는 것이 서로 얽혀 있는 만성적 위기를 극복하기 위해 필요하다고 말했다.

유엔 홍보센터의 네모토 가오루는 "〈날씨의 아이〉의 영문 제목은 〈Weathering With You〉죠. 'Weather'라는 단어에는 날씨 말고도 '극복하다'라는 의미가 있습니다. 닥쳐오는 기후 위기로 대표되는 불투명한 시대를 함께 헤쳐 나가기 위해 대중문화는 무엇을 할 수 있을까요?"라고 질문했다. 그리고 '다 함께 힘을 합쳐 위기를 극복하자'는 SDGs적인 메시지가 〈날씨의 아이〉에 담겨 있다. 이 작품의 결말에서는 호다카의 '선택'으로 인해 세계가 바뀐다는 내용이 나온다. 히나의 죽음도 피하고 그와 동시에 큰 비로 상징되는 기후 변화와 같은 거대한 변화의 방향을 바꿀 수 있을지도 모른다.

과거에 '세카이계'는 야유의 대상이었다. 한낱 개인의 자의식과 연애 감정이 세계의 운명과 이어져 있다는 생각은 자만심이고, 사회 분야를 바라보려 하지 않는 것은 오타쿠의 시야가 좁고 신자유주의 이데올로기의 영향을 받았기 때문이라고 비판했다.

하지만 현재의 주류 체제에 속한 이들이 보내는 메시지라고 할 수 있는 SDGs는 개개인의 기분이나 사랑과 욕망의 본질이 정말로 세계의 운명과 직결되어 있음을 전하려고 한다. 플라스틱이나 육식에 대한 욕망을 포기한다면 세계는 구원받을지도 모른다. 물건을 살 때 비닐봉지를 쓰지 않고 에코백을 지참하거나, 냉방 설정 온도를 1도 올리거나, 태양광 패널을 사용함으로써 세계를 구원할 수 있을지도 모른다. 한 사람 한 사람의 작은 행동이 세계의 운명과 이어져 있고, 세계를 구하는 행동이 될지도 모른다. 소셜 미디어에 올리는 개인적 감정이 남들과 이어져서 정말로 세계를 바꾸는 물결을 만들어낼지도 모른다.[18]

'세카이'와 '세계'를 뫼비우스의 띠처럼 잇는다

히나를 구할지, 세계를 물에 잠기게 할지에 대한 '선택'이 마치 미소녀 게임의 선택지처럼 느껴진다는 비평이 많다. 하지만 그것이 소위 세카이계나 미소녀 게임의 선택지와는 달리 '세카이'에 갇혀 있지 않고 '지금 이 세계'와 이어져 있다는 차이점이 존재한다.

　게임과 관련해서 게임이라는 미디어가 플레이어가 선택한 선택지에 따라 서로 다른 결말을 맞을 수 있다는 점을 경험시킴으로써 이 사회에 참여하는 감각을 부여할 수 있다는 연구도 있다. 영화와 비교할 때 상호 작용적인 미디어 특성이 현실 사회나 세계에 대한 감성·인식에 영향을 미친다는 뜻이다. 게임업계 출신이자 미소녀 게임에도 관여했던 신카이 마코토가 그린 이 '게임적'인 '결단' 역시 역설적인 회로를 통해 현실과의 연결점을 만들어낼 수 있지 않을까.

　이 결단은 다른 결과가 펼쳐졌을지도 모른다는 상상력을 강하게 불러일으킨다. 그것은 '미래는 바꿀 수 있다', '미래는 자신의 행동에 따라 달라진다'는 메시지를 관객이 강하게 의식하도록 만든다. 현실을 잊게 하고 삶과 죽음의 현실성을 잃어버리게 만든다는 비판을 받아온 게임이라는 미디어가 배양한 문법이 이처럼 현실의 위기로부터 인류를 구하는 데에 사용된다. '세카이'와 '세계'는 (바꿔 말하자면, 허구와 현실은) 뫼비우스의 띠처럼 이어져 있다.

'괜찮아'는 어째서 괜찮은 것인가

많은 관객이 가장 이해하기 어려워하는 부분은 영화의 결말 부근에서 호다카와 히나가 만났을 때 호다카가 한 대사 "히나, 우리는 분명히 괜찮아"가 아닐까. 도쿄가 수몰되었는데 뭐가 어떻게 괜찮다는 말일까. 비평가 스기타 슌스케는 통렬하게 비판했다.

"그러나 기묘하다고 느낀 부분은 완전히 드러난 '미쳐버린 세계'를 호다카가 그야말로 '애니메이션적'인 정념과 감정만으로, 근거도 없이 기세만으로 '괜찮다'고 완전히 긍정해버린 점이다. 그것은 마치 인간 세계 따윈 어차피 처음부터 비인간적이고 미쳐버렸으니 어쩔 수 없다, 받아들일 수밖에 없다는 무책임한 논리를 펼치는 것처럼 느껴진다. 거기에서 근본적인 위화감을 받았다. 기만하는 느낌이었다."

"〈날씨의 아이〉의 이중적인 기만은 ① '미쳐버린 세계'를 어른들이 자각하고 있는 상태에서 변혁하거나 개선할 가능성을 애초부터 상정하고 있지 않다는 점. ② 게다가 어른들은 타락한 존재라고 단정함으로써 책임을 회피하고, 동시에 젊은이들의 입으로 그럼에도 불구하고 이 세계는 '괜찮다'고 말하도록 하는 것. 즉 어린이들의 결단이나 자기 계발에 달린 문제인 양 (겉으로는 어른의 입장에서 젊은이를 응원하고 희망을 건다는 태도를 취하면서) 모든 것을 떠넘기고 있다는 점이다. 그것은 지금 우리에게 상응하는 자기기만의 모습처럼 보이기도 한다."**19**

그리고 말한다. "'이 현실은 조금도 괜찮지 않다'고 강하게 인식해야 비로소 행동과 변혁이 만들어질 수 있고, 우리의 존재와 욕망을 바꾸려는 의지도 만들어질 수 있지 않을까."

스기타의 비판과 문제의식을 대체로 이해하고 동의하지만, 그러면서도 조금 더 상세하게 이 '괜찮아'를 검토해야 한다는 생각도 든다. 이 '괜찮아'라는 대사는 제작이 진행되던 때까지도 정해지지 않았고, "정말로 앞이 보이지 않는 상황 속에서 더듬더듬"[20] 하는 사이에 래드윔프스의 노다 요지로가 이 부분에 뭔가 대사를 집어넣으면 어떻겠냐고 제안했다고 한다. 그리고 그들이 보내온 〈괜찮아〉라는 곡에서 '괜찮아'라는 대사를 채택했다는 것이다.

구체적으로 작품 내용을 살펴보자. '괜찮아'라는 대사는 어른과 어린이 사이에 존재하는 차이와 관련되어 있다. 어른들은 상황을 비관적으로 여기지만 호다카와 히나는 매우 낙관적으로 느낀다는 것이 이 작품에서 대비되는 구조다.

비가 계속 내리고 도쿄가 수몰된 상황은 객관적으로 볼 때 어둡게 느껴진다. 비는 환경 위기, 불황, 저출생, 고령화 등 갖가지 비관적인 상황을 비유한 것으로 여겨진다. 작중에서 한 노파는 "요즘 어린이들은 불쌍해. 옛날엔 봄과 여름이 다 멋진 계절이었는데"라고 말한다.

한편 호다카는 "푸른 하늘만 봐도 살아 있어서 다행이라는 생각이 들어"라고 말하고, "나는 이 얼마나 멋진 세계에서 태어난 것일까. 그렇게 생각했어", "하느님, 이제 충분해요"라고 독백한다. 세상이 안 좋아졌다, 불쌍하다, 옛날이 좋았다, 그렇게 생각하는 것은 나이 든 사람뿐이고, 젊은 세대는 의외로 당연하게 받아들이며 적응해서 행복도 느끼고 아름다움도 느낀다는 식으로 그려진다.

이것은 관객에 따라서도 서로 다른 관점으로 보게 되는 지점이며,

논쟁이 발생할 수 있으리라 생각한다. "세대나 가치관 차이를 넘어 커뮤니케이션의 경계를 더욱 넓히는 일이 대중문화의 역할이자 훌륭함이라고 생각한다"[21]고 신카이가 발언했으니, 이런 묘사는 의도적이라 할 수 있다(보통 전통적으로 대작 애니메이션은 어린이와 어른이 모두 즐길 수 있도록 만들어지곤 한다).

호다카는 어른과 같은 방식으로 상황을 인식하지 않고, 직관적이며 시야가 좁다. 하지만 부정적으로 보이는 그런 특성은 어른 같지 않고 생명이 성장하는 힘과 같은 낙관성과 인생을 긍정하는 의지를 만들어낸다. 여기에는 미성숙함, 무지함, 단순함을 오히려 긍정하는 역전적 상황이 존재한다. 그리고 세대 간의 '차이'가 오히려 희망을 낳는다는 반전 역시 존재한다.

이 '괜찮아'라는 대사에 담긴 이 작품의 사상을 이해하기 위해서는 호다카를 좀 더 깊이 이해할 필요가 있다.

'조몬' 영화로서의 〈날씨의 아이〉

호다카의 인물 설정과 '괜찮아'라는 낙관성. 그것을 이해하기 위한 열쇠가 바로 '조몬'이다. 느닷없이 무슨 소린가 싶을지도 모르겠으나, 〈날씨의 아이〉는 표면상 러브 스토리이고 날씨를 바꾸는 무녀의 이야기이지만 그 뒷면에 기후 변화와 빈곤이라는 주제를 감추고 있다. 그리고 그보다 더 깊숙한 심층부에 '조몬 영화'라는 측면이 감춰진 구조다.

〈조몬 ZINE〉의 편집장 모치즈키 아키히데는 「〈날씨의 아이〉는 조몬 영화의 걸작이다」[22]라는 기사에서 이 작품의 결말에 나오는 도쿄는 조몬 빙하 후퇴를 연상시킨다고 말했다. '조몬 빙하 후퇴'란 조몬 시대에 일어난 해수면 상승 현상인데, 지축의 흔들림으로 인한 온난화가 원인이라 일컬어진다. '조몬 빙하 후퇴'는 '홀로세 빙하 후퇴 Holocene glacial retreat'라고 부르기도 한다.

실제로 〈날씨의 아이〉에서 수몰된 지역은 작중 인물이 말하는 것처럼 에도 시대에 바다였던 곳이 아니라 6000년 전 조몬 시대에 바다였던 곳처럼 보인다. 고즈시마에서 도쿄로 나오는 도중에 호다카는 수몰된 도쿄를 보게 된다. 그때 한 노파가 200년 전 도쿄는 바다였다고 말한다. 히나의 집은 다바타 부근 무사시노 대지의 절벽 근처다. 그곳은 수몰되진 않았지만, 절벽 아래는 바다다.

다바타 부근을 오가는 전철 야마노테선은 충적층과 홍적층의 경계(조몬 시대의 바다와 육지 경계선 위)를 달린다. 오래전 육지와 바다의 경계선, 곶이었던 장소는 고분과 신사가 많아 전통적으로 성스러운 장소, 경계의 장소로 여겨졌다. 히나의 집이 옛날 곶이었던 곳에 있는 것도 설정상 어떤 이유에서인지 잘 알 수 있다. 그곳은 조몬 시대 유적이 많아 성지로 취급되었다.

상경한 호다카가 읽는 잡지에 '인류세'라는 단어가 보인다. '인류세'란, 지질 시대를 구분하는 말 중 하나인데, 인간이 지질과 환경에 큰 영향을 미치게 된 시대를 뜻한다. 인간의 활동으로 인해 지구 온난화가 진행되고 해수면이 상승하는 것 등이 대표적인 사례.

기후 변화에 의해 해수면이 상승한다. 도쿄는 수몰될 가능성이 있다. 실제로 인도네시아는 수도 자카르타의 해수면 상승을 예견하여 수도 이전을 결정했다. 이처럼 미래에 벌어질 일은 조몬 시대 사람들이 경험했던 해수면 상승과 비슷할 것이다.

"생각해보면 일본 역사상 유일하게 전 지구적 규모의 기후 변화에 농락당한 것은 조몬인들이었다. 조몬 시대에 그들은 기후에 맞춰 생업을 영위했다. 따스한 기온 때문에 해안선이 지금보다 내륙 쪽으로 더 들어갔고, 그것을 홀로세 빙하 후퇴라고 부른다. 하지만 점차 기후가 한랭화되었고, 이번엔 반대로 바다가 멀어졌다. 식생이 바뀌고 식료를 구하기 어려워졌다. 조몬인은 인구가 크게 줄었지만 그래도 끈질기게 다음 세대를 향해 나아갔다. 실제로 그런 엄혹한 시대에는 기도하는 도구가 더 많이 만들어졌다고 하는데, 역경에 맞서는 인간의 강인함을 느낄 수 있다"라고 모치즈키는 말한다.[23, 24]

〈날씨의 아이〉가 조몬 시대를 참조한 것은 명백하다. 그런 배경지식을 가지고 돌이켜 보면, 사실 과거의 신카이 마코토 영화에서도 조몬 시대를 연상케 하는 부분이 자주 등장했음을 알 수 있다. 〈구름의 저편, 약속의 장소〉의 아오모리와 에조는 말할 나위도 없고, 〈초속 5센티미터〉에서 벚꽃을 볼 수 있는 인상적인 길인 산구바시 공원도 시부야구 2 유적◆이라 하여 조몬 시대로부터 이어진 유적이다. 〈언어

◆　도쿄 시부야구에는 선사 시대 유적이 몇 군데 존재한다. 그중 하나인데, 지금은 잘 알아보기 힘든 모습이 되었다고 한다.

의 정원〉에서 무대가 된 신주쿠교엔 역시 충적층과 홍적층의 경계이고 조몬 유적이 있었던 장소다. 〈너의 이름은.〉 결말에 나오는 계단도 마찬가지다.

신카이 마코토 영화에 자주 등장하는 전개로서 '도쿄와의 화해'라는 측면이 존재한다. 그것은 도시에서 신카이의 고향 고우미마치와 유사한 모습을 발견하는 과정이었으며, 아무래도 '조몬풍 장소'를 바란 듯하다. 호다카가 고즈시마 출신으로 설정된 이유도 그와 관련이 있지 않을까. 고즈시마는 (신카이의 고향인 나가노현과 마찬가지로) 흑요석의 산지다. 일본 각지의 조몬 시대 유적에서 고즈시마의 흑요석이 발견된다. 조몬인들은 사실 고도의 항해 능력을 보유하고 있어서 광범위하게 해상 교역을 했다고 한다.

호다카는 아마도 고즈시마의 바다 민족, 조몬적 유전자를 강하게 물려받은 존재로 설정되었으리라. 이름은 '돛(帆; 호)'을 '높이(高; 다카)' 올린다는 뜻이고, 작품의 오프닝 장면에선 배를 타고 고향을 버리고 출항하는 모습이 그려져 있지 않은가. 두려워하지 않고 거친 파도를 향해 나아가는 정신을 가진 인물로 설정되어 있다. 농경민인 야요이인과 비교했을 때 조몬인은 모험심이 넘치고 생명력이 강하며 대범하다고 일컬어진다. 외형적으로 전혀 조몬계처럼 보이지 않는 호다카를 통해 조몬적인 태도를 나타내고 싶었던 것 아닐까.

그렇게 생각해보면 결말 부근에서 도쿄가 수몰된 것도 의미가 달리 보인다. 어떤 관점에서 보자면 그것은 쇠퇴하고 기후 변화가 진행되어버린 비참한 상태다. 하지만 호다카(가 상징하는 이들)에게는 미지의 환경으로 나아가는 모험이나 해상을 이용한 교통은 오히려 자신 있는 분야인 셈이다.[25] 빛나는 미래가 찾아오지 않고, 쇠퇴와 황혼과 기나긴 비로 인해 어두운 미래가 닥쳤으나 오히려 그 안에서 더욱더 생생해지는 사람도 있는 법이다.[26]

이리하여 미래와 과거가 겹쳐진다. 이 결말에선 과거의 애니미즘적 시대가 미래와 겹쳐진다는 비전vision이 그려져 있다. 그러므로 호다카에게 '괜찮아'는 그저 허세로 한 말이 아닌 것이다.

조몬 시대를 참조함으로써 그런 가혹한 시대에도 사람들은 살았고 현재까지 이어져 왔다는 사실을 확인할 수 있다. 실제로 일본 열도에서 살아온 이들은 환경 변화에 맞춰 계속 변화해가면서 살아남았다는 업적이 있다. '괜찮아'는 그것을 근거 삼아 나온 말이리라.

'새로운 유형의 일본 낭만파'를 사회를 개량하는 방향으로 비틀다

〈별을 쫓는 아이〉 이후, 직정적이고 신체적인 행동에는 '카미'와 같은 것이 깃들 수 있다는 태도의 변화가 일어났다. 이 작품에서 '카미'와도 같은 힘을 지닌 존재는 언뜻 보면 날씨의 아이이자 무녀인 히나뿐이라고 여겨진다. 하지만 호다카에게도 '카미'의 성격을 띠는 힘, 생명의 에너지가 깃들어 있다.

히나가 "어쩌지? 우리를 갈라놓을 거야"라는 대사를 한 직후 호다카는 "도망치자"고 결심한다. 즉, 호다카가 권총을 들고 사회에 반역하는 것은 갖가지 사회적 유대를 잃고 고립될 것만 같은 순간이었다. 이 작품이 공동체를 잃게 된 이들이 새로운 가족적 공동체를 다시 만드는 이야기라는 점을 잊어서는 안 된다.[27] 따로 떼어 놓여진 것을 잇는 무스비 역할을 하는 존재가 호다카다. 호다카의 기세와 충동적인 순수함 안에 무스비가 깃들어 있다.

오카모토 다로는 『신비 일본神秘日本』에서 일본의 여러 지방을 여행하다가 야마가타의 슈겐도 성지를 방문했을 때 어떤 순수함을 느꼈다고 한다. 그것은 애니미즘이라 해도 좋을 만한 감각인데, 신사와 불각 등에 갖가지 장식을 입히기 전의 "무구하고 거친 흐름"에 속하는 것으로 여겨진다. 거기에 있는 것은 "무상無償이라고 한다면, 너무나도 무상한 순수성"이다.

"일본인의 지극히 소박한 순수함. 계산이나 이익 추구의 마음이 없다. 철저히 결벽적으로 행동하고, 순직한다. 금방 몸을 버리고 맨몸이 되곤 한다. 상처 입고 다치면서도 여전히 버리지 않는 청정감. 그리고 부정不淨과 비극적으로 대립한다. ……설령 매우 인색한 녀석조차 몰래 그런 것들에 대한 노스탤지어, 염원은 갖고 있다. 그것을 나는 지극히 일본적인 낭만주의romantisme라 부른다."[28] "그것을 다시금 되살려 현대에 살아갈 수 있는 것으로 구축하고 싶다. 그때 우리의 문화는 자신감으로 가득 찬, 늠름하고 독자적인 것으로 전환된다."

과학과 문명, 자본주의의 '높은 위치'를 목표로 하는 것이 아니라,

거기에서 내려와 단순함을 지향하는 경향이 신카이 작품에는 존재했다. 가장 원초적인 종교 감정이라 일컬어지는 애니미즘에 대한 집착역시 그와 방향성이 유사하다. 그렇다고 한다면, 호다카의 단순한 행동 또한 애니미즘적으로 해석할 수 있다.

'일본적인 낭만주의'는 기타노 다케시의 영화라든지 가부키 같은 것에서 종종 엿보인다. 일본 관객들은 세속의 손익 계산을 버리고 의리와 정, 사랑 등을 위해 달려 나가고, 때로는 파멸하는 사람들을 사랑해왔다. 호다카에게서도 그런 모습을 찾아볼 수 있다.

무스비는 인간을 포함한 자연계와 생물을 움직이게 만드는 '힘' 전반을 가리킨다. 그러니 호다카가 "도저히 용서할 수 없어"라고 생각하여 행동하게 되는 그 순간의 충동에도 '카미'가 깃들어 있고, 그를 움직이게 만드는 힘 안에 '무스비'가 있다고 생각할 수 있다.

약자를 구하기 위한 자기희생적이고 순수한 호다카의 행동에 '일본적 낭만주의', 즉 '카미'가 깃들어 있다는 해석이 옳다면, 이것은 새로운 유형의 일본 낭만파적인 것을 국수주의로 향하게 하는 것이 아니라, 사회를 개량하고 기후 변화와 빈곤, 누군가의 희생을 바탕으로 이루어지는 번영을 없앨 가능성을 모색하는 시도로 해석할 수 있지 않을까.[29, 30] 〈구름의 저편, 약속의 장소〉에서도 억압되고 비가시화된 에조와 윌타는 반란을 일으켰다. 호다카에게도 그와 같은 혼이 깃들어 있다.

위기의 시대를 건강하게 살기 위해: 과거와 미래의 혼합체라는 희망

도쿄는 물에 잠겼지만, 어떻게든 살아간다. 그곳에는 배도 지나가고 사람들도 즐거운 듯 생활한다. 문명과 과학도 있다. 최악의 상태에까진 이르지 않았다.

"수몰된 만안 지역, 내륙까지 뻗어 온 해안선. 그 풍경은 이 영화의 백미다. 조몬 시대와 현대가 혼합된 풍경이다", "기후 변화, 빙하 후퇴, 무녀, 기도. 이런 것이 나오면서 조몬을 의식하지 않았을 리는 없다고 보지만, 실제로 신카이 감독의 생각은 무엇이었을까?"라고 모치즈키 아키히데는 말한다.

〈날씨의 아이〉는 결말에서 조몬과 현대, 종교와 과학의 접목을 통한 새로운 시대를 제시한다. 거기엔 미래로 나아감으로써 동시에 과거를 회복할 수 있다는 전망도 존재한다.

그것은 나가노현에서 태어나 자연과의 소박한 교류(국가신토나 덴노로 회수되지 않는, 토속적인 애니미즘과 카미와의 연결)를 경험하고 그것을 작품에 그려온 신카이 마코토가 도달한 결론 중 하나다. 자연환경과 복잡한 관계를 가지면서 살아남아온 조상들의 정신을 현대의 과학 기술·문화와 '습합'함으로써 존속시키고, 앞으로 일어날지 모르는 인류세의 가혹한 상황에서 살아남을 가능성을 높이고, 미래에 대한 절망과 우울을 완화하며 용기를 얻고자 하는 것. 그것이야말로 〈날씨의 아이〉의 목표 아닐까.

그렇다면 '괜찮아'라는 말은 이렇게 해석되어야 할 것이다. 미래와의 '연결'을 정말로 잃지 않도록, 즉 우리의 생명과 자손과 문화와 사회를 미래로 이어나가기 위해서는 필요한 일을 해나갈 수밖에 없다. 몽상과 허구에 지나지 않았던 '잃어버린 미래'를 적절히 추도하고 매장하고 그 부활을 바라면서, 과거 및 죽은 자와 공존하는 미래를 적극적으로 지향해야 한다.

지금보다 환경이 더 안 좋았던 시대에도 인간은 살아왔다. 아이를 낳고 키우고 죽고, 다시금 끊임없이 생명은 이어져왔다. 어떻게든 변화에 적응해 살아왔다. 그렇다고 한다면 세상이 안 좋아졌다고 한탄하기보다는 어디에서든 적응할 수 있고 기쁨을 느낄 수 있는 순수함과 생명의 강력함을 믿어야 하지 않을까? 부정적으로 보이는 상황 속에서도 그 새로운 환경을 프런티어로 삼아 뛰쳐나갈 수 있는 생명의 기운을 믿어야 하지 않을까? 절망하고 우울해지고 무기력해지는 악순환의 회로를 끊고 낙관적으로 미래에 대한 희망을 품고 모두가 행동을 하기 위해서는 그렇게 미련을 떨쳐버려야 한다.

'괜찮아'라는 말에는 그와 같은 격려와 고무, 축복이 담겨 있다고 이해해야 한다. 그것은 미래를 추도하고 수용하기 위해 모습을 바꾼 의식이며 제사(의 대리물)인 것이다.

종장

〈스즈메의 문단속〉
세계를 이어주는 실이 되기를

아베 신조 전 총리 암살 사건을 보며

2022년 7월 8일, 아베 신조 전 총리가 살해당했다. 이 책의 초고를 〈날씨의 아이〉까지 다 쓴 직후였다. 용의자 야마가미 데쓰야는 1980년생으로, 나와 같은 로스트 제너레이션이며 아버지는 교토대를 졸업한 경영인이다. 입시로 유명한 고등학교를 다녔으나 대학은 가지 않았고, 통일교에 입교하여 1억 엔(약 9억 원) 가까이 헌금을 낸 어머니 탓에 자신의 인생이 망가졌다고 하는 원한이 범행 동기로 보도되었다. 그는 여러 직업을 전전한 비정규직이고, 사회의 밑바닥을 헤매고 있었다.

가능성 있던 미래와 비정규직이라는 현실의 간극으로 인해 그는 틀림없이 괴로워했으리라. 그 실존적 고통은 수많은 동시대의 동세대가 경험하고 있으리라. 그 차이를 치유하는 방법이 과연 존재할까? 예를 들어, 신카이 마코토의 작품은 그 고통을 조금이라도 치유함으로써 흉악한 행동에 나서는 사람을 약간이라도 줄이고 있을까? 꿈과 현실을, 가능성이 있던 미래와 현실을 어떤 식으로 조정하면 좋을지 그것은 그 혼자만이 직면한 문제는 아니다.

가족 중시의 태도를 보인 아베 신조와도 깊이 연관되어 있던 컬트 종교인 통일교가 그 테러와도 같은 살인의 원인이라는 보도가 나왔다. 그런 보도를 보면서 〈날씨의 아이〉를 떠올리지 않을 수 없었다. 요요기의 폐허가 된 빌딩에서 막다른 곳에 몰린 호다카는 몰래 지니고 있던 권총을 경찰에게 겨누었다. 그것은 학대받고 비가시화되어 온 하층민이 국가, 그리고 사회를 향해 반역의 이빨을 드러낸 장면이라고 볼 수 있다.

그리고 종교에 대해 다시 한번 살펴볼 필요성을 느꼈다. 그 이유는 통일교와 자민당은 가족에 관한 이데올로기를 공유하고 있고 일본회의*의 사상과도 가깝다는 보도가 눈에 띄기 때문이다. 어쩌면 이 책이 신토 계열의 '종교 우파'들이 말하는 이데올로기를 긍정해버리지 않을까, 신카이 마코토 작품을 높이 평가하려다가 그런 방향을 촉진하게 되지 않을까 걱정된다. 어쩌면 1930년대처럼 테러와 쿠데타

가 이어지는 시대가 될지도 모르는 미래에 새로운 유형의 일본 낭만파를 다시금 도래하게 할 수도 있다. 아베 신조 전 총리 암살 이후라는 관점으로, 이 책에서 논한 몇 가지 포인트를 재검토하고자 한다.

신카이 작품의 임계점을 돌아보다

우선 첫 번째로 '미화'에 관해서다. 신카이 마코토 작품이 가진 '미화'와 '새로운 유형의 일본 낭만파'적인 성질을 어떻게 평가할 것인가. 확실히 미화에는 실제로 벌어지는 비참한 현실을 은폐하는 기능이 있다. 나치스 독일 레니 리펜슈탈의 프로파간다 영화나 2차 세계 대전 중에 만들어진 일본 애니메이션 〈모모타로 바다의 신병〉과 같은 것들 말이다. 미화는 현실을 부인하고 자기 자신을 과장할 위험성도 분명히 갖고 있다.

하지만 미화는 삶의 괴로움을 견디게 하는 수단이기도 하다. 삶과 죽음의 불합리성, 부조리성으로부터 우리를 구원하고, 성과 사랑, 생식에 희망을 부여하는 역할도 한다. 인류가 존재하는 한 불가피한 존재다. 동일본대지진으로 자식을 잃은 어머니가 자식이 죽은 자로서 실재한다고 말하는 신앙에 의지하면서 현실을 견디고 있다는 말을 듣고, 나는 미화나 스토리를 필요로 하는 인간의 괴로운 상황에 대해 공감하기로 마음을 바꿨다. 문제는 독이 될 수도 있고 약이 될 수도 있는 '미'의 균형을 어떤 식으로 잡을지다. 거기에 객관적인 기준은 존재하지 않으니 끊임없이 논의를 계속할 수밖에 없다.

그리고 두 번째가 '종교'를 어떻게 이해할 것인가다. 우선 신카이 마코토가 그리는 종교는 국가신토 및 덴노와 직접 연결되어 있지는 않다는 점을 중시하고 싶다. 상세히 설명했듯이 신카이 마코토가 그려낸 것은 그 주변의 조몬이나 에조와 같은 원초적 애니미즘에 대한 지향이다. 그러므로 반역적이고 다원적인 면이 있고, 사회를 개량하는 방향으로 행동하도록 하는 측면도 있었다. 그렇기에 신카이 마코토 작품이 그저 '네오 국가신토'나 새로운 유형의 일본 낭만파로 빠지지 않고, 그것들과는 다른 가능성과 지향성을 갖는 쪽으로 열려 있다는 부분을 강조해두고 싶다.

그리고 〈날씨의 아이〉에서 아름답지 않은 부분, 사회의 어둠이나 뒷면을 그린 점을 높이 평가하고 싶다. 그것은 사람들이 보고 싶어 하지 않는 뒷면이나 어둠을 밝고 반짝반짝하는 청춘 연애 영화나 코미디의 형태로 코팅해서 눈앞에 들이미는 시도였다. 〈너의 이름은.〉에서 '이어주는' 역할을 달성했고, 자신의 작품이 그 달성을 다시 은폐하는 결과를 부를 수 있는 도전이었지만 그럼에도 불구하고 과감하게 뛰어든 것이다. 그 점에서 새로운 유형의 일본 낭만파로 빠질 위험보다는 세계를 좋은 방향으로 이끄는 힘이 더 커진 것 아니냐고 평가하고 싶다. '평가하고 싶다'는 말은 그러길 바란다, 제발 그렇게 되었으면 좋겠다는 의미다.

〈너의 이름은.〉까지는 상승과 하강이라는 리듬이 작품을 지배하고 있었다. 〈날씨의 아이〉에서는 겉과 속이라는 이층 구조를 다루었다. 그럼으로써 현재 심각해진 사회와 단절하고 틀어박히는 사람들 문제나 '필터링' 문제에 대한 비판이라는 성취를 이룰 수 있었다. 보고 싶은 것만 보고 심각한 것은 보지 않는 행위는 오시이 마모루가 〈기동경찰 패트레이버 2〉에서 다룬 현대 일본 사회에서 극단화된 문화의 병이다. 전 세계적으로 선진국이나 부유층을 포함하여 그런 경향을 보인다는 지적은 계속되고 있다. 그것을 극복하고 이어 붙임으로써 이해와 공감을 낳는다. 그리하여 전 인류가 대처해야 할 문제에 대해 사람들이 힘을 합칠 수 있도록 돕는 역할을 영화나 대중문화가 담당해야 한다. 만약 그렇다고 한다면 〈날씨의 아이〉는 한 가지 중요한 모험으로 한 발 내딛는 작품이고, 긍정적인 의의가 더 큰 작품이라고 평가하고 싶다.

세 번째는 가족, 공동체에 관한 부분이다. 통일교와 일본회의 등 종교 우파가 제시하는 전통적인 가족관·공동체관은 신카이 마코토의 관점과 크게 다르다. 앞서 여러 번 논했듯이 신카이 마코토는 작품을 통해 인터넷 등장 이후의 '연결 방식'을 무시하지 않는 또 다른 종류의 공동체와 가족 형태를 모색해왔다. 인터넷이나 가치관의 변화를 거부하지 않고 전통의 좋은 부분은 계승하면서 층층이 혼합된 형태로 남겨두자는 신카이의 태도는 복고적인 전통주의나 국수주의와는 분명히 선을 긋는 것이 아닐까.

신카이 마코토가 해온 뉴미디어와 전통문화의 '습합'을 종합하여 어떻게 평가하면 좋을까. 이 역시 독이 될 수도 있고 약이 될 수도 있는 위험과 매력으로 가득 차 있다. 하지만 확실히 관객에게 국수주의

나 2차 세계 대전 당시의 일본처럼 광신적인 마음을 품게 할 수 있다는 문제점은 피하기 어렵다. 하지만 그것은 반드시 신카이 마코토 작품에 내재된 문제라고는 할 수 없다. 앞으로 그것을 이용하고자 하는 이들의 문제이기도 한 것이다. 신카이 작품에는 비판과 저항이라는 포인트도 내재되어 있다. 전통적인 가치관과 신앙, 고전 등을 작품에 도입하는 것은 과거의 가치관을 되살릴 뿐만 아니라, 현재의 가치관을 조작하여 그것들을 다시 만드는 행위이기도 하다. 대중에게 존재하는 문화적 감성에 호소하는 외견을 사용하면서 그것을 작품을 통해 재조합함으로써 세계를 좋은 방향으로 이끌어갈 가능성도 있다. 그것이야말로 위로부터의 계몽과는 다른, 대중문화인 애니메이션 영화의 전략이라고 할 수 있다.

지방 쇠퇴에 대한 장례식: 〈스즈메의 문단속〉

앞에서 말한 내용을 확인한 다음, 최신작 〈스즈메의 문단속〉에 대한 논의에 들어가고자 한다. 다만 이 책은 〈스즈메의 문단속〉 개봉 시점에 간행되었기 때문에 집필 단계에선 〈스즈메의 문단속〉 영화를 보지 못했다. 그러므로 먼저 출간된 신카이 마코토가 집필한 소설판을 참조한 내용으로 영화론을 대체하고자 한다. 이 책은 소설판을 참조하지 않고 영화 작품을 논한다는 규칙을 가지고 썼는데, 여기에서 부득이 그 규칙을 깨는 점을 양해해주길 바란다.

결론부터 먼저 말하자면 〈스즈메의 문단속〉은 이 책에서 지금까지 논술한 내용의 연장선상에 있는 작품이다. 특히 〈너의 이름은.〉, 〈날씨의 아이〉와 동일한 문제의식을 갖고 있다. 그뿐만이 아니라 그 두 작품의 해설판이라고 해도 좋다.

　　지금까지의 신카이 작품에는 없었던 요소도 존재한다. 특히 깜짝 놀란 점이 두 가지 있는데, 그중 하나는 동일본대지진이라는 소재를 직접적으로 도입했다는 점이다. 저자 후기에서 신카이는 "서른여덟 살 때 동일본대지진이 일어났다. 내가 직접 재해를 겪지는 않았지만, 그것은 40대 내내 통주저음◆이 되었다", "내 마음속에 흐르는 소리는 2011년에 멈춰버린 느낌이다"[1]라고 말한다.

　　또 한 가지는 덴노에 관한 언급이다. 작품의 스토리를 간단히 요약하겠다. 미야자키현에 사는 17세 이와토 스즈메가 어느 날, 산에서 수행하는 자연인 같은 모습의 무나카타 소타라는 청년을 만난다. 청년은 '토지시閉じ師'◆◆이고 폐허의 '문'을 닫으며 일본 전국을 돌아다닌다고 말한다. 스즈메는 과거에 번성했던 온천 마을 리조트가 있던 폐허에서 처음으로 문과 마주치는데, 거기서 지진과 같은 자연재해

◆　　바로크 시대 유럽에서 유행한 연주 주법. '계속저음'이라고도 한다. 독주 파트가 쉬는 순간에도 낮은 저음부에서 쉬지 않고 지속해서 반주로 연주하는 것을 말한다. 여기에서 신카이는 동일본대지진이라는 재해가 자신이 그것에 대해 생각하지 않는 순간에도 계속해서 "마음속에 흐르는 소리"로서 이어지고 있었다고 표현하기 위해 이 단어를 선택한 것으로 보인다.

◆◆　'닫는 것을 업으로 하는 사람'이란 뜻의 작중 조어.

를 일으키는 '미미즈ミミズ'◆가 나온다고 한다.

이 미미즈를 봉인하던 '요석要石'◆◆이 고양이 모습으로 변해 도망쳐버렸고, 그 고양이가 소타를 의자로 변신시키는 바람에 원래 모습으로 돌아가기 위해 고양이를 추적한다. 규슈에서 배를 타고 출발하여 시코쿠의 에히메, 고베, 도쿄, 후쿠시마, 미야기로 나아가는 로드무비 형식을 띤 5일간의 이야기다.

'문'은 에히메에선 옛날 학교에, 고베에선 옛날 유원지에 있었다. 지난날 번성하여 북적거리던 시대와 연결된 문에서는 재앙이 나온다. 그 문을 닫는다는 이 작품은 "옛날이 좋았지", "돌아가고 싶어"라는 심정과의 대결을 그린 〈별을 쫓는 아이〉 등의 모티프를 계승한다. 풍요롭고 행복했던 시대의 미래상을 추도하고 현재를 받아들인다는 신카이 마코토가 오랫동안 주제로 삼았던 것의 연장선상에 있다.

첫 번째 '문단속'은 이렇게 표현되어 있다. "멀리서 들리는 그 목소리는 빛바랜 영상과도 같은 것을 나에게 가져다 준다. 활기찬 거리. 떠들썩한 많은 젊은이. 밝은 미래를 똑바로 믿고 있던 시절, 내가 태어나기 전 이곳의 모습."² '문단속'을 하지 않으면 재앙을 맞이하게 된다는 설정은 우크라이나를 침공하는 러시아, 미국의 트럼프 지지자 등 과거 좋았던 시절로 돌아가고자 하는 이들이 벌이는 사회적 동

◆　'지렁이'를 뜻하는 단어이지만 작중에서는 지렁이가 아니라 거대한 괴물 같은 모습을 하고 있다.

◆◆　가나메이시. 건축에서의 키스톤, 아치형 건축물 꼭대기에 위치한 쐐기돌.

란을 은유한 것이기도 하리라.

문 건너편은 '저세상'이라고 표현된다. 스즈메가 반복해서 꾸는 꿈속은 저세상과 비슷한 장소로 표현된다. 꿈속은 "모르는 곳인데 친숙하게 느껴진다. 있으면 안 되는 곳인데 계속 있고 싶"[3]은 장소이고, 잃어버린 어머니를 찾아 스즈메는 소리친다. 거기에서 "쭉 찾고 있던" 어머니와 만나는 꿈을 꾼다.

그 '꿈속(저세상)'은 비현실인 허구, 어머니의 태내와도 같은 '세카이'의 이미지와 겹쳐 있는 듯하다. 그리고 〈별을 쫓는 아이〉와 마찬가지로 어머니를 찾는 그리움의 이미지가 제시된다.

에히메에선 민박집 딸과, 고베에선 상점가에서 스낵바를 운영하는 여성과 만나 그들의 생활을 알아가게 된다. 미야자키의 어민만이 아니라, 일본 여러 지방의 구체적인 생활상을 관객들이 접할 수 있도록 설계되어 있다. "타인에게는 나와는 다른 세계가 존재한다는 것을 확실히 알고 있었다"[4]라는 스낵바 여성들의 대사에서 알 수 있듯이 '세계(세카이)'를 넘어서는 것을 의식하고 있다.

그러한 타자의 구체적 생활에 관한 묘사는 스즈메가 신칸센 안에서 차창 밖 '풍경'을 바라보며 품는 감개와 통한다.

"내 몸은 너무나도 작고 인생의 시간은 제한적이니 순식간에 지나쳐버리는 풍경 속 거의 모든 장소에 실제로 서게 될 일은 없다. 그리고 거의 모든 사람이 내가 관여할 수 없는 그 풍경 속에서 매일매일 지낸다. 그것은 내게 놀라움과 허전함이 뒤섞인, 어딘지 모르게 놀라운 감동을 주는 발견이었다."[5]

'풍경'은 자의식의 투영도 아니고 닫힌 '세카이'의 무대 배경도 아닌, 수많은 타자가 생활하는 공간이라는 식으로 풍경에 대한 관점이 크게 변화했음을 알 수 있다.

희생당하는 이들: 덴노와 후쿠시마

그리고 계속 고양이를 쫓아 무대는 한신·아와지대지진의 피해 지역인 고베에서 도쿄로 이동한다. 100년 전인 1923년에 일어난 관동대지진이 언급되고, 미미즈를 멈추지 못하면 거대한 재해가 또다시 일어나 100만 명 가까이 사망하게 되리라는 것을 알게 된다. 그것을 막기 위해 소타가 요석, 즉 제물이 되어 희생한다. 그 결단을 내린 것은 스즈메였다.

〈날씨의 아이〉 때부터 희생과 결단이라는 모티프가 연속적으로 나타난다는 것을 알 수 있다. 하지만 〈날씨의 아이〉가 하층민으로 살아가는 이의 희생을 비유했다면, 이 작품은 덴노의 희생을 비유한 것으로도 독해할 수 있다. 소타를 희생한 직후에 스즈메가 낙하한 곳은 '고쿄'◆의 해자이고, '문'은 그 지하에 있었다.

◆   덴노의 거처인 궁궐. 도쿄에 있다.

소타는 문단속을 할 때 "아뢰옵기 송구한 히미즈의 신이여", "머나먼 선조가 태어난 땅이여. 오랫동안 받아들인 이 산천, 황공스럽게 황공스럽게", "삼가 돌려드리옵니다"[6]라는 말을 읊는다. 이것으로 보아 신토에 가까운 인물로 추측된다. 미미즈처럼 토지를 파괴하는 거친 힘(지진을 일으키는 힘, 자연의 파괴력이기도 한 '카미'와도 같은 것일까)을 막기 위한 '문단속'이라는 행위는 덴노가 공무로서 행하는 이 세상 너머의 세계와 이어져 신에게 기도를 드리는 일과 비슷하게 보인다.

스즈메는 소타가 보이지 않는 곳에서 상찬도 받지 않고 돈도 되지 않는데 세계를 구하기 위해 필요한 일을 한다는 사실에 경의를 품는다. 앞서 신카이 마코토에게 신토는 '국가신토'가 아니라고 썼다. 하지만 이 부분에는 그러한 기도를 드리는 덴노에 대한 공감이 담겨 있을지도 모른다. 만일 그렇다면, 앞에서 "국가신토와는 관계없다"라고 쓴 내용을 철회해야 하는 것일까.

신카이가 직접적으로 쓰지 않은 내용까지 조금 더 독해를 해보도록 하자. 여기에서는 덴노조차 희생되고 있을지 모른다는 관점이 느껴지기도 한다. 그리고 그것은 이 뒤에 등장하는 '희생된 후쿠시마' 등과 연결 지어 느낄 수 있도록 은유의 상징으로서 하나의 계열이 만들어져 있을지도 모른다.

요석이 된 소타를 '저세상'에서 되찾아오기 위해 북쪽으로 향하던 도중 스즈메는 후쿠시마를 지나게 된다. '환경성', '제거 토양', '오염 토양'이란 글자가 쓰여 있는 차량이 늘어나고, 도로만 깨끗하게 정비되어 있는 그곳에서 시간이 멈춰버린 폐가 속을 지나간다. '귀환이 어려운 구역이므로 출입 금지'[7]라고 적힌 장소로 스즈메가 들어가는 장면까지 등장한다.

희생된 것은 특정한 지역인지도 모른다. 수도를 지원하기 위해 전기를 보내는 기피 시설을 받아들일 수밖에 없는 가난한 지역인지도 모른다. 세계를 구하기 위해서 눈에 띄지 않게 많은 일을 하는 사람이란, 원자력발전소의 멜트다운을 막아낸 사람들이나 매일 폐로 작업◆을 하는 노동자들인지도 모른다. 보이지 않는 곳에서 위험을 감지하고 막아내기 위해 노력하는 사람들은 다음번 지진이나 전쟁에 대비해 수많은 준비를 하는 많은 사람인지도 모른다.

이 작품은 그런 사람들과 덴노 사이에 상징적인 '연결'을 만들고자 하는 야심적인 작품이 아닐까? 그리고 전작까지 같이 생각해보면, 거기에 추가로 난민과 주변 사람들까지도 연결한다는 구상이 아닐까?

◆   동일본대지진으로 파괴된 후쿠시마 원전 원자로의 폐로 작업을 가리킨다.

신에 대한 반역: 동일본대지진에 대한 체념을 넘어서

사실 스즈메는 미야기현 출신이며◆ 동일본대지진으로 네 살 때 어머니와 고향을 잃었다. 그녀는 소타를 희생시킬 때 이와 같은 생각에 사로잡힌다.

> "나는 아직 화가 나 있었다. 억지로 받고, 일방적으로 강요당하고, 부조리하게 빼앗겼다. '또야?'라고 생각했다. 바보 취급하지 말라고, 이 세상의 담당자인지 신인지는 모르겠지만, 호통치고 싶었다. 세면대 거울에 비친 약간 야윈 내 얼굴을 노려보며, '바보 취급하지 마'라고 나는 조그맣게 중얼거려보았다."[8]

그녀는 덧없음을 느끼고, 다 포기하면서 부조리를 수용하고자 하는 사람이 아니다. 그렇게 될 뻔한 때도 있었지만, 그러한 무기력함과 체념과 절망으로부터 다시 일어섰다. 오히려 그녀는 신에 대한 분노를 품고 반역하는 주체인 것이다. 소타를 되찾는 일은 곧 그와 같은 운명이나 신, 자연에 대한 인간 존재의 저항이다.

◆   애니메이션에서 주인공 이와토 스즈메의 고향은 이와테현 미야코시로 나오고, 현재 거주지는 일본 남쪽의 미야자키현이다. 미야기현은 이와테현 바로 옆이고 동일본대지진으로 큰 피해를 받은 지역이기도 하며(후쿠시마에도 더 가깝다) 작중에도 미야기현이 등장하는 장면은 있지만, 저자가 어째서 스즈메를 미야기현 '출신'이라고 썼는지는 알 수 없다.

미야기현에 있는 문 속 저세상(꿈)은 재해 발생 직후 그대로 12년 간이나 불타오르고 있는 잔해의 세계다. 어머니가 나오는 스즈메의 꿈이 서두에서는 오타쿠적인 유토피아를 비유한 것처럼 보였지만, 그것이 지진이라는 현실 속 이미지로 전도되어 겹쳐지게 된다. 그것이 이 작품에 내포된 가장 큰 장치다.

잔해 속에서 소타를 되살리는 일은 〈너의 이름은.〉에서의 비유를 더욱 직접적으로 그려낸 것이다. 즉, '지진 사망자들이 죽지 않았으면 했다', '되살아났으면 좋겠다'는 마음을 상징한다.

이번 작품에서 인상적인 '구름'은 이 도시를 전부 불태우는 불꽃이 만들어낸 검은 연기다. 미미즈에게 또 다른 요석을 꽂아 넣은 뒤 "동시에 하늘을 무겁게 덮고 있던 구름도 날아가버리고, 눈부신 밤하늘이 지상을 비추었다. 대지의 기운을 듬뿍 담은 무지갯빛 비가 반짝반짝 빛나면서 잔해로 덮인 마을을 어루만지고, 불꽃을 진정시킨다".[9] '비'와 '무지개'의 긍정적 의미는 〈언어의 정원〉의 연장선상에 있고, 그 비가 재앙을 진정시키고 새로운 생명을 키운다는 의미가 덧붙여져 있다.

스즈메는 과거 꿈(저세상)의 세계에서 어머니를 만났다고 생각했다. 절망 속에서 어머니가 격려해주었기에 살아갈 기력을 회복했다고 여겼다. 하지만 실은 그때 만난 사람은 어머니가 아니라 12년 후의 자기 자신이었다. 알 수 없는 시간의 뒤틀림이 발생하여 그렇게 되었던 것이다. 이 작품에는 어머니(유토피아, 이상향, 과거의 삶)를 실제로는 만나지 못했고, 만날 수도 없다는 냉정함이 담겨 있다. 그 대신 12년 후의 자신이 스스로를 격려하고 구원한다는 구상이다.

12년 후의 그녀는 지진을 마주한 네 살 때의 자신에게 이렇게 말한다. "스즈메, 지금은 아무리 슬프더라도", "스즈메는 앞으로 확실히 어른이 돼", "그러니까 걱정하지 마. 미래는 무섭지 않아!", "스즈메, 너는 앞으로도 누군가를 좋아하게 되고, 너를 좋아해주는 누군가도 많이 만나게 돼. 지금은 깜깜하다고 생각할지 모르지만, 언젠가 반드시 아침이 와", "아침이 오고, 또 밤이 오고, 그게 몇 번이고 반복되면서 너는 빛 속에서 어른이 되는 거야. 꼭 그렇게 돼. 그건 확실하게 정해져 있어. 아무도 방해할 수 없어. 앞으로 무슨 일이 일어나더라도, 아무도 스즈메를 방해할 수는 없어", "너는 빛 속에서 어른이 될 거야".[10]

즉, '괜찮아'라는 말이다. 이것은 신카이 마코토 작품의 목표, 반창고로서의 역할을 단적으로 요약한 대사다.

그러면 자기 자신을 위로하고 격려한다는 내용을 어떻게 이해하면 좋을까. 나는 이렇게 생각한다. 신은 없을지도 모른다. 죽은 자도 존재하지 않을지도 모른다. 미래에서 기다리는 유토피아도, '어머니'로 상징되는 이상적인 과거도, 실제로는 존재하지 않을지도 모른다.

하지만 존재하는 '척'은 할 수 있다. 스스로 그것을 만들어내고, 위로하고, 서로 격려하는 것이 인류의 종교, 예술, 예능을 만들어냈고, 삶을 살아낼 수 있었던 자세 아니겠는가. 스즈메는 어머니인 척해야 할지를 마지막까지 고민했으나, 결국 어머니가 아니라고 확실하게 밝힌다. 바로 그런 묘사에 이 작품의 윤리가 내포되어 있다.

회색에 옅고 평온하지만, 생명이 존재하는 세계를 향해

네 살의 스즈메가 되돌아가는 현실은 '회색의 세계'라고 표현된다. 그 잔혹한 세계로 돌아가라고, 살아가라고 말하는 역할을 17세의 스즈메와 이 작품은 떠맡고자 한다. 저세상은 눈부신 밤하늘이 반짝이고 컬러풀하며 자극적이다. 그에 반해 "이 세상의 하늘은 저세상의 하늘보다도 훨씬 옅고 평온"[11]하다. 이것은 신카이가 자기 작품에 존재하는 미화를 비평했다고 해석할 수 있다. 애니메이션과 게임 등의 세계와 현실 세계를 대비시켰다고도 볼 수 있다.

이 작품은 '문을 닫는' 이야기로 전개되었지만, 마지막에 그것이 반전되어 '문을 여는' 이야기가 된다. '아마노이와토天の岩戸'에서 성을 따온 이와토 스즈메가 주인공이다. 네 살 때 너무나도 절망한 나머지 죽음의 세계로 빠져들어간 그녀를, 문을 열어 바깥의 현실 세계로 끌어내기 위한 이야기였던 것이다.

현실은 회색빛으로 색이 옅고, 자극이 없을지도 모른다. 하지만 '저세상', '꿈'의 세계보다 현실 세계가 더 나은 부분이 있다. 바로 '생명'이 존재한다는 점이다. "그래도 이곳에는 여기저기에 생명이 충만하다."[12] 먹구름이 비가 되고 비가 생명을 키워 갖가지 식물이 싹트는 묘사는 바로 그러한 표현일 것이다. 두 주인공의 이름에는 식물을 연상케 하는 '싹芽', '풀草'을 뜻하는 한자가 들어가 있다. 즉 젊은 그들도 쑥쑥 성장하는 '생명'인 것이다.

〈스즈메의 문단속〉은 자연(카미)의 파괴적인 힘을 어떻게 해서든 생산적인 힘으로 바꾸고자 하는 의식처럼 보이기도 한다. 거대한 파괴를 통해 만들어진 먹구름이 단비가 되고, 자라는 이들이 있다. 이것은 실제로 동일본대지진 이후에 수많은 아티스트와 연예인, 지원자 들이 피해 지역에서 했던 많은 일들에 담긴 소망을 떠오르게 한다. 또한 비극이 벌어진 후에 태어나 자라는 이들에 대한 축복처럼도 보인다.

저세상은 가서는 안 되는 장소라고 소타는 말한다. "바로 이곳에서, 우리는 살아가고 있으니까."**13**

어떤 상황에서도 태어나고 자라는 이들을 긍정하고 축복해야만 하는 것이다.

'세계'와의 관계를 다시 맺기 위하여

이 작품은 미야자키에서 도호쿠까지 돌아다니면서 여러 지역의 삶과 여러 지진에 대한 기억, 미래에 닥칠 위기에 대한 예감을 연결하는 구성이다. 동일본대지진과 한신·아와지대지진과 관동대지진을 연결하고, 에히메와 미야자키, 고베와 도쿄, 후쿠시마와 미야기의 생활에 대해서도 관객들 사이에서 심리적인 연결이 이루어진다.

과거에 번영했던 지역이 괴멸했다는 것을 함께 추도함으로써 생활과 계층, 지역 등으로 '분단'된 사람들에게 연대 의식을 갖도록 하는 기능도 있을 것이다. 통계적으로 볼 때 인구와 부가 상승하는 곳은 도쿄 근교뿐이고, 그 밖의 지역은 쇠퇴하고 있다. 산업 구조의 변화 등으로 인해 수많은 이들이 생업을 더 이상 이어갈 수 없게 될 것이고, 전통적인 문화와 생활을 계승할 수 없게 된다는 '멸망'을 의식하는 이도 많을 것이다. 이러한 '과거에는 번영했지만, 쇠퇴하는 중'이라는 실감에 따른 연대와 공감을 만들고자 한다고 바꿔 말해도 좋다. 게다가 스즈메는 다른 사람에겐 보이지 않는 미미즈가 초래하는 재해의 전조를 볼 수 있다. 그러므로 미래를 대비하기 위해 사람들을 연대하고 각성하게 하는 측면도 있다.

다만 그 범위가 일본에 국한되어 있는데, 그래도 괜찮은지는 마음에 걸린다. 피해 지역으로서, 고향을 잃어버린 이로서, 미래에 일어날 위기에 대비하는 이로서 연대의 네트워크를 만들어야 하는 것이 과연 일본뿐일까? 전 세계에서 갖가지 재해가 일어나고 있다. 전쟁, 학살과 같은 흔적도 전 세계에 존재한다. 잠재적으로는 그 모두를 연결하는 네트워크와 연대 의식을 만들 수 있지 않을까? SDGs가 아니더라도, 전 세계에서 앞으로 일어날 수 있는 전쟁, 빈곤, 내전, 기아, 학살, 재해 등을 막기 위해서는 그와 같은 연결을 만들어야만 하지 않을까. 물론 거기에는 2차 세계 대전으로 인한 피해와 가해의 흔적 역시 포함될 것이다.

재앙에 대한 연민(수난을 함께하고, 공감하고, 헤아리는 마음)이야말로, 논리나 시스템과는 다른 형태로 전 세계인을 연결할 수 있는 공통의 기반이 되지 않을까. 이 작품은 잠재적으로 그와 같은 가능성을 탐색하고 있으리라.

신체를 통한 연결 가능성도 이 작품에는 계속해서 그려져 있다. 이 작품에서 강조하는 신체는 굳이 말하자면 '성性'이 아니라 '상처' 쪽이다. 서두에는 소타를 치료하는 장면이, 중후반에는 다친 스즈메의 상처가 매우 강조되었다. 상처투성이의 스즈메가 재해 발생 직후의 잔해와도 같은 '저세상'에서 자신뿐만 아니라 소타를 구해낸다. 체념으로 가득 찬 '세계'에 갇혀 있던 소타가 밖으로 나오게 된 계기는 스즈메의 키스다. "입술이었다. 누군가의 희미한 체온이 그의 입술에 색채를 돌이키려 하고 있었다. 끊어져 있던 그와 세계를 연결하는 실을 누군가가 한땀한땀 다시 연결하려는 것 같았다."[14]

상처를 입은 이가 성애 요소가 담긴 신체적 접근을 함으로써 그와 세계를 다시 연결한다. 이것은 신카이 마코토가 '세계기' 단계에서 '세카이'와 '세계'를 연결하고자 했던 것을 스스로 언급한 부분이라고 독해할 수 있지 않을까.

다시 연결하고, 새롭게 연결한다는 것

현재 우리는 서로 같은 세계에서 살아간다고 하기 어려울 만한 '세계'에 제각각 갇혀 있다. 정치사상, 계층, 계급 등으로 인해 경험하는 세계가 다르고, 사람들은 필터링을 통해 자신에게 보이는 세계만이 전부라고 믿으며 서로 충돌하고 있다. 총탄과 미사일이 무자비하게 사람들의 생명을 앗아가고 있다. 원자력발전소를 공격했다는 보도가 소셜 미디어에 돌아다닌다. 3차 세계 대전이라는 말이 뉴스에 등장하는 일도 늘어났다. 그 발화점이 될 가능성이 높은 장소로 동아시아, 일본 주변이 손꼽힌다. 수많은 나라에서 민주주의의 위기를 걱정하고, 심각한 충돌이 반복된다. 관측 사상 최고 기온과 강수량으로 전 세계에 수많은 대재해가 일어난다. 고온 현상이 유럽을 덮치고, 파키스탄에서는 댐이 차례차례 붕괴해 농작물 대부분이 파손되었다. 호주에서는 산불로 수만 마리의 코알라가 타 죽었다. 일본에서도 홍수로 여러 다리가 붕괴했다.

미래의 위기가 보이는 이에게는 보일 것이다. 그것을 해결하기 위해서는 반드시 닫힌 '세계'를 뛰어넘어 연결되어야 한다. 신체를 가진 존재라는 점이 그 실마리가 될 수 있을까. 아니면 영화나 표현 작품이 그러한 '세계'를 연결해주는 실이 될 수 있을까. 만약 정치가나 자본가 등 '승리자'의 집에 문이 있고, 그 문이 격차 사회 속 '패배자'라 불리는 사람의 생활권과 연결되어 그 모습이 보이고 고통을 구체적으로 느끼게 된다면 다양한 구제책을 강구하게 될까.

그렇게 되었더라면 야마가미 용의자와 아베 전 총리의 만남은 총탄이 날아가지 않고 끝났을까. 수많은 재해로 괴로워하는 전 세계 사람들이 연결됨으로써 미래에 일어날 재해, 식량 위기, 기아, 그리고 계속 이어지는 전쟁과 내전을 방지할 수 있을까? 아니면 유복하고 안전한 나라 사람들에겐 계속 남 일일 뿐일까? 우리는 세계의 사람들과 연결되어 있는 것일까?

반창고는 두 개의 갈라진 상처를 연결할 뿐만 아니라, 양쪽을 붙여서 재생시킨다. 미래에 언뜻언뜻 보이는 거대한 위기를 방지하고 일어나지 않도록 하기 위해서 우리는 다시 한번 많은 것들을 연결할 필요가 있다. 그리고 앞으로 일어날 인류사에도 생명의 역사에도 없었던 상황을 살아가기 위해서는 지금까지 없던 삶의 방식·가치관·과학 기술을 창조해야만 한다. 창조란, 지금까지 없던 연결 방식을 만들어내는 것이다. 뉴미디어와 전통을 연결했던 것처럼, 지금껏 없었던 연결 방식을 만들어낼 필요가 있다.

다시 연결하고, 새롭게 연결하는 것. 그것이야말로 살아 있는 이들, 앞으로 새롭게 태어나 자랄 이들을 긍정하고, 미래의 죽은 자를 줄이기 위해 우리가 반드시 해야 할 일이다.

끝으로

이 책은 나의 일곱 번째 단독 저서다. 2021년에 출간한 『신에반게리
온론』, 『공각기동대론』과 같은 모티프(상승에서 하강으로, 과학과 종교)
와 주제(일본의 전통적인 '신'과 애니메이션·인터넷 시대의 습합)를 다루
고 있다. 이 문제의식은 시대와 사회 상황의 영향을 받았지만, 나의
결혼과 (아내의) 출산, 나이 들면서 일어난 내적 변화에 따른 부분도
있다.

　조금 사적인 이야기를 하자면 이 책의 문제의식 중에서 '혼합체'
에 관한 부분은 나의 집안과 성장 내력과 관련이 있지 않을까 싶다.
나의 친조부모는 홋카이도로 이주하여 아이누의 성지이자 지금은
'우포포이'◆가 있는 시라오이 근처에서 야생마를 잡아 이동 수단으로

◆　　홋카이도에 위치한 '민족 공생 상징 공간'을 부르는 애칭. 이 장소에 국립아이누민
　　족박물관, 국립민족공생공원 등이 있다. 아이누 문화를 부흥시키기 위한 공간이다.

삼거나 산나물을 따다가 팔며 살았다고 한다. 상상하건대 상당히 애니미즘적인 감각으로 살았던 것 같다. 그들의 자식, 즉 나의 아버지는 글자 그대로 판잣집에서 태어나 도시바에 입사하여 가와사키로 부임했다. 그 뒤 공업 도시에 사는 이공계 전기 기술자가 되어 중전기* 부문에서 근무했다. 도쿄전력이나 홋카이도전력과도 업무를 함께했고, 원자력으로 대표되는 눈부신 과학의 진보를 상징하는 직종에서 일했다.

한편 외조모는 아오모리 출신으로 오타루에서 살았다. 큰아버지는 대학에서 경제학부를 졸업한 뒤 신좌익운동에 참가했다. 그 뒤엔 히피가 되어 오키나와 등을 방랑하거나 리사이클 숍에서 근무하다가 만화와 게임에 빠져 살았다. 방에는 대량의 만화와 에로틱한 책 뒤에 숨기듯이 요시모토 다카아키와 솔제니친을 꽂아 두었다. 큰어머니는 미술가를 꿈꿨지만, 데비소프트라는 패미컴 소프트웨어 회사에 취직하여 초창기 패미컴 소프트웨어를 제작했다. 그 후에 데이터크래프트라는 회사에서 만든 〈소재 사전〉이라는 소프트웨어가 성공하여 이사가 되었으며, 한때는 오모테산도에 사무실, 아오야마에 아파트가 있었고 전 세계를 돌아다니는 등 위세가 좋았다.

손자인 나는 뉴타운에 살면서 초등학생 때부터 패미컴과 인터넷을 접했고, 인터넷 혁명에 가능성을 느껴 뛰어들었다. 원자력 발전 반

◆　　발전기, 변압기 등 중량이 큰 전기 기구.

대 운동에도 참가했고, 나중에는 도쿄공업대학교에서 박사 학위를 받았으며, 지금은 일본영화대학교에서 교직을 맡고 있다. 이처럼 현기증이 날 정도의 큰 변화를 겨우 3세대 만에 경험한 셈이다. 친척 중에는 농가나 축산업을 하는 사람도 많다. 탱크로리 화물차 운전사도 있었다.

그와 같은 집안이 경험해온 운명, 문화적인 변화가 나에게도 영향을 미쳤다. 그런 것들이 뒤섞인, 무엇이 전문인지 잘 알 수 없고 남에게 말해도 이해받기 어려운 특수한 문화관이 형성되어버린 것이다.

그러므로 이 책에서 기술한 '절충'적 문화란 바로 나 자신이 경험해온 문화인 셈이고, 내 안에서 혼란스럽고 정리되지 못한 문화의 형태 그 자체인지도 모른다. 거기엔 좋고 나쁨이 없다. 전통적이지도 고상하지도 않다. 규범적이지도 않고, 공동체나 권위 측면에서 훌륭하다고 인정받는 것도 아니다. 하지만 현존하는 문화, 이 세계에 살아 있는 문화, 아니 그보다도 살아 있는 인간인 내가 경험해온 세계인 것이다.

이 책을 처음 쓰기 시작했을 때는 이렇게나 민속학적인 측면을 강조하는 내용이 되리라곤 생각하지 않았다. 현대 사회의 오타쿠 문화, 인터넷 문화를 대상으로 일본 민중이 신앙하는 신을 찾는 작업을 했던 것이 이 책을 포함해『공각기동대론』,『신고질라론』,『신에반게리온론』 등이다.

나의 관심이 이와 같은 주제로 옮겨간 것도 일본인에게 신이란 무엇인지를 탐구하고 영화를 제작했던 영화감독 이마무라 쇼헤이가 창립한 일본영화대학교에 근무하기 시작했기 때문일지도 모른다. 다 쓴 뒤에야 깨달았지만, 조몬 에너지와 성性(생生)의 욕망을 현대 사회에 회복시켜야 한다는 식의 문명론은 현재의 학장인 덴간 다이스케가 〈세계에서 가장 아름다운 밤〉이라는 영화에서 주장한 것이었다. 아마도 무의식중에 영향을 받았으리라. 대학교 근처에 있는 오카모토 다로 미술관이나 민속학자 다니가와 겐이치의 일본지명연구소 등에서도 여러 시사점을 얻었다.

신토와 애니미즘,『고사기』를 중앙 집권적이 아니라 반역적으로 해석하는 방법론은 니가타 출신의 지도교관 이구치 도키오 씨에게 배웠다. 조몬에 대한 관심은 고 무로이 미쓰히로 씨에게 감화되었다. 『사회는 존재하지 않는다: 세카이계 문화론』이라는 책으로 참가하게 되었던 한계연限界研◆에서 만난 가사이 기요시 씨에게서도 많은 아이디어를 얻었다(가사이 씨는 애니미즘이야말로 일본의 문제를 만들어낸 것이 아니냐는 비판적인 입장이긴 하다).

'지역 아트'라 불리는 여러 지방의 예술제 등을 논하게 된 이후로 전국 각지에서 초대를 받아 성지 같은 곳까지 포함하여 많은 것들을 보고 들은 경험이 이 책에 짙게 반영되었다. 홋카이도의 삿포로에서 자라 도쿄에 오랫동안 살았던 내게는 마치 이세계와도 같은 수많은 일들을 마주하고, 나 자신이 얼마나 아무것도 모르고 있었는지를 깨

◆ '한계소설연구회'의 약칭으로 2000년대 중반에 일본의 젊은 비평가와 전문 필자들이 모여서 만들었다고 한다. 저자 후지타 나오야도 속해 있다.

닫게 된 기회였다. 나를 불러서 수많은 것들을 보여주고 가르쳐주며 연결해주신 여러분의 영향을 이 책에서 강하게 느낄 수 있다. 수많은 인연에 깊이 감사한다. 이 책을 통해 그것들을 다시금 연결하는 역할을 할 수 있길 바란다. 마지막으로, 담당 편집자 후쿠다 다카오 씨에게 깊이 감사드린다.

2022년 8월 15일
도쿄의 가장자리, 과거에 곶이었던 장소에서

◆ 신카이 마코토의 저작, 인터뷰, 대담 등

신카이 마코토, 「매일 평범하게 보는 것이 사랑스럽다」, 〈광고비평〉, 마도라슛판, 2002년 5월

신카이 마코토·도미노 요시유키, 「디지털과 아날로그의 온도 차」, 〈애니메쥬〉, 도쿠마쇼 텐, 2002년 8월

신카이 마코토, 「주말에 즐기는 '오타쿠스러운' 생활. 이것이 우리의 뉴 히어로! ……가 아닐까 '집을 떠나 세계로」, 〈SPA! 임시 증간〉, 후소샤, 2003년 7월 1일

신카이 마코토·후지쓰 료타, 「'강도 있는 이야기'를 찾아」, 〈유리카〉, 세이도샤, 2004년 12월

신카이 마코토, 『구름의 저편, 약속의 장소: 신카이 마코토 2002-2004』, 피아, 2005년

신카이 마코토, 「신카이 마코토 최신작은 연작 단편 애니메이션 〈초속 5센티미터〉」, 〈애 니메쥬〉, 도쿠마쇼텐, 2006년 8월

신카이 마코토·아즈마 히로키·이토 고·가미야마 겐지·사쿠라자카 히로시·신조 가즈 마·나쓰메 후사노스케·니시지마 다이스케, 『콘텐츠의 사상』, 세이도샤, 2007년

신카이 마코토, 「미래 디자인의 기수들 최종회 신카이 마코토(애니메이션 작가)-심금을 울 리는 마음속 풍경을 찾아」, 〈덴토무시〉, UC카드, 2007년 3월

신카이 마코토, 「'역추세 비즈니스' 성공의 비법-소수 정예로 고품질 애니메이션 작품을 제작하여 대히트를 기록 중」, 〈SPA!〉, 후소샤, 2007년 4월

신카이 마코토·코믹스웨이브필름, 『하늘의 기억-신카이 마코토 미술 작품집』, 고단샤, 2008년

신카이 마코토·미사키 아키, 「창작에 가장 중요한 것」, 〈소설 스바루〉, 슈에이샤, 2008년 3월

신카이 마코토·오구로 유이치로, 「이 사람에게 이야기를 듣고 싶다 141회 신카이 마코토-내가 어린 시절 좋아했던 애니메이션을 만들고 싶다는 마음이 들었다고나 할까요」, 〈애니메쥬〉, 도쿠마쇼텐, 2011년 4월

신카이 마코토, 「일본 애니메이션, 차세대 에이스, 드디어 왕도를 가다!」, 〈Cut〉, 2011년 5월, 로킹온

신카이 마코토, 「'신카이 마코토' 영상미 속에서 펼쳐지는 타격전과 '고독'!」, 〈사이조〉, 사이조, 2011년 5월

신카이 마코토·다무라 아쓰시, 「FACTORY A 세상을 약간 재미있게 만드는 공장을 열었습니다 23회-신카이 마코토×다무라 아쓰시 스스로를 부감으로 바라보는 것이 살아가는 데에 처방전이 된다고 생각합니다」, 〈서커스〉, KK베스트셀러즈, 2011년 6월

신카이 마코토, 「새로운 언어로, 이야기를 시작하다」, 〈픽트업〉, 픽트업, 2011년 6월

신카이 마코토, 「동시대의 작가이기에 전달할 수 있는 것」, 〈파피루스〉, 겐토샤, 2011년 6월

신카이 마코토·고바야시 오사무, 「신카이 마코토 인터뷰」, 〈SF 매거진〉, 하야카와쇼보, 2011년 6월

신카이 마코토, 「정보 호지포지! 여성자신 광고 실험실-요즘 화제가 되고 있는 치밀하고 아름다운 애니메이션…… 다이세이 건설 광고를 '만든' 사람은?」, 〈여성자신〉, 고분샤, 2012년 2월 7일

신카이 마코토·사카야 다이스케, 「신진기예의 애니메이션 감독이 가진 알려지지 않은 맨얼굴에 다가선다!」, 〈주간 플레이보이〉, 슈에이샤, 2013년 5월 27일

신카이 마코토, 「각자 출발하기 위하여, 우리는 만났다-〈언어의 정원〉 신카이 마코토 감독 인터뷰」, 〈다빈치〉, KADOKAWA, 2013년 6월

신카이 마코토, 「'일본의 풍경'으로 세계를 놀라게 만들고 싶다」, 〈Voice〉, PHP켄큐쇼, 2013년 8월

신카이 마코토, 「애니메이션에서만 가능한 표현을 생각하다 보면 어른도 즐길 수 있게 된다」, 〈남자의 은신처〉, 산에이, 2013년 8월

신카이 마코토, 「광고로 퍼져가는 신카이 마코토의 영상 세계-다이세이 건설 '지도에 남는 작업' 시리즈로부터」, 〈CM NOW〉, 겐코샤, 2014년 11월

신카이 마코토, 「지금은 확실하게 애니메이션 영화를 만들고 싶다」, 〈애니메쥬〉, 도쿠마쇼텐, 2015년 7월

신카이 마코토·코믹스웨이브필름, 『신카이 마코토 Walker-빛의 궤적』, KADOKAWA, 2016년

신카이 마코토, 「'갭'을 추진력 삼아 영화를 만들고 싶다」, 〈애니메쥬〉, 도쿠마쇼텐, 2016년 2월

신카이 마코토·다나카 마사요시, 「애니메이션 최신 상식-한가운데를 만드는 〈너의 이름은.〉 스튜디오 지브리·호소다 마모루의 뒤를 잇는 여름 영화로」, 〈닛케이 엔터테인먼트〉, 닛케이BP, 2016년 3월

신카이 마코토·나카타 겐타로, 「인터뷰 신카이 마코토-'가타와레도키(황혼기)'에 만나는 것」, 〈유리카〉, 세이도샤, 2016년 9월

신카이 마코토, 「신카이 마코토 롱 인터뷰 '한 번뿐인, 그러나 지금으로 이어지는'」, 〈신카이 마코토, 그 작품과 인물〉, 스페이스샤워네트워크, 2016년

신카이 마코토, 「사람과 컴퓨터」, 〈신카이 마코토, 그 작품과 인물〉, 스페이스샤워네트워크, 2016년

신카이 마코토, 「신카이 마코토와 음악」, 〈신카이 마코토, 그 작품과 인물〉, 스페이스샤워네트워크, 2016년

신카이 마코토, 「신카이 마코토와 무라카미 하루키에 관하여」, 〈신카이 마코토, 그 작품과 인물〉, 스페이스샤워네트워크, 2016년

신카이 마코토, 「신카이 마코토와 세계」, 〈신카이 마코토, 그 작품과 인물〉, 스페이스샤워네트워크, 2016년

신카이 마코토·마스토 다쓰야, 「〈별의 목소리〉 첫날 아침에 줄을 선 광경이 창작을 이어가는 원동력이 되었습니다」, 〈키네마준포〉 증간, 키네마준포샤, 2016년 8월

신카이 마코토·고지마 다케시, 「특별 인터뷰 신카이 마코토 〈너의 이름은.〉 감독-흥행 수입 100억 엔 돌파의 쾌거 〈너의 이름은.〉 대히트의 이유」, 〈주간 다이아몬드〉, 다이아몬드샤, 2016년 10월 8일

신카이 마코토, 『신카이 마코토전=Exhibition of Shinkai Makoto-〈별의 목소리〉부터 〈너의 이름은.〉까지』, 아사히신분샤, 2017년

신카이 마코토, 「신 집의 이력서-가족이 생길 때까지는 작품마다 이사를 하기로 정해놓고 있었습니다」, 〈주간 분슌〉, 분게이슌주샤, 2017년 6월 8일

신카이 마코토, 「〈날씨의 아이〉 인터뷰 후편 '운명'에 대한 가치관-어딘가에 또 다른 자신이 있는 듯한」, 〈KAI-YOU〉, 2019년 8월 11일(https://kai-you.net/article/66490, 2022년 8월 15일 열람)

신카이 마코토, 「〈날씨의 아이〉는 전작보다 비판받을 만한 영화로 만들고 싶었다」, 〈AERA〉, 2019년 8월 26일

신카이 마코토, 「인터뷰 〈너의 이름은.〉의 감독이 결의한 것-신카이 마코토 애니메이션 감독, 하늘을 올려다보며 자란 내가 '날씨'를 작품에 그리기는 마음은」, 〈부인공론〉, 주오코론신샤, 2019년 8월 27일

신카이 마코토·래드윔프스, 「〈날씨의 아이〉 마지막 장면에서 일어난 기적」, 〈문예춘추〉, 2019년 9월

신카이 마코토·아라키 겐타로, 「〈날씨의 아이〉의 하늘은 이렇게 만들어졌다」, 〈닛케이 사이언스〉, 닛케이BP, 2019년 10월

신카이 마코토, 「아직 할 수 있는 일은 잔뜩 있다」, 〈키네마준포〉, 키네마준포샤, 2019년 12월 하순

신카이 마코토, 「〈날씨의 아이〉 신카이 마코토 감독에게 묻는다-날씨를 모티프로 삼은 대히트 작품, 기후 변동의 충격과 엔터테인먼트가 할 수 있는 일」, 〈국제연합 홍보센터 블로그〉 2020년 1월 31일(https://www.unic.or.jp/news_press/info/36342, 2022년 8월 15일 열람)

신카이 마코토, 『소설 스즈메의 문단속』, KADOKAWA, 2022년

♦ 관계자 인터뷰 등

가미키 류노스케, 「두 사람의 목소리가 맞춰질 때」, 〈유리카〉, 세이도샤, 2016년 9월

가와무라 겐키·다카세 고지, 「신카이 감독이 '주위 의견을 받아들이는' 태도는 자신감의 표출로 느껴집니다」, 〈키네마준포〉, 키네마준포샤, 2019년 8월 상순

노다 요지로·구와하라 아키라·다케다 유스케, 「래드윔프스(노다 요지로, 구와하라 아키라, 다케다 유스케) 소리가 달리는 장소」, 〈유리카〉, 세이도샤, 2016년 9월

다이고 고타로·모리 나나, 「압박감을 느끼지 못할 정도로 배역에 집중한 2개월-다이고 고타로[모리시마 호다카 역], 모리 나나[아마노 히나 역]」, 〈키네마준포〉, 키네마준포 샤, 2019년 8월 상순

단지 다쿠미, 나카타 겐타로, 「색채와 음영 저편에」, 〈유리카〉, 세이도샤, 2016년 9월

옷코쓰 요시코·하세가와 슈헤이, 『피라미드 모자여, 안녕 신장판』, 리론샤, 2017년

♦ 신카이 마코토론, 작품론

가토 미키로, 「풍경의 실존」, 『애니메이션의 영화학』 수록, 린센쇼텐, 2009년

고노 사토코, 「신카이 마코토의 '풍경' 전개」, 〈유리카〉, 세이도샤, 2016년 9월

고바야시 오사무·마에지마 사토시·마에다 히사시, 「신카이 마코토 작품 가이드」, 〈SF 매거진〉, 2011년 6월

고토 마사루, 「애니메이션을 보는 방법 2004-첨단 애니메이션 크리에이터 신카이 마 코토 게임계로부터 출현한 역사적 필연」, 〈스튜디오 보이스〉, INFAS퍼블리케이션즈, 2004년 7월

기무라 사에코, 「고대를 건너다」, 〈유리카〉, 세이도샤, 2016년 9월

나카무라 지아키, 「내적 세계가 메이저로-신카이 마코토가 바꾼 일본의 애니메이션 지 도」, 〈AERA〉, 아사히신분슛판, 2019년 8월 26일

나카타 겐타로, 「가로질러 가는 것에 관하여」, 〈유리카〉, 세이도샤, 2016년 9월

「〈날씨의 아이〉의 무대 뒤편」, 〈키네마준포〉, 키네마준포샤, 2019년 8월 상순

니시타야 히로시, 「이야기의 샘플링-무라카미 하루키와 신카이 마코토」, 〈도야마대학교 인간발달과학부 기요〉, 2017년

니시타야 히로시, 「잠재성을 본다는 것-신카이 마코토 〈구름의 저편, 약속의 장소〉의 구 조」, 〈아이치교육대학교 대학원 국어연구〉 17호, 2009년

데라이 다쓰야, 「죽은 자를 살아가는 시도-신카이 마코토와 사이토 사이토(전편)」, 〈단

가〉 64권 4호, 2017년 4월

데라이 다쓰야, 「죽은 자를 살아가는 시도-신카이 마코토와 사이토 사이토(후편)」, 〈단가〉 64권 5호, 2017년 5월

도다 겐지, 「기예의 언더 40 일본 대표 10명 신카이 마코토 영상작가-지브리가 질투하게 만든 남자」, 〈닛케이 비즈니스〉, 닛케이BP, 2005년 1월 3일

도이 노부아키, 「이 꿈과 같은 세계」, 〈유리카〉, 세이도샤, 2016년 9월

모치즈키 아키히데, 「〈날씨의 아이〉는 조몬 영화의 걸작이다」, 〈조몬 ZINE_note〉 2019년 8월 6일(https://note.com/22jomon/n/ne498035fb378, 2022년 8월 15일 열람)

「미디어 트렌드를 읽다-비즈니스 전개·프로를 향한 길도…… 개인 제작 애니메이션이 속속 등장. 컴퓨터 한 대로 누구나 할 수 있다」, 〈재계〉, 자이카이켄큐조, 2003년 9월 9일

사야와카, 「우리는 언젠가 전부 잊게 된다-〈너의 이름은.〉과 〈신 고질라〉에 관하여」, 〈유리카〉, 세이도샤, 2016년 9월

슈샨, 「일본 애니메이션 영화 속 인물 조형-미야자키 하야오와 신카이 마코토의 비교 연구」, 2018

스기타 슌스케, 「영화 〈날씨의 아이〉를 보고 느낀 근본적인 위화감의 정체」, 〈겐다이 비즈니스〉 2019년 8월 9일(https://gendai.media/articles/-/66422, 2022년 8월 15일 열람)

스페이스샤워네트워크, 『신카이 마코토, 그 작품과 인물』, 스페이스샤워네트워크, 2016년

시미즈 요시오·스케가와 고이치로 편저, 『〈너의 이름은.〉의 교향』, 히쓰지쇼보, 2017년

쓰가타 노부유키, 『신카이 마코토의 세계를 여행하다-빛과 색채의 마술』, 헤이본샤, 2019년

아라카와 도루, 「움직임이 많은 풍경, 움직이는 회화-사진으로서의 신카이 마코토」, 〈유리카〉, 세이도샤, 2016년 9월

「신카이 마코토 〈초속 5센티미터〉는 당신만은 봐주길 바란다-신카이 마코토는 어디서 와서 어디로 가는가」, 〈다빈치〉, KADOKAWA, 2007년 4월

아오키 게이시, 「웹2.0 시대의 일본어 표현 (1) 아름다운 배경을 짊어진 '대화'의 소멸-애니메이션 작가 신카이 마코토 작품의 독해」, 〈니혼대학교 예술학부 기요〉 46호, 2007년

아즈마 히로키, 「IT'S TIME TO CHANGE! 변화의 전조 3회-미야자키 애니메이션만 절찬하는 것은 그만두자」, 〈주간 겐다이〉 2002년 6월 15일, 고단샤

에노모토 마사키, 『신카이 마코토의 세계-시공을 넘어 울려 퍼지는 혼의 행방』, KADOKAWA, 2021년

오노 마코토, 「고요한 장소로 (1) 신카이 마코토 〈별을 쫓는 아이〉 해독」, 〈커뮤니케이션 문화 논집〉 10호, 오쓰마여자대학교 커뮤니케이션문화학회 기관지, 2012년

오시마 가오루, 「신카이 마코토 감독 작품 〈너의 이름은.〉을 읽다」, 『일본 고전문화의 형성과 수용』, 하세베 쓰요시 편저, 간사이대학교 동서학술연구소, 2020년

오쓰카 에이지 외, 『〈별의 목소리〉를 들어라』, 도쿠마쇼텐, 2002년

오쿠보 기요아키, 「태초에 말씀이 계시니라-〈그녀와 그녀의 고양이〉론」, 〈유리카〉, 세이도샤, 2016년 9월

와타나베 다이스케, 「신카이 마코토 주요 작품 해설」, 〈유리카〉, 세이도샤, 2016년 9월

와타나베 다이스케, 「혜성이 흐르는 '풍경'-〈너의 이름은.〉 시론」, 〈유리카〉, 세이도샤, 2016년 9월

왕치융·하이·친두우, 「신카이 마코토의 사상에 관하여 (1) 〈너의 이름은.〉에 등장하는 운명의 우연성 문제를 중심으로」, 〈동아시아 문화연구〉 5호, 2018년

왕치융·하이·친두우, 「신카이 마코토의 사상에 관하여 (2) 〈너의 이름은.〉에 등장하는 운명의 우연성 문제를 중심으로」, 〈동아시아 문화연구〉 6호, 2018년

요코지 아키오, 「신카이 마코토 작품 속 시간 감각-초기 세 작품에서 〈너의 이름은.〉까지」, 〈일본어 일본문학〉 48호, 2019년

이시오카 요시하루, 「신카이 마코토의 결절점/전환점인 〈너의 이름은.〉」, 〈유리카〉, 세이도샤, 2016년 9월

이안 콘드리 지음, 마스다 노부히로 옮김, 「사막 세계에서의 뒤엉킴」, 〈유리카〉, 세이도샤, 2016년 9월

이이다 이치시, 「신카이 마코토를 '포스트 미야자키 하야오', '포스트 호소다 마모루'라고

부르는 것은 반드시 그만두길 바란다」, 〈유리카〉, 세이도샤, 2016년 9월

이이다 이치시·후지타 나오야, 「신카이 마코토 〈너의 이름은.〉에서 느낀 위화감-과거 작품의 가치관을 완전히 부정한다」, 〈익사이트〉, 2016년 9월 3일 (https://www.excite.co.jp/news/article/E1472797135219, 2022년 8월 15일 열람)

이이다 이치시·후지타 나오야, 「지진의 경험을 승화시키는 〈너의 이름은.〉」, 〈익사이트〉, 2016년 9월 3일(https://www.excite.co.jp/news/article/E1472797265554, 2022년 8월 15일 열람)

이치카와 하루카, 「할리우드 실사판 〈너의 이름은.〉은 '매우 미국적인 영화'로!」, 〈시네마투데이〉, 2021년 3월 22일(https://www.cinematoday.jp/news/N0122404, 2022년 8월 15일 열람)

토머스 라마르 지음, 오사키 하루미 옮김, 「신카이 마코토의 클라우드 미디어」, 〈유리카〉, 세이도샤, 2016년 9월

하기노 료코, 「읽다-신카이 마코토 〈언어의 정원〉과 '만엽의 비'」, 〈일본문학〉 68권 10호, 2019년

하타케야마 무네아키, 「알맹이 없는 풍경-신카이 마코토와 풍경의 '기타칸토성'에 관하여」, 〈유리카〉, 세이도샤, 2016년 9월

호소마 히로미치, 「녹색의 영역-〈언어의 정원〉에서 빛과 그림자의 중간적 표현」, 〈유리카〉, 세이도샤, 2016년 9월

후지쓰 료타, 「'신카이 마코토다움'이란 무엇인가」, 〈유리카〉, 세이도샤, 2016년 9월

후지쓰 료타, 「모놀로그가 없어진 세계에서」, 〈SF 매거진〉, 2011년 6월

♦ 애니메이션론, 세카이계론, 영화론 등

SF 매거진 편집부 편, 『제로년대 SF 걸작선』, 하야카와쇼보, 2010년

가사이 기요시, 『인간의 소실·소설의 변모』, 도쿄소겐샤, 2009년

가사이 기요시, 『탐정소설은 '세카이'와 조우했다』, 난운도, 2008년

기타무라 교헤이, 『24프레임의 영화학-영상 표현을 해체한다』, 고요쇼보, 2021년

마에지마 사토시, 『세카이계란 무엇인가』, 세이카이샤, 2014년

벌라주 벨러 지음, 사사키 기이치·다카무라 히로시 옮김, 『시각적 인간』, 이와나미쇼텐, 1986년

사쿠라이 다카마사, 『애니메이션 문화 외교』, 지쿠마쇼보, 2009년

사토 다다오, 『보는 것과 보여지는 것』, 이와나미쇼텐, 2007년

스기타 슌스케, 『재패니메이션의 성숙과 상실』, 오쓰키쇼텐, 2021년

쓰가타 노부유키, 『일본 애니메이션사-데즈카 오사무, 미야자키 하야오, 안노 히데아키, 신카이 마코토 등의 100년』, 주오코론신샤, 2022년

아즈마 히로키 편, 『일본적 상상력의 미래-쿨재패놀로지의 가능성』, NHK슛판, 2010년

오쓰카 에이지, 『아톰의 명제』, KADOKAWA, 2009년

요모타 이누히코, 『'귀여움'론』, 지쿠마쇼보, 2006년(한국어판 『가와이이 제국 일본』, 펜타그램, 2013년)

한계연 편, 『사회는 존재하지 않는다-세카이계 문화론』, 난운도, 2009년

호리에 노리치카, 『팝 스피리추얼리티』, 이와나미쇼텐, 2019년

후지쓰 료타, 『애니메이션과 전쟁』, 닛폰효론샤, 2021년

후지타 나오야 『공각기동대론』, 사쿠힌샤, 2021년

후지타 나오야, 『신고질라론』, 사쿠힌샤, 2017년

후지타 나오야, 『신에반게리온론』, 가와데쇼보신샤, 2021년

◆ 일본론, 고전, 기타

가라타니 고진, 『일본 근대문학의 기원』, 고단샤, 1988년

가토 슈이치, 『일본인이란 무엇인가』, 고단샤, 1976년

가토 슈이치, 『잡종 문화-일본의 작은 희망』, 고단샤, 1956년

고가 마사요시, 2018년도 청소년 문제 조사 연구회 강연 「살기 힘들다고 느끼는 젊은이들의 사회적 자립을 위한 지원에 관하여」 (https://www8.cao.go.jp/youth/kenkyu/

mondai/h30/k_1/pdf/s1-1.pdf, 2022년 8월 15일 열람)

고노시 다카미쓰, 『고사기와 일본서기』, 고단샤, 1999년

고야노 아쓰시, 『일본매춘사』, 신초샤, 2007년

국제교류기금, 「문화예술교류사업에 필요한 경비」 13쪽(https://www.jpf.go.jp/j/
   about/result/pr/2007/img/pr_culall.pdf, 2022년 8월 15일 열람)

나카무라 히로토시, 『신판 고사기-현대어 번역 포함』, 가도카와쇼텐, 2009년

나카자와 신이치, 『어스다이버』, 고단샤, 2005년

노마 히로시 · 오키우라 가즈테루, 『일본의 성과 천-중세 편』, 가와데쇼보신샤, 2015년

다나카 유코, 『유곽과 일본인』, 고단샤, 2021년

다나카 유코, 『게이샤와 놀이-일본적 살롱 문화의 성쇠』, KADOKAWA, 2016년

다니가와 겐이치, 『일본의 신들』, 이와나미쇼텐, 1999년

다니가와 겐이치, 『천민의 이신과 예능』, 가와데쇼보신샤, 2009년

다케시타 류이치로, 『SDGs가 펼치는 비즈니스 신시대』, 지쿠마쇼보, 2021년

무로이 미쓰히로, 『조몬의 기억』, 기노쿠니야쇼텐, 1996년

미나미 히로시 · 이나바 마사키, 『SDGs-위태로운 시대의 나침반』, 이와나미쇼텐,
   2020년

미쿠니 렌타로 · 오키우라 가즈테루, 『'예능과 차별'의 심층』, 지쿠마쇼보, 2005년

베네딕트 앤더슨 지음, 시라이시 다카시 · 시라이시 사야 옮김, 『정본 상상의 공동체-
   내셔널리즘의 기원과 유행』, 쇼세키코보하야마, 2007(한국어판 『상상된 공동체』, 길,
   2018년)

세가와 다쿠로, 『아이누학 입문』, 고단샤, 2015년

세가와 다쿠로, 『조몬의 사상』, 고단샤, 2017년

셸던 솔로몬 · 제프 그린버그 · 톰 피진스키 지음, 오타 나오코 옮김, 『어째서 보수화하고,
   감정적인 선택을 하게 되는가』, 인터시프트, 2017년(한국어판 『슬픈 불멸주의자』, 흐름출
   판, 2016년)

슬라보예 지젝 지음, 가쓰타 유키 옮김, 『감히 좌익이라 칭하자』, 세이도샤, 2022년

신타니 다카노리, 『신토 입문』, 지쿠마쇼보, 2018년

『신판 만엽집-현대어 번역 포함』(전 4권 합본판), KADOKAWA, 2019년

야마다 야스히로, 『조몬인의 사생관』, KADOKAWA, 2018년

야마모토 게이, 『현대 민주주의-지도자론부터 숙의, 포퓰리즘까지』, 주오코론신샤,
2021년

야마오리 데쓰오, 『신과 오키나의 민속학』, 고단샤, 1991년

에이 로쿠스케, 『게이닌』, 이와나미쇼텐, 1997년

에이 로쿠스케, 『게이닌-그 세계』, 이와나미쇼텐, 2005년

오노 스스무, 『신』, 산세이도, 1997년

오리쿠치 시노부, 『일본 예능사 육강』, 고단샤, 1991년

오자와 쇼이치, 『나는 딴따라 · 고考』, 이와나미쇼텐, 2005년

오자와 쇼이치, 『이야기-예능과 사회』, 하쿠스이샤, 1998년

오카모토 다로, 『신비 일본』, KADOKAWA, 2015년

오카모토 다로 · 히라노 아키오미 편, 『오카모토 다로의 도호쿠』, 쇼가쿠칸, 2017년

오카모토 다로 · 히라노 아키오미 편, 『오카모토 다로의 오키나와』, 쇼가쿠칸, 2016년

오쿠보 다카키, 『일본문화론의 계보』, 주오코론신샤, 2003년

우메다 모치오, 『실리콘밸리 정신』, 지쿠마쇼보, 2006년

우메하라 다케시 · 나카가미 겐지, 『너는 야요이인인가 조몬인인가』, 슈에이샤, 1994년

윌리엄 코널리 지음, 스기타 아쓰시 · 우카이 다케후미 · 오토베 노부타카 · 고노이 이쿠오
옮김, 『플루럴리즘』, 이와나미쇼텐, 2008년

이시다 이치로, 『카미ヵミ와 일본문화』, 페리칸샤, 1983년

이와부치 고이치, 『트랜스내셔널 재팬-포퓰러 문화가 아시아를 연다』, 이와나미쇼텐,
2016년

이와타 게이지, 『카미ヵミ와 신』, 고단샤, 1989년

이토 도시하루, 「이계를 걸치다 / 사진, 가면, 빙의」, 『마레비토』 수록, 이시카와 나오키,
쇼가쿠칸, 2019년

이토 마사아키, 『염상 사회를 생각하다』, 주오코론신샤, 2022년(한국어판 『플레이밍 사회』, 북바이북, 2023년)

조너선 하이트 지음, 다카하시 히로시 옮김, 『사회는 어째서 좌와 우로 갈라지는가-대립을 넘어서기 위한 도덕심리학』, 기노쿠니야쇼텐, 2014년(한국어판 『바른 마음-나의 옳음과 그들의 옳음은 왜 다른가』, 웅진지식하우스, 2014년)

조지프 히스·앤드류 포터 지음, 구리하라 모모요 옮김, 『반역의 신화 [신판]-'반체제'는 돈이 된다』, 하야카와쇼보, 2021년(한국어판 『혁명을 팝니다』, 마티, 2006년)

하시카와 분소, 『일본 낭만파 비판 서설』, 고단샤, 1998년

(※여기에 표기된 쪽 번호는 전부 일본어 원서 및 일본어 번역판을 기준으로 한다.)

서장 뉴미디어 시대의 문화 영웅

1 1981년 창업한 게임 회사. 〈이스〉, 〈영웅 전설〉, 〈드래곤 슬레이어〉 시리즈로 유명하다. 컴퓨터 및 초창기 패미컴 시절 RPG로 한 시대를 풍미했고, 현재까지도 국내외에서 높은 평가를 받고 있다. 신카이는 〈이스 1〉, 〈이스 2〉의 리메이크판(이터널)에서 오프닝 영상을 담당했다. 신카이가 인터뷰 등에서 발언한 내용에 따르면 사장 곁에서 여러 일을 했던 것 같다. 그때 했던 작업들이 영상 제작에 직접적으로 도움이 되었다고 말했다.

2 신카이 마코토, 「아직 할 수 있는 일은 잔뜩 있다」, 〈키네마준포〉 2019년 12월 하순, 35쪽.

3 이치카와 하루카, 「할리우드 실사판 〈너의 이름은.〉은 '매우 미국적인 영화'로!」 시네마투데이 2021년 3월 22일(https://www.cinematoday.jp/news/N0122404).

4 와타나베 다이스케, 『밝은 영화, 어두운 영화』, 232~233쪽.

5 스페이스샤워네트워크, 〈신카이 마코토, 그 작품과 인물〉.

6 신카이 마코토, 「신카이 마코토와 컴퓨터」, 〈신카이 마코토, 그 작품과 인물〉, 38쪽.

7 영화로 인해 '부흥'하는 것은 '얼굴'과 '신체'를 사용한 시각적 커뮤니케이션만이 아니다. 도시의 영화관에 다닌 사람들은 극장의 어둠 속에서 촌락 공동체처럼 친밀한 유기적 관계를 대체해줄 대체물을 찾았던 것 아닐까. 같은 작품을 보며 어둠 속에서 감동을 함께 느낀다는 사실이 아톰화◆되고 고립된 도시 주민들의 마음을 구원해준 것 아닐까.

◆ 찰리 채플린의 영화 〈모던 타임스〉에서 볼 수 있듯이 사회 공동체 속에서 인간이 기계 부품처럼 다루어지는 현상을 '인간 소외', 혹은 '아톰화(원자화, 고립화)'라 부른다. 의사 막스 피카르트의 저서 등을 참조.

8 사토 다다오,『보는 것과 보여지는 것』, 124쪽.

9 그런 의미에서 보자면 신카이 마코토의 '소설'도 분석하고 영상 작품과 대비함으로써 의도를 파헤칠 필요가 있겠으나, 이 책에선 논술 대상을 '영화'로만 한정하고자 한다. 소설 작품의 분석은 앞으로의 과제로 삼겠다.

선행 연구 중에는 영화 내용의 '정답'을 소설에서 찾는 독해 방식도 눈에 띄었으나, 이 책에선 영화와 소설은 서로 다른 미디어이므로 당연히 별도의 내용이 그려진 다른 작품으로 취급했다. 따라서 영화 해석에 소설 내용을 이용하지 않았다. 다만, 종장에서 다룬 〈스즈메의 문단속〉만큼은 예외다.

10 벌라주 벨러,『시각적 인간』, 14~15쪽.

11 최근 유행하는 문학 이론 용어로 말해보자면 '어댑테이션$_{adaptation}$'◆이라고 해석할 수도 있겠으나, 어댑테이션 이론을 그대로 적용하기보다 일본의 문화적 전통을 계승한 '습합'을 사용하는 편이 신카이 마코토 작품의 의의를 이해하기 쉽다고 생각한다.

12 집단 제작이자 시스템화된 산업이기도 한 애니메이션을 작가론적으로 독해하는 것에 대한 의문도 있으리라. 그 독해 방식을 정당화할 수 있는 이유 중 하나로 신카이 마코토가 사소설적 작가라는 사실을 들 수 있다. 그렇기에 이 책에서는 그의 인터뷰 발언 등을 인용하여 증거로 제시하면서 독해한다. 혼자서 만드는지, 아니면 분업 체제를 통해 여럿이서 만드는지와 같은 '제작 방식'이 스토리와도 관계가 있음을 이 책에선 지적하고 있고, 결코 집단 제작이라는 측면을 무시하는 것은 아니다.

1. 〈별의 목소리〉: '세카이'의 시작

1 16세기의 의사 노스트라다무스의 예언. 1999년 7월에 인류가 멸망한다는 해석이 일본에서 유행한 바 있다. 고토 벤의『노스트라다무스의 대예언-닥쳐오는 1999년 7월』,

---

◆ 본래 '각색'을 뜻하는 용어이지만, 여기에서는 미디어를 횡단하여 이야기를 재창조하고 수용하는 '어댑테이션 이론'를 말한다. 하나의 '이야기'를 소설, 영화, 애니메이션, 게임 등으로 일종의 '번안$_{adaptation}$'을 함으로써 새로운 오리지널 요소를 추가하여 문화적 환경에 적응할 수 있다고 보는 이론이다.

인류 멸망의 날』(1973)이나, 마스다 도시오 감독의 영화 〈노스트라다무스의 대예언〉(1974)이 대히트하면서 널리 알려졌다.

2 시모키타자와 톨리우드는 1999년에 개업한 47석짜리 소극장이다. 처음에는 단편 영화 전문 극장이었다. '도쿄의 할리우드'를 목표로 하여 붙인 이름이다.

3 『〈별의 목소리〉를 들어라』, 44쪽. 프로듀서 하기와라 요시히로의 발언에 따른 수치.

4 『〈별의 목소리〉를 들어라』, 21쪽. 톨리우드 대표(당시) 오쓰키 다카히로의 발언에 따른 내용.

5 『〈별의 목소리〉를 들어라』, 24쪽.

6 신카이 마코토, 「매일 평범하게 보는 것이 사랑스럽다」, 〈광고비평〉, 68쪽.

7 그 '실리콘밸리 정신'에는 히피 문화 등과 같은 소위 '카운터 컬처'의 영향을 받은 부분이 있고(히피와 여피가 합쳐진 것이라고 일컬어진다), 그중에서 이이다 이치시가 중시하는 것이 '의식의 확대'다. '의식의 확대'를 히피 세대는 마약 등을 통해서 경험하고 모색하고자 했고, 실리콘밸리 정신을 공유하는 이들은 기술의 발전을 통해서 얻고자 했다고 이이다는 생각한다.

8 SF 매거진 편집부 편, 『제로년대 SF 걸작선』 참조.

9 요모타 이누히코, 『가와이이 제국 일본』, 155쪽.

10 과거에는 이처럼 절실한 접근 욕망과 초조함을 느끼는 대상이 '혁명'과 '이상'과 '미래'였을 것으로 여겨진다. 1970년 정도까지 기능했다고 일컬어지는 소위 '커다란 이야기'◆가 바로 그것이다. 신기루 속 오아시스처럼 다가가면 사라져버리는 환영에 유토피아나 아르카디아라는 이름을 붙인 인류는 그것을 뒤쫓고 또 배신당해왔다. 혁명, 이상, 미래는 집단적으로 공유된 목표였지만, 포스트모던 사회로서의 고도 소비 사회, 개인주의적 사회를 거쳐 1995년 이후 경제적인 불황에 빠진 일본에선 그와 같은 공통 목표를 잃어버렸다. 인터넷 '혁명'에 대한 기대라든지, '모에萌え'와 같은 개인적 유토피아를 탐닉하는 욕망은 그러한 사회적 문맥 속에서 이해되어야 한다.

11 "한때는 정말로 무라카미 하루키의 작품에서 큰 영향을 받았고, 지금도 확실히 그 영향 안에 있는 작가라고 생각합니다."(신카이 마코토, 「신카이 마코토와 무라카미 하루키에

◆   98쪽 '커다란 것' 참조.

관하여」,〈신카이 마코토, 그 작품과 인물〉, 61쪽).

12 자세한 내용은 졸저 『신에반게리온론』을 참조할 것.

13 『구름의 저편, 약속의 장소: 신카이 마코토 2002-2004』, 136쪽.

14 키스 빈센트의 「일본적 미성숙의 힘-'일본적 미성숙'의 계보」(『일본적 상상력의 미래』
에 수록) 등에서 제시된 개념. 일본 문화에 흥미를 보이는 인간은 비판적인 시각을 갖
지 못하고, 오타쿠적이고 어린이 같은 '사랑'을 논하는 경향이 강하다고 한다. 그 원인
은 급속한 근대화와 패전의 트라우마, 과도한 모성, 미국이 점령한 이후 일본을 '거세'
한 것 등이라고 키스는 말한다. 하지만 '미숙함'이 나쁘다는 가치관은 서양 문명과 가
치관을 기준으로 한 것이기에 '일본적 미숙함'에는 그것을 뒤바꿀 가능성이 있을지도
모른다. 신카이 마코토 작품에서 볼 수 있는 단순하고 순수한 애니미즘 지향과 '탑',
'높은 곳'을 목표로 하는 지향 사이의 갈등을 이러한 '일본적 미성숙'에 대한 갈등으로
바라볼 수도 있다.

15 "〈에반게리온〉에선 아즈마 씨와 같은 부분에서 가장 충격을 받았습니다. 아무 움직임
을 주지 않은 상태로 얼마나 오랫동안 화면을 보여줄 수 있는가 하는 부분을요"◆라고
말했으므로, 문법 면에서 영향을 받았더라도 이상한 것은 아니다. 『콘텐츠의 사상』,
35쪽.

16 에노모토 마사키, 『신카이 마코토의 세계』, 24쪽.

17 에노모토 마사키, 『신카이 마코토의 세계』, 26쪽.

18 신카이 마코토, 「매일 평범하게 보는 것이 사랑스럽다」,〈광고비평〉, 73쪽.

19 신카이 마코토·오구로 유이치로, 「이 사람에게 이야기를 듣고 싶다」,〈애니메쥬〉
2011년 4월 호, 92쪽.

20 「지브리가 질투하게 만든 남자」,〈닛케이 비즈니스〉 2005년 1월 3일 호, 139쪽.

21 신카이 마코토, 「신카이 마코토와 컴퓨터」,〈신카이 마코토, 그 작품과 인물〉, 37쪽.

22 〈유리카〉 2004년 12월 호, 116쪽.

◆ '애니메이션'은 당연히 '움직이는' 그림을 보여줘야 하는 장르인데,〈신세기 에반
게리온〉에서는 굉장히 긴 시간 동안 '정지된 화면'을 보여주는 연출로 시청자들을
놀라게 만들었다.

23 졸저 『공각기동대론』을 참조할 것.

2. 〈구름의 저편, 약속의 장소〉: '세카이'의 바깥으로

1 『신카이 마코토 Walker』, 84쪽.

2 『신카이 마코토 Walker』, 81쪽.

3 하늘과 사이버 스페이스를 겹쳐 보는 은유를 사용한 선행 사례로 또 한 명의 '세카이계' 대표 작가인 아키야마 미즈히토의 「나는 미사일」이라는 작품이 있다. 자세한 내용은 『제로년대 SF 걸작선』에 저자가 쓴 해설문을 참조할 것.

4 가토 미키로, 「풍경의 실존」, 『애니메이션의 영화학』, 122쪽.

5 토머스 라마르 지음, 오사키 하루미 옮김, 「신카이 마코토의 클라우드 미디어」, 〈유리카〉 2016년 9월 호, 58쪽.

6 나카타 겐타로, 「가로질러 가는 것에 관하여」, 〈유리카〉 2016년 9월 호, 132쪽.

7 「신 집의 이력서」, 〈주간 분슌〉, 2017년 6월 8일 호, 100쪽.

8 신카이 마코토·미사키 아키, 「창작에 가장 중요한 것」, 〈소설 스바루〉 2008년 3월 호, 191쪽.

9 『신카이 마코토전』, 179쪽.

10 「이것이 우리의 뉴 히어로! ……가 아닐까」, 〈SPA!〉 2003년 7월 1일 호, 30쪽.

11 『구름의 저편, 약속의 장소: 신카이 마코토 2002-2004』, 189쪽.

12 『구름의 저편, 약속의 장소: 신카이 마코토 2002-2004』, 22쪽.

13 '탑'의 설정에 관해서는 "양자 이론의 기술로 만든 관측용 안테나로 무수히 퍼져 있는 '평행 우주'의 정보를 모아 검출한 뒤에, 예를 들면 미래라든지 앞으로 군사적으로 나아갈 방향 등을 예측한다는 설정"이었다고 한다. 모라토리엄과 결단이라는 주제와 관련되어 있다는 뜻. 『구름의 저편, 약속의 장소: 신카이 마코토 2002-2004』, 184쪽.

14 18세기 극작가 겸 미학자 프리드리히 폰 실러의 미학. 너무나도 이성에만 편중되어 있던 칸트의 미학을 비판하고, 감성에 호소하는 계몽의 중요성을 주장하였다. 이성과 감성, 의무와 경향성의 조화를 통해 비로소 '아름다운 영혼'이 만들어지고, 격렬한 갈등으로부터 '숭고한 영혼'이 만들어진다는 미학을 제시했다. '우아함'이란 그 '아름다

운 영혼'이 내면으로부터 나와 행동이라는 형태를 띤 것을 말한다. 신카이 작품에만 국한된 것이 아니라, 소위 '드라마'라는 조화와 대립을 통해 '아름다운 영혼', '숭고한 영혼'의 감동을 만들어내는 예술이다.

15 신카이 마코토·고바야시 오사무, 「신카이 마코토 인터뷰」, 〈SF 매거진〉, 79쪽.

16 『신카이 마코토 Walker』, 20쪽.

17 신카이의 어머니는 무라카미 하루키를 좋아했고, 처음엔 그 영향을 받아서 『노르웨이의 숲』을 읽었다고 한다. 문학을 사랑하는 소녀라는 이미지의 원형이 어머니에게 있었다고 해도 이상하지 않을 것이다. 어머니는 홋카이도 출신이다.

18 『구름의 저편, 약속의 장소: 신카이 마코토 2002-2004』, 19쪽.

19 이와타 게이지, 『카미와 신』, 20쪽.

20 기타무라 교헤이, 『24프레임의 영화학-영상 표현을 해체한다』, 190쪽.

21 신카이는 이 작품에 관해 이렇게 평했다. "젊은 시절 따스한 세계가 있었고 그것을 잃어버렸습니다. 잃어버린 다음에 어떻게 살아갈지에 대한 내용으로 만들었습니다"(신카이 마코토·오구로 유이치로, 「이 사람에게 이야기를 듣고 싶다」, 〈애니메쥬〉 2011년 4월 호, 90쪽).

22 신카이 마코토, 「매일 평범하게 보는 것이 사랑스럽다」, 〈광고비평〉, 70쪽.

23 신카이 마코토의 시간 감각에 관해 요코지 아키오는 「신카이 마코토 작품 속 시간 감각-초기 세 작품에서 〈너의 이름은.〉까지」(〈일본어 일본문학〉 2019년 7월)에서 기무라 빈의 '포스트 페스툼post festum'을 참조하면서 논한 바 있다. 이 의견을 받아들여 말하자면, 고전기 이후 신카이 작품의 변화는 '포스트 페스툼'(축제 이후)으로부터 '축제의 도중'으로 이행했다고 간주할 수 있다.

24 "이타코면서 샤먼 가계라는 식으로 상당히 오컬트적인 이야기가 되었는데요"(『구름의 저편, 약속의 장소: 신카이 마코토 2002-2004』, 202쪽).

25 하타케야마 무네아키, 「알맹이 없는 풍경」, 〈유리카〉 2016년 9월 호, 185쪽.

26 나도 『사회는 존재하지 않는다-세카이계 문화론』이라는 책에 쓴 사토 유야론에서 이 문제를 논한 바 있다.

27 가토 미키로, 「풍경의 실존」, 『애니메이션의 영화학』, 121쪽.

28 『신카이 마코토전』, 177쪽.

29 「'신카이 마코토' 영상미 속에서 펼쳐지는 타격전과 '고독'!」, 〈사이조〉 2011년 5월

호, 42쪽.

30 신카이 마코토, 「매일 평범하게 보는 것이 사랑스럽다」, 〈광고비평〉, 73쪽.

31 이런 발언은 나중에 뉘앙스가 약간 바뀌었다. 미야자키 하야오나 오시이 마모루에 대해서는 일본 애니메이션계에서 작가성을 강하게 드러내는 계보를 만들어준 선배라는 식으로 감사를 표했다. "일본 애니메이션 세계에는 작품을 만들 때 '작가주의'를 허용하는 토양이 있습니다. 미야자키 하야오 감독님이나, 오시이 마모루 감독님, 호소다 마모루 감독님 등 각자의 작가성이 널리 인정받고 있잖습니까"(「'일본의 풍경'으로 세계를 놀라게 만들고 싶다」, 169쪽). 또한 "어떤 사람이든 '나는 사회적으로 어떤 의의를 가질까' 하는 생각을 가지고 작업을 한다고 봅니다"(같은 책, 171쪽)라고도 말했다. 따라서 그의 심경이 〈언어의 정원〉을 전후하여(내가 보기엔 〈초속 5센티미터〉와 〈별을 쫓는 아이〉 사이쯤에) 변했다는 사실이 느껴진다.

3. 〈초속 5센티미터〉: 잃어버린 '미래'와의 결별

1 신카이 마코토·미사키 아키, 「창작에 가장 중요한 것」, 〈소설 스바루〉 2008년 3월 호, 195쪽.

2 신카이 마코토, 「'일본의 풍경'으로 세계를 놀라게 만들고 싶다」, 〈Voice〉, 2013년 8월 호, 171쪽.

3 「이것이 우리의 뉴 히어로로! ……가 아닐까」, 〈SPA!〉 2003년 7월 1일 호, 30쪽.

4 "SF에 빠진 또 하나의 계기라면, 영화 〈2001 스페이스 오디세이〉(스탠리 큐브릭 감독)를 마침 심야에 봤는데……"(『구름의 저편, 약속의 장소: 신카이 마코토 2002-2004』, 89쪽).

5 신카이 마코토·고바야시 오사무, 「신카이 마코토 인터뷰」, 〈SF 매거진〉, 82쪽.

6 신카이 마코토·미사키 아키, 「창작에 가장 중요한 것」, 〈소설 스바루〉, 192쪽.

7 오노 마코토는 「고요한 장소로 (1)」에서 "신카이의 말대로 그때까지의(〈별을 쫓는 아이〉 이전의) 작품에서 그는 항상 젊은 등장인물들이 '세계와의 쓰라린 위화감', '자신이 있을 장소가 이 세상 어디에도 없다는 것', '가장 소중한 것을 상실한 뒤에도 이어지는 끝없는 일상'으로부터 '구원'받는 것을 주제로 삼았다"고 평했다. 〈커뮤니케이션 문화 논집〉 제10호, 87쪽.

8 "그 당시에 우쓰노미야에 친했던 여자가 있었는데 (……) 마침 간토 지역에 폭설이 내려서 귀가할 때 전철에 갇혀 아침까지 움직이지 못했던 적이 있었습니다"(신카이 마코토·오구로 유이치로,「이 사람에게 이야기를 듣고 싶다」,〈애니메쥬〉2011년 4월 호, 90쪽).

9 『신카이 마코토전』, 179쪽.

10 『신카이 마코토전』, 179쪽.

11 『신카이 마코토 Walker』, 82쪽.

12 러시아어 '코스모나우트(cosmonaut)'(혹은 '코스모나브트')라는 표기에서 냉전이 연상된다. 무한한 미래가 기대되었던 우주 개발은 냉전의 산물이었다. 핵병기를 싣고 상대방 영토에 미사일이 다다르게 하는 능력을 경쟁하고, 그 위력을 보여주기 위해 로켓을 우주로 쏘아 올렸던 것이다. 신카이 마코토 작품은 과학과 우주, 무한한 진보라는 환상이 현실 정치 속 '갈라짐'을 배경으로 한다는 사실을 비유했다고 해석할 수 있는 가능성의 편린이 바로 여기에 있다.

13 『구름의 저편, 약속의 장소: 신카이 마코토 2002-2004』, 104쪽.

14 『신카이 마코토 Walker』, 86쪽.

15 신카이 마코토·오구로 유이치로,「이 사람에게 이야기를 듣고 싶다」,〈애니메쥬〉2011년 4월 호, 90쪽.

16 가라타니 고진,『일본 근대문학의 기원』, 24쪽.

17 가라타니 고진,『일본 근대문학의 기원』, 28~29쪽.

18 그렇기에 소위 '성지 순례'◆와 신카이 마코토 작품은 상성이 좋다. 쓰가타 노부유키의 『신카이 마코토의 세계를 여행하다-빛과 색채의 마술』을 참조할 것.

19 『신카이 마코토전』, 103쪽.

◆ 본래는 종교적 용어이나, 서브컬처 분야에서는 만화나 애니메이션에 등장하는 장소를 팬들이 찾아가는 것을 뜻한다.

4. 〈별을 쫓는 아이〉: 상실에서 성숙으로

1 신카이 마코토, 「지금은 확실하게 애니메이션 영화를 만들고 싶다」, 〈애니메쥬〉 2015년 7월 호, 105쪽.

2 신카이 마코토, 「새로운 언어로 이야기를 시작하다」, 〈픽트업〉 2011년 6월, 60쪽.

3 래드윔프스의 음악을 접한 것도 유학을 갔던 바로 이때였다. 아시아인 친구가 가르쳐 줬다고 한다. 신카이 마코토, 「신카이 마코토와 세계」, 〈신카이 마코토, 그 작품과 인물〉, 71쪽.

4 신카이 마코토, 「지금은 확실하게 애니메이션 영화를 만들고 싶다」, 〈애니메쥬〉 2015년 7월 호, 105쪽.

5 「신카이 마코토 롱 인터뷰 '한 번뿐인, 그러나 지금으로 이어지는'」, 〈신카이 마코토, 그 작품과 인물〉, 23쪽.

6 미야자키 하야오 감독 작품 〈이웃집 토토로〉의 작화감독인 사토 요시하루도 참여했다.

7 신카이 마코토, 「새로운 언어로, 이야기를 시작하다」, 〈픽트업〉 2011년 6월, 61쪽.

8 신카이 마코토·도미노 요시유키, 「디지털과 아날로그의 온도 차」, 〈애니메쥬〉 2002년 8월, 92쪽.

9 신카이 마코토·고바야시 오사무, 「신카이 마코토 인터뷰」, 〈SF 매거진〉, 80쪽.

10 신카이는 이렇게 말했지만, 물론 실제로 '전 컷'은 아니다.

11 『어째서 보수화하고, 감정적인 선택을 하게 되는가』(셀던 솔로몬·제프 그린버그·톰 피진스키 지음, 오타 나오코 옮김)에 따르면 인간은 '신체'를 의식함으로써 자신이 동물임을 인식하게 되고, 죽음이란 숙명을 느낀다고 한다. 저자들은 '죽음'에 대한 공포를 통제하기 위해 문화가 존재한다는 '공포 관리 이론'을 제시한다. 서브컬처론에서 쓰이는 문맥으로 말하자면, 애니메이션과 게임 등의 세계는 신체를 의식할 필요가 없는 깨끗하고 추상적인 공간이기 때문에 '죽음'이 갖는 '일회성'을 잊게 만드는 것 아니냐는 문제 제기가 있었다(오쓰카 에이지, 『아톰의 명제』). 이 작품이 신체와 문화의 흐름, 그리고 죽음을 주제로 삼는 것에는 그와 같은 필연성이 있다고 볼 수 있지 않을까.

12 신카이 마코토, 「새로운 언어로, 이야기를 시작하다」, 〈픽트업〉 2011년 6월, 60쪽.

13 시기는 조금 더 나중이지만 「신카이 마코토와 무라카미 하루키에 관하여」에서 신카이는 딸에 대해 이렇게 말했다. "제 딸도 조금씩 자라고 있는데 생물적으로 더 소중하고 가치가 있는 것은 그녀라는 생각을 하게 됩니다. (……) 확실하게 나보다 가치가 있

다는 생각이 드는 존재가 내 곁에 있으면, 왠지 내 역할 하나가 끝났다는 느낌이 듭니다. 동시에 인생을 어떻게 마무리할지에 대한 생각도 조금씩 강해집니다"(〈신카이 마코토, 그 작품과 인물〉, 61쪽).

14 신카이 마코토·고바야시 오사무, 「신카이 마코토 인터뷰」, 〈SF 매거진〉, 81쪽.

15 신카이 마코토·고바야시 오사무, 「신카이 마코토 인터뷰」, 〈SF 매거진〉, 80쪽.

16 나중에 개봉한 작품인 〈너의 이름은.〉에서 두 개의 인생이 겹쳐진다는 구성은 2014년의 Z회◆ 광고 '크로스로드'에서 착상을 얻었다고 한다. 그러나 두 개의 인생이 '겹쳐진다'는 것에 대해서는 〈별을 쫓는 아이〉에도 이미 그려져 있다고 생각할 수 있다. 그 뒤에 〈날씨의 아이〉 등에서도 여러 개의 인생이 겹쳐지는 순간을 그렸다.

17 세가와 다쿠로, 『조몬의 사상』.

18 그렇다는 것은 규칙을 지키며 살아가지 못하는 일탈자인 스사노오에게서 '어른 아이'의 원형을 찾아볼 수 있지 않을까.

5. 〈언어의 정원〉: 발 디딜 곳 없는 불안정한 시대를 긍정하다

1 『신카이 마코토전』, 180~181쪽.

2 고노시 다카미쓰, 『고사기와 일본서기』, 16쪽.

3 고노시 다카미쓰, 『고사기와 일본서기』, 48쪽.

4 영국이나 프랑스를 '순수'한 문화라고 한다면, 일본 문화는 전통문화와 서양 문화의 잡종성에 그 특징이 있다고 보는 문화론. 이 경우 '순수', '잡종'이라는 단어에는 가치 판단을 내리지 않는다.

5 이 다음 작품인 〈너의 이름은.〉은 『도리카에바야모노가타리』를 현대적으로 번안한 내용이고, '일본 고전 재해석'의 노선도 이어간다. 신카이가 큰 영향을 받은 미야자키 하야오의 〈바람 계곡의 나우시카〉 역시 『쓰쓰미추나곤모노가타리』의 「벌레를 사랑하는 공주」를 번안했다고 보아야 할 것이다.

◆　일본의 교육 기업.

6 오쿠보 다카키, 『일본문화론의 계보』, 13쪽.

7 하기노 료코, 「읽다-신카이 마코토 〈언어의 정원〉과 '만엽의 비'」, 〈일본문학〉 68권 10호, 55~56쪽.

8 다니가와 겐이치, 『일본의 신들』, 5쪽.

9 『신카이 마코토 Walker』, 89쪽.

10 「〈언어의 정원〉 신카이 마코토 감독 인터뷰 "지금까지의 작품과 다른 점은 주인공이 '타인을 알고자' 한다는 점"」, 〈Otajo〉 2013년 5월 31일(https://otajo.jp/16250, 2022년 8월 15일 열람).

11 나카무라 히로토시, 『신판 고사기-현대어 번역 포함』, 가도카와쇼텐.

12 하기노 료코, 「읽다-신카이 마코토 〈언어의 정원〉과 '만엽의 비'」, 〈일본문학〉 68권 10호, 55쪽.

13 유키노의 방에는 『만엽집』을 현대어로 번역한 비주얼 북 『LOVE SONGS Side.A』 등이 놓여 있다. 에노모토 마사키의 『신카이 마코토의 세계』에 따르면, 신카이는 회사원 시절 이 책을 보고 영향을 받았다고 한다. 현대풍에 심지어 영어 제목으로 번안할 정도로 '혼합성'을 담은 예시로서 인용하고 제시한 것 아닐까.

6. 〈너의 이름은.〉: '미美'라는 이름의 파르마콘

1 많은 관객이 구체적으로 생각하진 않더라도 어딘가 그 분위기에는 휩쓸리지 않을까. 아마도 남녀가 뒤바뀌는 장르의 매력은 직접적으로 그리지 않더라도 사춘기 전후의 남녀가 그와 같은 상상력을 불러일으켜 성적 자극을 준다는 점에 있을 테니 말이다.

2 고노시 다카미쓰, 『고사기와 일본서기』, 89쪽.

3 고노시 다카미쓰, 『고사기와 일본서기』, 94쪽.

4 『신카이 마코토전』, 135쪽.

5 『일본의 성과 천-중세편』(노마 히로시·오키우라 가즈테루, 가와데문고), 『'예능과 차별'의 심층』(미쿠니 렌타로·오키우라 가즈테루), 『이야기-예능과 사회』(오자와 쇼이치), 『게이닌-그 세계』(에이 로쿠스케) 등을 참조할 것. 전국을 돌아다니는 예능인과 종교인, 유곽의 여성 등은 '에미시'의 계보에 속한다는 설도 존재한다.

6 나중에 유곽 등에서는 그런 문화의 어두운 측면도 분출하게 된다.

7 그것은 '반창고', 즉 허구적인 것이기는 하다. 물론 픽션은 현실에서 심리적 장치의 기능을 맡고 있기도 하다.

8 신카이 마코토·고지마 다케시, 「흥행 수입 100억 엔 돌파의 쾌거 〈너의 이름은.〉 대히트의 이유」, 〈주간 다이아몬드〉 2016년 10월 8일, 14쪽.

9 『신카이 마코토전』, 135쪽.

10 신카이 마코토, 「신카이 마코토와 음악」, 〈신카이 마코토, 그 작품과 인물〉, 42~43쪽.

11 신카이 마코토, 고지마 다케시, 「흥행 수입 100억 엔 돌파의 쾌거 〈너의 이름은.〉 대히트의 이유」, 〈주간 다이아몬드〉 2016년 10월 8일, 14쪽.

12 신카이 마코토, 「〈별의 목소리〉 첫날 아침에 줄을 선 광경이 창작을 이어가는 원동력이 되었습니다」, 〈키네마준포〉 2016년 여름 증간호, 106쪽.

13 요모타 이누히코는 '귀여움 문화'에 관해 이렇게 말했다. "일단 '귀엽다'라고 하는 마법 가루를 뿌리고 나면, 그 어떤 평범한 물체라 할지라도 갑자기 친밀감으로 가득 찬 호의적인 표정을 보여주게 된다. 결백성과 안일함으로 둘러싸인 유토피아. 거기에서는 현실 원칙의 질곡에서 해방된 이들이 봉제 인형부터 애니메이션 등장인물에게까지 무한한 애정을 쏟아부으며 무기한의 행복에 취하게 된다"(『'귀여움'론』 15쪽). 거기에는 현실의 혹독함, 타자의 이질성, 뜻대로 안 되는 사회와 정치, 역사와 시간의 일회성, 죽음의 불가피성 등은 조심스럽게 지워져 있다.

14 『신카이 마코토 Walker』, 88쪽.

15 고가 마사요시, 2018년도 청소년 문제 조사 연구회 강연 「살기 힘들다고 느끼는 젊은이들의 사회적 자립을 위한 지원에 관하여」(https://www8.cao.go.jp/youth/kenkyu/mondai/h30/k_1/pdf/s1-1.pdf, 2022년 8월 15일 열람).

16 「〈날씨의 아이〉의 무대 뒤편」, 〈키네마준포〉, 2019년 8월 상순 호, 22쪽.

17 이와타 게이지, 『카미와 신』, 301쪽.

18 민속학자 오리쿠치 시노부는 '진혼'에 대해, 신체의 안과 밖을 오고 가는 혼 같은 것을 신체에 정착시키는 의식의 성격이 있다고 말한다. 그 '혼'은 '마레비토まれびと'라 불리는, 공동체 바깥에서 찾아와 외부의 무언가를 가져오는 이와 관련되어 있었다. 〈너의 이름은.〉은 그와 같은 '진혼'(죽은 이를 달래는 것만이 아니라 생生에 활기를 불어넣는다. 갖가지 다른 문화와 교류시키기도 한다) 의식을 애니메이션·인터넷 등 바깥에서 온 기술로

부터 유래한 '신체가 없는' 문화와 접합시키고 혼을 '신체'에 정착시키고자 하는 의식으로 독해할 수 있는 작품으로 볼 수 있다.

19 세카이계 동인지 〈ferne〉를 편집한 전문 필자 기타데 시오리는 트위터에 다음과 같이 썼다. "요네다 쓰바사 씨×오하타 히로시 씨의 토크를 들으면서 내 삶에 관한 사고 방식은 오히려 요네다 씨(=베르그송)에 가깝다고 생각했다. 하지만 현세에서 '이 삶'을 완수하려는 건강한 '생의 철학'◆에는 아무래도 다가가지 못하고 세카이계에 경도되어 버리는 이유는 무엇일까", "골똘히 생각해보면 '이 삶'이 생명의 계보에 등록되어 있다는 느낌……, 연애 및 그 연장선상에 있는 생식과는 아무래도 끊어져 있기 때문에 연애가 성취되는 순간 임신·출산이 이루어지지 못하고 세계가 통째로 끝나버리는 세카이계를 구원으로 받아들이는 것 아닌가 생각된다……."
https://twitter.com/sr_ktd/status/1541987542584954880
https://twitter.com/sr_ktd/status/1541988168018558976
(2022년 8월 15일 열람)

생명의 계보와의 '연결'이 없기 때문에 세계가 멀다고 하는 '세카이계'적 실존에 대한 솔직한 표현이다. 베르그송은 '생'을 '지속'으로서 파악해야 한다, 생명이란 '창조적 진화'를 하는 연속성을 가지고 있다고 말한 철학자다. 기타데의 위와 같은 발언은 '영원'을 착각하게 되는 '세카이계'의 시간 감각과, '지속'이나 '생식'과 상성이 맞지 않는다는 '세카이계'의 특징을 방증하는 것으로 여겨진다. 시간을 마치 공간인 양 상상해버리는 것은 지성의 착오라고 베르그송은 말했다. 초기 신카이 작품에 자주 사용된 정지화와 편집 스타일에는 그런 지성을 통해 시간을 멈추고 어떤 순간을 '평면'화해 계속 소유하며 그 영원 속에 머무르고 싶어 하는 느낌이 있었다고 생각한다. 영원에 대한 그 욕망은 사진 예술과도 이어지는 부분이 있다. 기념사진을 죽 이어서 만든 추억과도 같은 작품 구조에 대비하여 부드럽게 애니메이션을 움직이는 것은 '지속'이라는 감각을 도입하고 세카이계적 시간 감각을 파괴하려는 목적이 있었던 것 아닐까. 적어도 영상을 보면 그런 기능이 있는 것처럼 느껴진다. 그리고 그와 같은 생과 연결된 '세카이계'를 파괴하여 생명의 흐름과 연결과 유동의 세계로 끌고 나온다. 바로 그

◆　　19세기 이후 진화론의 발전에 호응하여 만들어진 철학 사조다. '생', '생명'을 강조하며 추상적이고 관념적인 합리성을 비판한다. 대표적으로 프랑스 철학자 앙리 베르그송이 유명하다.

것이 〈너의 이름은.〉이 목표로 하는 방향이 아닐까 싶다.

20 호리에 노리치카의 『팝 스피리추얼리티』에서 조사한 바에 따르면, 일본의 서브컬처 (오타쿠 컬처)는 "(그의 논문에서 조사한 범위에서) 거의 모든 작품이 다신교적 세계관을 전제로 한다. 일본에서 유래한 종교적 어휘는 신토와 민간 신앙과 관련된 것뿐이고 불교는 거의 등장하지 않는다."(244쪽) 그리고 기독교 등의 어휘를 사용한 경우에도 '교'의 체계가 명확'한 '세계 종교' 요소는 거의 없고, "'신'이라는 단어를 일신교적 의미에서 사용한 작품은 거의 없다"고 한다. 서브컬처는 사회에서 고급(하이)이거나 주류(메인)의 가치관을 갖지 않은 이들의 문화라는 특성으로 인해 이처럼 민간 신앙 등을 받아들이는 쪽으로 귀결된 것일까. 호리에는 내심 이와 같은 서브컬처가 종교와 마술적인 특징을 가진 것에서 '현실성'을 느끼면서도, 그것을 현실 세계에 가지고 와서는 안 된다는 '터부'가 존재하기에 어디까지나 "'허구'이자 '취미'라고 가장해야만 한다"(270쪽)고 말한다. 그러나 이와 같은 '진짜가 아니다'라는 이중성을 가진 채 종교적인 것들이 맡고 있던 역할을 취미와 허구 영역에서 찾고자 하는 문화 소비의 태도는 어떻게 형성된 것일까. 역시 패전, 그리고 신토와 같은 문화에 대한 반발이 영향을 미친 것 아닐까.

21 이토 도시하루 「이계를 걸치다 / 사진, 가면, 빙의」에 따르면 일본의 내방신 마레비토는 외래문화의 수용과 자신들 문화를 순화시키는 것 사이에서 균형을 잡기 위한 장치 역할을 했다고 한다. 일본 애니메이션 중에는 그 역할을 대행하는 작품군이 있다고 생각할 수 있다. 이시카와 나오키, 『마레비토』, 244쪽.

22 이이다 이치시와의 대담 「신카이 마코토 〈너의 이름은.〉에서 느낀 위화감-과거 작품의 가치관을 완전히 부정한다」(https://www.excite.co.jp/news/article/E1472797135219) 및 「지진의 경험을 승화시키는 〈너의 이름은.〉」(https://www.excite.co.jp/news/article/E1472797265554)(2022년 8월 15일 열람)에서 인용.

23 복잡한 은유와 메타포를 구사하는 문법이 일본 애니메이션에 정착한 배경 중 하나로 식민지 지배와 타민족을 '동물'로 그린 2차 세계 대전 프로파간다의 영향이 있지 않을까 추측한다.

24 하시카와 분소, 『일본 낭만파 비판 서설』.

25 이런 경계심은 도쿄 올림픽을 향해서도 존재했다. 〈올웨이즈 3번가의 석양〉(2005), 〈영원의 0(제로)〉(2013) 등 '그 옛날 좋았던 시절의 일본'을 가상으로 부활시켜 날조하는 영화의 달인인 영화감독 야마자키 다카시가 기용된 개회식·폐회식 연출은 쿨재팬의 결정적 이벤트 중 하나가 될 것으로 예상되었다. 그 당시에 나는 오타쿠 문화

를 사용한 내셔널리즘이 위험하게 넘실거릴지도 모르겠다고 진심으로 경계하는 마음을 품고 있었다. 우크라이나 전쟁이나 대만을 둘러싼 중국의 군사 훈련을 보면 아무래도 전쟁이 임박한 것 아니겠냐는 걱정에 사로잡히곤 한다. 3차 세계 대전이 시작되면 일본이 마찬가지 상황을 반복할지 모른다는 걱정은 분명히 있다. 그 피해를 줄이기 위해 지금 할 수 있는 처치는 해두는 편이 좋다.

26 이와 같은 "현대 일본 젊은이(특히 남성)들의 커뮤니케이션 기술 결여라는 구조를 여실히 반영한" 작풍이 지지받는 것은 "인터넷에서 '자기 이야기'를 하는 것이 유행인 일본의 텍스트 커뮤니케이션" 흐름의 영향을 받았기 때문이라고 한다. 「웹2.0 시대의 일본어 표현 (1)」 〈니혼대학교 예술학부 기요〉 2007, 33, 35, 36쪽.

27 포스트모던론으로서는 기호가 실체를 빼고 스스로 돌아다닌다는 보드리야르의 하이퍼리얼 담론이나 아즈마 히로키가 말한 '데이터베이스 소비'라는 세계 인식 문제를 넘어서고자 하는 다음 단계라고 볼 수 있다.

7. 〈날씨의 아이〉: 위기의 시대를 건강하게 살기 위해

1 신카이 마코토, 「〈날씨의 아이〉는 전작보다도 비판받을 만한 영화로 만들고 싶었다」, 〈AERA〉 2019년 8월 26일 호, 39쪽.

2 신카이 마코토, 「인터뷰 〈너의 이름은.〉의 감독이 결의한 것-신카이 마코토 애니메이션 감독. 하늘을 올려다보며 자란 내가 '날씨'를 작품에 그리는 마음은」, 〈부인 공론〉 2019년 8월 27일 호, 135쪽.

3 신카이 마코토, 「〈날씨의 아이〉 신카이 마코토 감독에게 묻는다-날씨를 모티프로 삼은 대히트 작품, 기후 변동의 충격과 엔터테인먼트가 할 수 있는 일」(https://www.unic.or.jp/news_press/info/36342, 2022년 8월 15일 열람).

4 대학 수업에서 이 작품을 소개하고 감상했을 때, 아무 설명 없이 '기후 변동'에 관한 내용이라고 깨달은 학생은 극소수였다. 감상하기 전에 미리 '사회의 어떤 현실을 비유한 내용'이라고 지적해두고, 생각해보라고 하면 절반 정도가 이해한다. 그리고 '빈곤'에 관해서는 알아채는 이가 한 명도 없다. 이것은 일본 관객의 애니메이션과 영화를 보는 태도, 즉 현대 일본 문화와 연관되어 있는 듯하다.

5 어떤 장면에는 로프트 플러스원◆이 입주한 건물이 나오기도 한다. 나도 참가하는 〈일본 오타쿠 대상〉이 열리는 장소이기도 한데, 그 〈일본 오타쿠 대상〉◆◆의 어느 회차에서 잡지 〈무ム-〉◆◆◆를 '역사와 권위가 있는 학술지'라고 소개하는 개그를 한 적이 있는데, 이 작품에서도 비슷한 발언이 나온 것은 나로서도 조금 기쁜 일이었다.

6 오자와 쇼이치는 그 점을 가리켜 소프랜드◆◆◆◆도 '예능'이라고 말했다.

7 가사이 기요시, 『탐정소설은 '세카이'와 조우했다』, 58쪽.

8 신자유주의란, '자기 책임'이나 마거릿 대처 전 영국 총리의 "사회 같은 것은 없다"는 말로 대표 되는, 복지를 줄이고 기업의 자유를 증대하는 경제사상을 가리킨다. 일본에선 1995년 일경련(일본 경영자 단체 연맹)의 '신시대의 일본적 경영'이나 고이즈미 내각의 '구조 개혁'으로 상징되곤 한다. 기업은 탄력적인 운용을 위해 비정규직 고용을 늘렸고, 격차는 확대되었다. 사람들은 치열한 경쟁을 강요받으면서 서로 증오를 키워 자신의 어려움을 '그들 탓'으로 귀속시키는 착각을 저질렀다. 사회적 유대도 사라졌다.

9 신카이 마코토, 「〈날씨의 아이〉 인터뷰 후편 '운명'에 대한 가치관-어딘가에 또 다른 자신이 있는 듯한」, 〈KAI-YOU〉, 2019년 8월 11일(https://kai-you.net/article/66490, 2022년 8월 15일 열람).

10 가사이 기요시, 『탐정소설은 '세카이'와 조우했다』, 180쪽.

◆ 1995년에 개업한 도쿄 신주쿠에 위치한 라이브 하우스. 일반적인 라이브 하우스처럼 음악 연주 공간이기도 하지만, 그보다 각 예술 분야와 서브컬처, 특히 만화나 애니메이션 등 오타쿠 분야의 '토크 이벤트'가 자주 열리는 곳으로 더 유명하다. 원로 전문가부터 젊은 학자들까지 다방면의 인물들이 등단했다.

◆◆ 2001년부터 도쿄 신주쿠의 로프트 플러스원에서 개최되는 자발석인 이벤트. 매년 만화와 애니메이션, 특촬물 등에 대해 각 등단자가 골라온 토픽이나 작품을 설명하고, 투표를 통해 대상을 선정한다. 저자 후지타 나오야는 〈일본 오타쿠 대상 2011〉부터 참가했다.

◆◆◆ 일본의 오컬트 잡지.

◆◆◆◆ 일본의 성 유흥업소의 한 종류.

11 일본 이외의 나라에선 차별과 전쟁 문제 등을 다룬 진지한 애니메이션도 많이 만들어지고 있다. 그렇기에 일본 애니메이션을 포함한 오타쿠 문화가 가진 특이성을 의식하지 않을 수가 없다. 후지쓰 료타의 『애니메이션과 전쟁』을 참조할 것.

12 슬라보예 지젝 지음, 가쓰타 유키 옮김, 『감히 좌익이라 칭하자』, 110쪽.

13 다케시타 류이치로, 『SDGs가 펼치는 비즈니스 신시대』, 27쪽.

14 신카이 마코토, 「〈날씨의 아이〉는 전작보다도 비판받을 만한 영화로 만들고 싶었다」, 〈AERA〉 2019년 8월 26일 호, 39쪽.

15 미나미 히로시·이나바 마사키, 『SDGs-위태로운 시대의 나침반』, 5쪽.

16 미나미 히로시·이나바 마사키, 『SDGs-위태로운 시대의 나침반』, 206쪽.

17 미나미 히로시·이나바 마사키, 『SDGs-위태로운 시대의 나침반』, 207쪽.

18 다만 현실적으로 보자면, 너무 감정적이고 단락적인 의견을 표출하는 것만으로는 문제가 해결되지 않을뿐더러 폐해도 생길 것이다. 어른들의 논리적이고 합리적이며 뻔뻔스러운 사고 방식과 태도, 그리고 대규모 시스템과 힘을 합치지 못하면 아마 성공하기 어려울 것이다.

19 스기타 슌스케, 「영화 〈날씨의 아이〉를 보고 느낀 근본적인 위화감의 정체」, 〈겐다이 비즈니스〉 2019년 8월 9일(https://gendai.media/articles/-/66422, 2022년 8월 15일 열람).

20 신카이 마코토·레드윔프스, 「〈날씨의 아이〉 마지막 장면에서 일어난 기적」, 〈문예춘추〉 2019년 9월 호, 210쪽.

21 신카이 마코토, 「인터뷰 〈너의 이름은.〉의 감독이 결의한 것-신카이 마코토 애니메이션 감독. 하늘을 올려다보며 자란 내가 '날씨'를 작품에 그리는 마음은」, 〈부인 공론〉 2019년 8월 27일 호, 133쪽. "부모가 자식에게 해줄 수 있는 것은 선택지를 제시하는 일뿐이고, 결코 강요해선 안 된다는 점을 명심하고 있습니다"라고도 말한다.

22 모치즈키 아키히데 「〈날씨의 아이〉는 조몬 영화의 걸작이다」, 『조몬 ZINE_note』 2019년 8월 6일(https://note.com/22jomon/n/ne498035fb378, 2022년 8월 15일 열람).

23 에노모토 마사키도 트위터(@enmt)에서 "소설판의 기술에 따르면 〈날씨의 아이〉에서 도쿄는 전체 면적의 3분의 1이 수몰된다. 『어스다이버』에 수록된 「TOKYO EARTH DIVING MAP」을 참고하면 〈날씨의 아이〉 마지막 장면에서는 조몬 시대로 '지질

학적 후퇴'를 했다고 말할 수도 있을 것 같다. 신카이 감독이 제시한 세계관에 지구사史적 의의를 부여할 필요가 있다고 본다"라고 말했다(https://twitter.com/enmt/status/1168732685713362945, 2022년 8월 15일 열람).

24 2018년 12월 28일, 〈날씨의 아이〉 작업을 하던 중에 신카이 마코토가 트위터에 올린 책장 사진(https://twitter.com/shinkaimakoto/status/1078523174482923520, 2022년 8월 15일 열람)을 보면, 도쿄에 존재하는 조몬의 흔적을 담은 나카자와 신이치의 『어스다이버』가 찍혀 있다.

인터뷰에 따르면 『어스다이버』를 읽은 것은 각본을 완성한 이후라고 한다. "다만 『어스다이버』를 읽은 것은 각본을 완성했을 때쯤이었으니 직접적인 영향은 없다고 생각합니다." 「〈날씨의 아이〉 인터뷰 후편 '운명'에 대한 가치관-어딘가에 또 다른 자신이 있는 듯한」, 〈KAI-YOU〉(https://kai-you.net/article/66490, 2022년 8월 15일 열람). 사진 속 책장에서 확인할 수 있는 책은 미야모토 쓰네이치의 『잊힌 일본인』, 미쓰하시 준코의 『신주쿠 '성性스러운 거리'의 역사 지리』, 오쓰카 에이지의 『인신공양론』, 아카사카 노리오의 『경계의 발생』, 우에노 마코토의 『오리쿠치 시노부-혼의 고대학』, 고마쓰 가즈히코의 『이계와 일본인』, 가마이케 세이시의 『오본의 이야기』, 우에시마 게이지의 『세계 유산 신들이 잠든 '구마노'를 걷다』, 미야타 노보루의 『민속학으로의 초대』 등이 있다.

〈별을 쫓는 아이〉를 만들던 당시 특정 지역 신화가 전 세계에서 공통된 구조를 갖고 있다는 사실 등을 오쓰카 에이지로부터 배웠다고 언급했는데, 민속학에 대한 관심이나 현대 일본의 서브컬처를 민속학과 연결하는 자세에는 오쓰카의 영향이 있을 것이다.

25 신카이 마코토의 본명은 니쓰 마코토인데, 그의 고향에는 신카이新海라는 성이 많다고 한다. 나가노의 산속에는 어째서인지 '바다海'를 뜻하는 지명과 인명이 많은데, 일설에 따르면 산속에 호수가 있고 그 호수를 바다에 비유했기 때문이라고 한다(호수를 '작은 바다', 즉 '소해小海'로 표현). 젊은 신카이는 산속에 왠지는 모르지만 '바다'를 뜻하는 지명과 인명이 있는 수수께끼를 통해 〈너의 이름은.〉에 나온 호수 탄생 전설이나 〈날씨의 아이〉에 나온 해수면 변화 같은 '기원담'을 상상했을지도 모르겠다. 참고로 '니쓰新津'는 '새롭게 항구가 될 장소'라는 뜻이다. 〈날씨의 아이〉에서 새롭게 바다가 된 구역에 곶과 같은 장소가 나오는데, 바로 그곳이야말로 '신카이(새로운 바다)'이자 '니쓰(새로운 항구)'가 아니겠는가.

26 인간의 유전자와 다양성의 재미있는 점은 평시에는 부정적으로 받아들여져도 위기나 환경 변화에는 긍정적으로 기능하는 경우도 있다고 한다. 예를 들어 위기가 닥쳤

을 때는 조울증이 있는 사람이 지도자가 되어 힘을 발휘하지 않았겠냐는 설이 있다
(나시르 가에미, 『광기의 리더십』). 사물은 보는 관점에 따라 달라진다는 이야기다.

27 신카이 마코토가 고레에다 히로카즈 감독의 영화 〈어느 가족〉을 언급한 것은 바로 이
런 문제의식이 상통하기 때문이다. 신카이의 경우에는 거기에다가 온라인과 미디어
를 통한 공동체를 모색한다는 점이 가장 큰 차이점이겠지만 말이다.

28 오카모토 다로, 『신비 일본』 킨들kindle판, 위치 No.1184.

29 일본 낭만파 작가인 야스다 요주로의 대표적인 문장으로 '일본의 다리橋'가 있다. 서
양의 훌륭한 다리와 달리 일본의 다리는 슬퍼 보이지만, 산 자와 죽은 자를 잇고 인공
과 자연을 연결하는 상징적 존재이며 썩어버리면서도 무언가를 다음 세대로 계승하
는 존재라고 말했다. 이는 과학력·물질력이라는 측면에서 서양에 뒤떨어진 일본이
패배한 다음 뒤에서 욕한다는 측면도 있고, 그런 굴절된 심리의 자기 정당화야말로
일본 낭만파와 국수주의를 연결하는 것이기도 하다. 신카이 마코토는 여기에서 그런
'일본의 다리'와 같은 사회와 정치와 세계에 연결하고자 한다고 볼 수 있다.

30 다만 실제로 그와 같은 주관적 판단에 따라 취하는 정치적 행동이 정말로 세상을 좋
게 만드는지는 경우에 따라 다르다고 할 수밖에 없겠다.

종장 〈스즈메의 문단속〉: 세계를 이어주는 실이 되기를

1 신카이 마코토, 『소설 스즈메의 문단속』, 286~287쪽.

2 신카이 마코토, 『소설 스즈메의 문단속』, 29쪽.

3 신카이 마코토, 『소설 스즈메의 문단속』, 5쪽.

4 신카이 마코토, 『소설 스즈메의 문단속』, 123쪽.

5 신카이 마코토, 『소설 스즈메의 문단속』, 131쪽.

6 신카이 마코토, 『소설 스즈메의 문단속』, 69~70쪽.

7 신카이 마코토, 『소설 스즈메의 문단속』, 208~209쪽.

8 신카이 마코토, 『소설 스즈메의 문단속』, 194쪽.

9 신카이 마코토, 『소설 스즈메의 문단속』, 270쪽.

10 신카이 마코토, 『소설 스즈메의 문단속』, 277~278쪽.

11 신카이 마코토, 『소설 스즈메의 문단속』, 279쪽.

12 신카이 마코토, 『소설 스즈메의 문단속』, 279~280쪽.

13 신카이 마코토, 『소설 스즈메의 문단속』, 118쪽.

14 신카이 마코토, 『소설 스즈메의 문단속』, 261쪽.

신카이 마코토를 말하다

2024년 5월 28일 1판 1쇄 인쇄
2024년 6월 14일 1판 1쇄 발행

지은이	후지타 나오야
옮긴이	선정우
펴낸이	한기호
책임편집	유태선
편집	도은숙, 정안나, 김현구, 김혜경
디자인	늦봄
마케팅	윤수연
경영지원	국순근
펴낸곳	요다

출판등록 2017년 9월 5일 제2017-000238호
주소 04029 서울시 마포구 동교로12안길 14, 2층(서교동, 삼성빌딩 A)
전화 02-336-5675 팩스 02-337-5347
이메일 kpm@kpm21.co.kr
홈페이지 www.kpm21.co.kr

ISBN 979-11-90749-75-6 03680